甲骨文
小字典

[日]落合淳思——著　刘幸　张浩——译

序　言

本书并非一部关于日本现在正使用着的汉字（楷书字体）的字典，而是一部甲骨文的字典。

甲骨文是三千多年前的古代中国所使用的文字，其字形经历了不断的变化，是现在汉字的原型。据说，甲骨文的单字大约有4500个，本书则在篇幅允许的条件下，对日本小学里教习的大约一千个教育汉字中，在甲骨文时期便已存在的约350个汉字加以集中的讲解。这些汉字在甲骨文中多作为基本字形来使用，因此，仅仅依靠本书，读者大概也能够对甲骨文的大体情况有一个了解吧。

1970年前后，日本的甲骨文研究盛极一时。这些研究，在各种汉和辞典*中作为文字构形的解说而被采用。在那以后，虽然研究者有所减少，甲骨文的研究也有所停滞，但是甲骨文的资料整理工作却一直持续进行着。研究者基于这些新材料，对甲骨文重新进行分析，并且认识到旧说中存在着很多的误解及曲解。本书在讲解甲骨文的同时，会一并提示旧说中的错误之处。

今天在日本，大家平常都会用到汉字。社会活动也好，日常生活中也好，汉字都是必不可少的。虽说如此，大家对每一个汉字的起源却并不怎么了解。而对生活在汉字文化中的我们而言，若能了解汉字是怎么被创造出来的，不也是一件幸事吗？

---

* 译按：汉和辞典，是日本辞典中的一个重要门类。但这里所谓的相对于"和"的"汉"，是日语中的"汉字"或"音读汉字词"，属于日语自身的内容。因此，汉和辞典并非双语辞典，与今天中国的书店中常见的中日辞典并不相同，还请读者留意。

本书的第一章和第二章概述甲骨文以及使用甲骨文的时代。然后从第三章起，根据甲骨文的构形加以分类，并对各个文字进行解说。在书末处以附录的形式添加了术语说明和汉字读音索引等。

目 录

序 言 1

第一章 甲骨文和殷王朝 1

文字的创立 3
关于商朝 4
关于甲骨占卜 7
甲骨文的分期 8
商王的谱系 10
汉字的字体与历史 13
甲骨文的研究成果与局限 15

第二章 甲骨文的构造 19

汉字的构形 21
假借和转注 23
字形的变化 24
异体字或左右反转字等 25
关于字释与部首 26
甲骨文的语法 28
关于助辞 29
甲骨文的文章结构 31
甲骨文的文例 34
字典凡例（取材自第三章"人部"） 36

第三章　以人的姿态为原型的文字　41

人部（人・儿・老・长・以・亡・千・身・腹・元・兄・先・北・非・从・化・竞・死・休・保・荷・系・传・任）/大部（大・交・夫・文・央・异・走・立・并・太・天・因・去・逆）/卩部（欠・肥・祝・服・印・承・芸）/女部（女・妻・好・妹）/子部（子・孙・后・乳・教）

第四章　以人体的某一部分为原型的文字　67

目部（目・臣・面・直・见・望・相・省）/耳部（耳・取・闻）/自部（自・鼻・边）/口部（口・舌・齿・句・言・问・可）/又部（右・左・九・友・共・父・君・争・使・对・专）/止部（止・足・正・步・出・各・後・徒・往）/首部（首）/心部（心）

第五章　以自然事物为原型的文字　89

日部（日・昼・良・星・众・暮・昔）/月部（月・名・明・朝）/水部（水・州・河・灾）/雨部（雨）/云部（云）/申部（申・电）/火部（火・光・赤）/山部（山）/土部（土・基）/厂部（石・声・反・厚）

第六章　以动植物或其一部分为原型的文字　107

马部（马）/牛部（牛・牧）/羊部（羊・美・义・洋）/犬部（犬）/象部（象）/鸟部（鸟・鸣）/隹部（风・观・集）/龟部（秋）/虫部（虫・改）/鱼部（鱼・渔）/萬部（萬）/角部（角・解）/羽部（羽・习・雪・翌）/贝部（贝・得・败・贮・买・积）/中部（草・生）/木部（木・未・果・株・主・林・森・乘・者・枚・散・乐・春・野）/禾部（年・季・历）/来部（来・麦）/求部（求・奏）/米部（米）

第七章　以武器、礼器为原型的文字　135

刀部（刀・分・初・利・断）/戈部（武）/戍部（我・成）/王部（王）/斤部（兵・折・新）/弓部（弓・引・射・发）/矢部（矢・至・效）/㫃部（旗・族・旅）/中部（中）/单部（单・干）/凵部（合・品・区・古・告）/皿部（皿・血・盟・益・温）/鼎部（圆・具）/豆部（豆・登・蒸）/且部（祖）/酉部（饮・酒・配・福・复・尊）/壴部（喜・豊）

第八章　以武器、礼器以外的器具为原型的文字　159

车部(车)/舟部(受)/阜部(降·阳)/爿部(梦·将)/示部(示)/午部(午·束·丝·率·绝·系·编)/冬部(终)/衣部(衣·卒·作)/席部(席·宿)/东部(东·量)/册部(册·典)/聿部(笔·画·竹)/帚部(妇·归)/工部(工)/力部(力·幼)/辰部(农)/凡部(南·同·兴)

第九章　其他文字　181

宀部(六·宫·向·宗·安·守·宣·学·宝·家·宅·宇·定·室·厅)/丙部(内·商)/人部(人·今·京·高·余·令·食·会·仓)/户部(户·门)/冖部(泉)/田部(田·周·男)/彳部(行·延·卫·泳·德·远·通·律)/金部(金)/玉部(玉)/冎部(骨)/肉部(肉·多·祭)/自部(师·追·馆)/一部(一·二·三·四)/上部(上·下)/小部(小)/八部(八·公·谷)/彡部(易)

第十章　起源尚不明确的文字　211

五/七/十/白·百/黑/黄/丁/己/康/方/不/用/司/西·由/曲/再/在/危/呼

附录一　术语说明　225
附录二　插图出典一览　235
附录三　主要参考文献　239
附录四　教育汉字日语读音　243
附录五　汉字读音索引　265

第一章

甲骨文和殷王朝

文字的创立

公元前7000—前6000年，中国各地的新石器文化开始兴起。黄河中游有磁山·裴李岗文化，黄河下游有后李文化，长江中游有彭头山文化，长江下游有河姆渡文化，等等。在这当中，日后成为政治中心地带的是黄河中游。该地区的新石器文化，在磁山·裴李岗文化之后是仰韶文化，接下来是龙山文化，代代推移。

公元前5000年左右开始的仰韶文化，开始使用着色的陶器，也即彩陶。这些彩陶中的一部分刻有记号，这些记号被称为"陶文"。图1即是仰韶文化的陶文的一部分例文，图中，1、2、3的对应陶文，是用线条的数量来表示数字。而关于4—8的对应陶文，则很难予以准确的解读，不过其与甲骨文的象形字颇为形似，其间的继承关系不难想象。

然而，这种陶文，也即"记号"，一般不被认为属于"文字"。那么，记号和文字之间究竟有什么不同呢？

关于这个问题，尚无人给出严密的定义。一般而言，文字被认为是"记录言语者"。陶文则只是单独用来仅只表示数字及物体的，很难确认其中是否存在一些抽象的副词、形容词，而且也没有出现表现言语的记号的罗列。因此，仰韶文化的陶文是不能表示言语的记号。

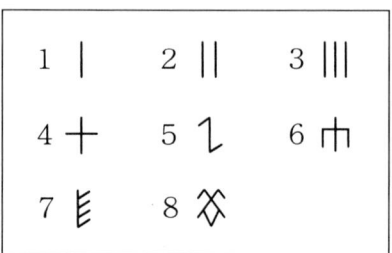

图 1　仰韶文化的陶文例文

今天有学者将中国的文字创立的时代推定为龙山文化的末期,或是其后的二里头文化的初期(公元前2000年左右)。在二里头文化时期,先民掌握了青铜器制作技术,也成立了王朝,等等事件的发生,表明其是文明大进步的时代。然而,迄今所发现的公元前2000年前后的文字都只是断片,数量也少,因此极难判定在这个时代"文字"已经创立。

在现存资料中,殷墟文化的甲骨文是文章形成、且有大量文字存留的初始。甲骨文创于公元前13—前11世纪,如第二章所讲述的,其文字的字形已经体系化了,这说明从文字出现到甲骨文,这中间经过了一个漫长的时期。

关于商朝

公元前1600年左右,继二里头文化之后,二里岗文化兴起。作为王朝,相当于商朝的前期。

郑州商城遗址(在今天的河南省郑州市)即是当时的都城所在地,其周围筑有高大的城墙,宽20米,高度被推定为10米左右,全长约有8千米,绵亘不断。城墙以将黄河之泥夯固的"版筑"技法筑成,其中一部分一直保留到今天,牢固程度可见一斑(图2)。据推定,要修筑这样的城墙,需要动员超过数百万人次。

在相当于商朝后期的殷墟文化,也有这种大规模的土木工事。其都城殷墟遗迹(在今天的安阳市),发现了巨大的王墓(图3),如果将墓道也包含在内,其长度达百米以上。

图 2　郑州商城遗址的城墙

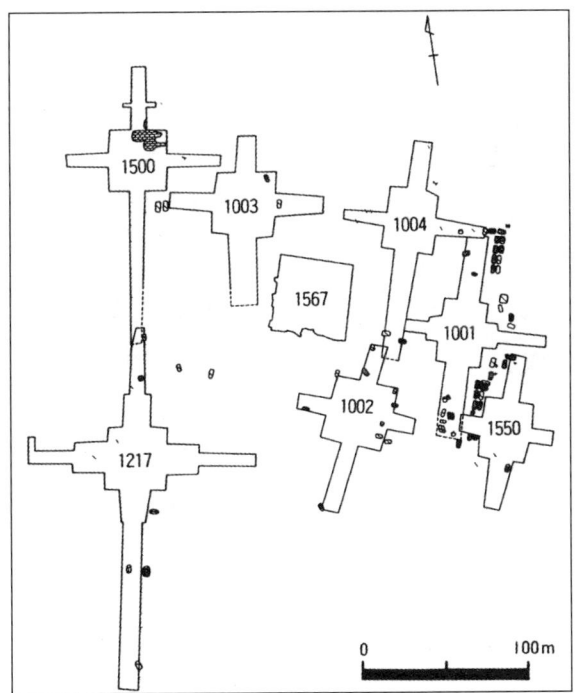

图 3　殷商后期的王墓

商朝的文明，以拥有发达的青铜器制作技术为特征。而且不仅仅是武器、工具之类的实用品，也会生产出色的工艺品（祭祀时使用的礼器）。图4就是殷代的青铜礼器，造型精致，还施以细密的纹样。

此外，根据中国各地的发掘情况，可以确定商朝的统治范围广阔，往南到达长江中游。不过从统治体制这一方面来看，商朝相较于后世王朝而言，还是远未成熟的。依照甲骨文的记述，可以明了商朝直接控制的地域还是以都城为中心、半径为20千米的狭小范围。

对于那些远方的地域，商朝往往是通过地方的领主来实行间接统治。这些处于商朝支配下的地方领主被称为"侯"（甲骨文作"㠯"）等，他们所在的地域离都城越远，商对其的控制力就越弱；一些地方势力呈半独立的状态，周而复始地叛变，然后又臣服于商。

图4 殷代的青铜器（右上：斝，左上：鼎，下：牛形尊）

虽然根据部分文献资料的记载，殷王朝是直接统治全中国的，然而这只是后世想象的产物而已。

关于甲骨占卜

在商朝，盛行用龟的腹甲以及牛的肩胛骨来进行占卜，称为甲骨占卜。甲骨占卜的内容，包括对神的祭祀、军事行动、王的狩猎等政治上的重要事情。甲骨文正是在甲骨占卜时在甲壳以及骨头上刻下占卜内容的文字。19世纪末在殷墟发现了甲骨文，迄今已经出土了六万片以上。

甲骨占卜的方法，是对甲骨薄弱的部分进行加热，根据甲骨裂开后呈现出来的纹路对将来的事情进行预测。甲骨占卜自新石器时代的龙山文化就有了，但是当时使用的多是羊或猪的骨头；这类骨头不厚，正适合用于占卜。而商代后期的占卜，所用的龟甲和牛骨往往偏厚，因此需要进行加工，将甲骨削薄。

笔者曾经用现代肉牛的肩胛骨来进行复原商代甲骨占卜的实验。结果证明，在肩胛骨的厚度为4毫米的情况下最容易产生裂纹。而实际上，从殷墟发掘出来的牛骨也差不多被削到了这个厚度。

此外，商代的甲骨在其里侧即背面，施以一种称为"钻凿"的加工。圆形的浅洼即是"钻"，细长而深的凹槽即是"凿"（图5）。笔者也进行过实验，以探究钻凿的意义。

实验结果证明，钻是为了调整厚度而进行的加工。牛骨的凹凸之处很多，要刚好削到4毫米的厚度是很困难的。因此，如果骨头厚于此，那么仅只对加热部分施以削磨以调整其厚度，就会产生钻。

而关于凿，则是为了控制裂纹的形状而进行的加工。如果不施加凿就开始占卜的话，那么裂纹就会不规则地产生，因此，想来这可能才是本来的占卜形式。但是如果作了凿，就会沿着凿生成长长的裂纹；与此同时，从钻处起，向着凿，也会产生横向的裂纹。这两者合到一起，就可产生一种"卜"字形的纹路，这是人为的结果。

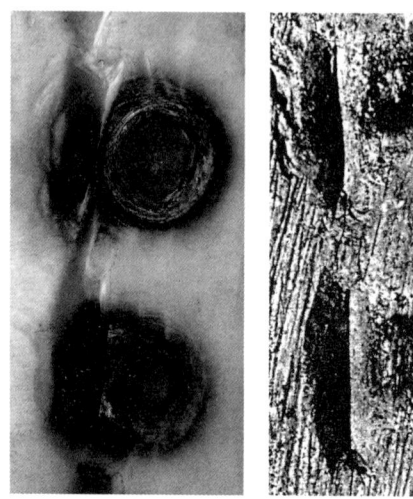

图 5　甲骨的钻凿（右：商代的甲骨，左：笔者的实验）

甲骨占卜是根据裂纹的形状来占卜，然而却又有意控制裂纹的产生，这说明商代的甲骨占卜是事先进行调整，以尽可能地使自己所希望的行动获得肯定。此外，从甲骨文中可见，在占卜的结果判明之后，仍有对占卜内容进行改窜的情形存在。在商代，虽然在形式上是通过占卜来决定政策，但实际上只是利用占卜来进行政治活动。

甲骨文的分期

从殷墟发掘出来的甲骨文，在殷代后期约两百年的时期内持续制作和使用着。每片甲骨文是在哪一时期被制作出来的,这方面的研究被称作"分期"或者"断代"，正在一步步推进。

甲骨文的分期研究，是在20世纪30年代的中国，由董作宾先生奠定了基础。董作宾先生以有记载的王的名字、贞人（负责甲骨占卜仪礼的人）的署名等十个标准为依据[①]，将甲骨文区分为5个时期（图6）。

```
1. 董作宾的商后期谱系与分期（1933年）
   武丁 ┬ 祖庚（第二期）
  （第一期）├ 祖甲 ┬ 廪辛（第三期）
           （第二期）└ 康丁 —— 武乙 —— 文丁 —— 帝乙 —— 帝辛
                  （第三期）（第四期）（第四期）（第五期）（第五期）

2. 岛邦男的商后期谱系与分期（1953年）
   武丁 ┬ 祖己（第二期）
  （第一期）├ 祖庚（第二期）
           └ 祖甲 —— 康丁 —— 武乙 —— 文武丁 —— 帝乙 —— 帝辛
          （第二期）（第三期）（第四期）（第四期）（第五期）（第五期）

3. 笔者的商后期谱系与分期（2002年）
   武丁 ┬ 祖己（第一、二期之间）
  （第一期）├ 祖庚（第二期）
           └ 祖甲 —— 康丁 —— 武乙 —— 文武丁 —— 帝辛
          （第二期）（第三期）（第三期）（第五期）（第五期）
```

图6　甲骨文的分期研究

董作宾先生的研究，其方法继承至今，只是在细节上有所修正。

首先，是甲骨文和系谱的对应关系。董作宾先生原封不动地采用了文献资料《史记》中所记载的商代系谱，将其作为分期的基准。但是，20世纪50年代，在日本，岛邦男先生发现《史记》系谱中的廪辛在甲骨文中并没有其受到祭祀的有关记录；换言之，他认为，廪辛只是后代追加的王名，并不是一位实际存在的帝王。同时，祖己这个人物在《史记》中没有被视为王，但是在甲骨文中却显然作为王而被祭祀（图6）。

除了谱系的研究之外，对字体的分类研究也取得进展。其结果是，董作宾先生认作"第四期"的甲骨文，其中一部分其实是第一期的，这是20世纪50年代陈梦家先生的发现。之后，80年代以降，余下的部分（称为"历组"）也以其与第一期的字体相近，故而判定为是第一期的后续（笔者已经证明这是在祖己一代所作的甲骨文，将其称作"第一期与第二期之间"[「一二間期」]）。

需要补充的是，笔者认为，帝乙在甲骨文记载中也没有受到祭祀，是在周代追加到系谱上的王名,此事是明确的。此外,还可以判明的是,甲骨文第三期下迄武乙,第五期则上起文武丁。

这样一来,甲骨文的分期则如图6所示,第一期是武丁,第一期与第二期之间是祖己,第二期是祖庚、祖甲,第三期是康丁、武乙,第五期是文武丁和帝辛(本书中也使用了如下的区分方法:第一期为初期,从第一期与第二期之间到第三期为中期,第五期为末期)。在这当中,第一期的甲骨文数量最多,约占全部的一半。

那么,为什么甲骨文要按"期"来分呢?从字体的研究来看,明显地,甲骨文的制作者当中有两派并存。这两派所做的甲骨文,不仅仅有字体的差异,其中所体现的敌对关系以及出现的贞人也完全不同。因此,可以认为,在商代后期,政治背景迥异的两股势力并存,商王也是由这两派势力交替拥立。

关于甲骨文的派系,根据其出土地可称为"村北派"和"村南派",其与商王所出自的关系可推定为如下表所示。换言之,甲骨文的分期,也体现出拥立商王的政治势力的不同。

时期	第一期	第一、二期之间	第二期	第三期	第五期
村北派	武丁	—	祖庚、祖甲	—	文武丁、帝辛
村南派	—	祖己	—	康丁、武乙	—

商王的谱系

在商代后期,如前所述,王位的继承不是依据实际的血缘关系。《史记》之类的文献资料中记载有商王的谱系,然而,从甲骨文中的祭祀谱系来看,《史记》当中的谱系显然是二次创作的产物。事实上,商王的谱系除后期以外的部分都经过了大幅的改编。

图7是《史记·殷本纪》中所记载的谱系,这当中的一部分(即黑体字部分)在甲骨文中并没有受到祭祀。殷商最后的王——纣王(帝辛)因为被周所灭,故而不会享有祭祀,不过纣王以外的几位王,都是在周代被追加进谱系的。在周代,叫作

宋的诸侯自称是殷商后裔，也可推测为是宋人将商王谱系改编了。

此外，图8是根据甲骨文末期的祭祀复原的谱系。然而，这也并非就是事实。如前所述，殷代后期有两派交互着拥立商王，遂对商王谱系进行部分改编，好像其之间有着相连的血缘关系一样。此外，雍己、卜壬、戋甲被认为是殷代前期的王，但是在甲骨文初期并没有作为祭祀的对象，也都是在殷代后期以后被追加进谱系中的王名。

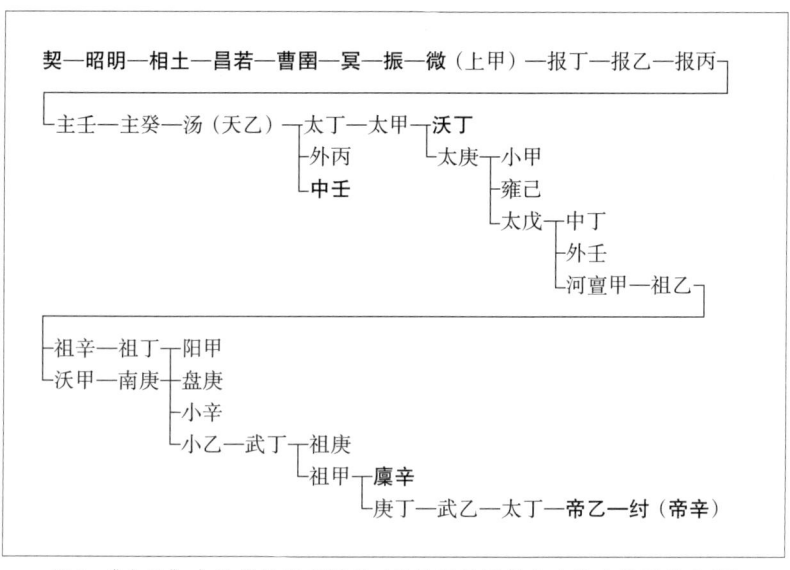

图7　《史记》中记载的殷商谱系（黑体字是甲骨文中没有的王的名字）

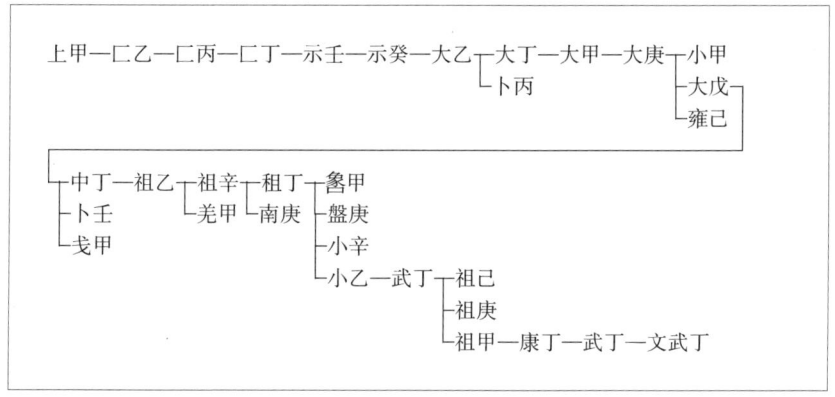

图8　据甲骨文末期的祭祀而复原的谱系

根据甲骨文初期的祭祀情况来复原的谱系如图9所示，与甲骨文末期的谱系相比，王名少一些，而且祖乙以降，在祭祀上都没有显示出亲缘关系等，二者的差异相当大。

关于商代中期（二里岗文化和殷墟文化中间的大约一个世纪），中国各地发现了一批中等规模的都城遗址，故可推测这是一个分裂期。换言之，祖乙以降，王统分裂，因此认为，甲骨文初期的系谱中，从祖乙到小乙，其亲缘关系并不能明晰地呈现出来。

此外，从上甲到示癸这一段系谱，从名字的形式看，是按十天干的顺序相承续，由此认为在谱系中可能插入了神话。此外，卜丙和小甲并非仅只见于甲骨文初期的祭祀中，所以极有可能也不是实际存在的王，而是追加的王名。

这样一来，根据推定，实际的王统如图10所示。同前所述，上甲到示癸是神话，而有可能真实存在过的王则是大乙以降的王。话虽如此，从大乙到祖乙也都是直系继承的，所以连这一部分谱系也有可能在很早的时候就被改编过了。

```
上甲—匚乙—匚丙—匚丁—示壬—示癸—大乙┬大丁—大甲—大庚┬小甲
                                    └卜丙          └大戊
 └中丁—祖乙  祖辛·祖丁·小乙
             夒甲·盘庚·小辛
             羌甲·南庚
```

图9　据甲骨文初期的祭祀而复原的谱系

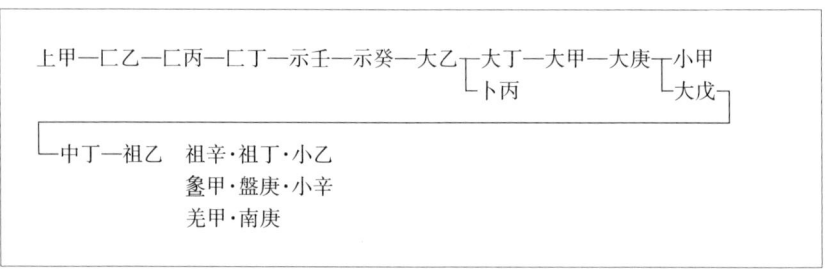

图10　实际的王统（为笔者所推定的。内乙、父丁、父戊在非王卜辞中受到祭祀，故排除于王的谱系中；"……"表示属于同一势力，但是血缘关系不明的部分。）

商代中期的王，在甲骨文初期的记录祭祀中，按特定组合进行合祀的情况很多。祖辛、祖丁、小乙是一组，羗甲、盘庚、小辛是一组，羌甲、南庚是一组，分成三组。其中，第一组频繁受到村北派的武丁的祭祀，因此极有可能是其实际的祖先。此外，羌甲和南庚是非王卜辞（主持者并非殷王的甲骨文卜辞）的子组和午组经常祭祀的，也可推定他们之间存有血缘关系。剩下的羗甲、盘庚、小辛可能是村南派的祖先吧。

汉字的字体与历史

甲骨文的发现数量多，文法也与文言文大体相同，故而内容理解起来较为容易，现在成为商朝研究的核心资料。

然而，甲骨文可能并非商朝的标准字体。甲骨文的特征之一是用直线写成，这可能是因为甲骨是坚硬的媒介物，故而在其上刻画文字的时候势必导致直线化。

在殷朝的甲骨上，有一部分保存着打草稿时写下的文字，这些文字相较于甲骨文更近于曲线。此外，另一种文字资料，作于商朝末期的金文（铸入青铜器的文字）也被发现了，其字体果然也是以曲线构成，这些才被认为是商朝的标准字体（图11）。

甲骨文　　　甲骨文的底稿　　　金文

图11　商朝的字形（皆为"庚"字。底稿是模写的，其他是拓本。对虚笔等进行了修正。）

代商而立的西周王朝继承了此前的文字。西周的金文字体有复杂化的倾向，此外在西周王朝盛行的文字还有一个特征，即有很多形声字（参照第二章）。

春秋战国时代（即东周时代），周王室政治权力显著衰落，诸侯（地方领主）处于半独立的状态；反映在文字的字形上，则以西周金文的字体为基础，在全国各地衍生出了不同的字体。东方的诸侯所使用的字体，本书称为"古文"，西方的诸侯所使用的字体称为"籀文"。（不过，本书对"古文"与"籀文"的用法，不同于《说文解字》。）战国时代的籀文，也被发现是官吏为了方便在竹简上书写而使用的略体。

到了公元前3世纪，秦始皇第一次将全中国统一。始皇帝以秦的籀文为基础，统一了全国的字体，这种字体就是篆书。

篆书的曲线多，写字的时候颇费工夫，故而从西汉到东汉，简化自篆书的隶书被广为使用（一部分隶书也受到了籀文的略体的影响）。之后，字体又发展为楷书，变成今天所使用的文字字形。

图12呈现的就是这些古文字的关系。汉字在三千多年间被连续不绝地继承下来，到现在仍在使用，是世界上最古老的文字。

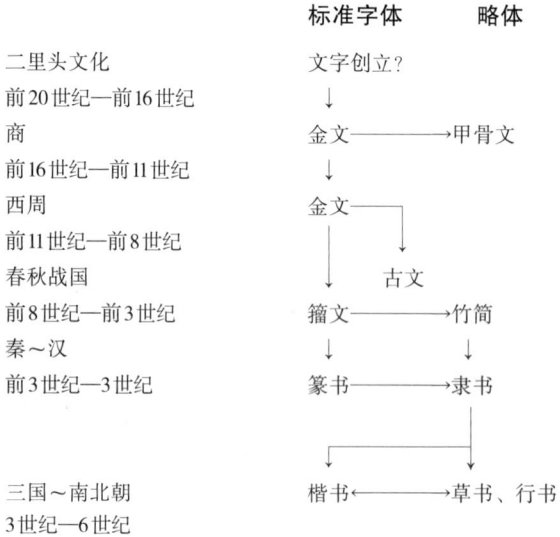

图12　汉字的变迁（基于现存的资料）

以汉字的"龙"为例，来谈谈汉字的变迁(尚未发现甲骨文以前的字体。另外，籀文是记载于战国时代竹简上的字体)。

| 甲骨文 | 西周金文 | 战国籀文 | 秦代篆书 | 汉代隶书 | 楷书 | (中日新字体) |

"龙"是以蛇为原型的虚拟生物，自古以来就是人们所崇拜的对象。其甲骨文的字形，是在蛇的侧面之形上添加了一个表示尊贵的冠的形状（∀）。

西周时代的金文与甲骨文的字形高度相似，而到了籀文，蛇的头部和身体分离开来，很可能是为了方便书写而导致的变化。接着到了秦代的篆书，其右侧部分复杂化，这一特点经过了隶书的延续，而为楷书所继承。楷书的"龍"的"立"这一部分反映的是冠之形，"月"一样的部分则是蛇的头部。

值得一提的是，日本新字体采用了"竜"这一俗字形，文字的构造完全被破坏了。并不仅只限于"竜"这一个字，由于新字体整体上都更重视阅读和书写时的便易，而非汉字创立过程中的构形理据，因此，新字体中原本的汉字构造被破坏的情形非常多。

甲骨文的研究成果与局限

在甲骨文被发现之前，东汉许慎所著的最古老的汉字字典《说文解字》一直是学术权威。然而，《说文解字》是以篆书为中心进行分析，只有一部分内容涉及春秋战国时代的字形。因此，随着19世纪末甲骨文的发现和研究的推进，大家也渐渐意识到《说文解字》中存在不少谬误。

例如，"方"这个字的构形理据，《说文解字》以篆书的"方（𛰿）"为原型，认为是两只舟相合之形。然而，在甲骨文的阶段，"方"作"𠂆"，"舟"作"⌒"，两者的字形并不类似。

像这样，利用甲骨文能对文字的形成、构形理据的研究起到推动作用，不过这也是有其局限的。

如前所述，中国的文字的创立被推定为公元前20世纪左右，而甲骨文是商代后期的史料，具体说来是公元前13—前11世纪制作的。总而言之，从文字创立起经过了将近七百年而有甲骨文，距离记号产生的时代则已有数千年之遥了。因此，对于在甲骨文阶段已经被简略的文字，想要探寻和分析其原本所表示的事物或其原初的意思，是很困难的。

例如，甲骨文中所使用的表示日期的方法，是由十天干和十二地支组合而成的"干支"法。十天干中起头的"甲""乙"，在甲骨文阶段是"十""くし"之形，非常简略，故而难以明确其起源为何。值得一提的是，前面所谈到的仰韶文化的陶文中，也有形状与之非常相似的"十"和"く"，如果这就是其原型的话，那么早在仰韶文化阶段其形就已经简略化了。

本书所处理的甲骨文也面临这一难题。不少的甲骨文，其构形的原委及本源为何皆不详，或是诸说并存，难以决断。

虽然对文字的创立、构形理据的相关研究，现在是低谷期，然而在日本，这门学问毕竟曾兴盛过。研究者加藤常贤、藤堂明保和白川静这三人是非常有名的，他们的学说在各种汉和辞典的关于文字构形理据的解说当中被采用。可是他们的研究已经相当古旧了，其后集成、整理的资料中，指出他们的学说存在不少错误。本书也是如此，一部分的文字乃取前辈学者的旧说而加以检验。

这三位学者所著的代表性的字典如下所列。他们所发表的对于各个文字的学说在年代上有先有后，为了便宜起见，本书在介绍之时均按照加藤常贤、藤堂明保、白川静这一顺序。

加藤常贤（1894—1978）：

《汉字的起源》

（『漢字の起源』，角川书店，1970年。这是在『漢字ノ起源』[1949—1968年，誊写版]的基础上修订而成的)

《角川字源字典》

（『角川字源字典』，与山田胜美合著，角川书店，1972年。）

藤堂明保（1915—1985）：

《汉字语源辞典》

（『漢字語源辞典』，学灯社，1965年。）

《学研　汉和大字典》

（『学研　漢和大字典』，学习研究社，1978年。）

白川静（1910—2006）：

《字统》

（『字統』，平凡社，1984年。）

《字通》

（『字通』，平凡社，1996年。）

此外，加藤常贤和藤堂明保从发音入手，试图解明文字的构形理据，但是想要知道真正的商朝发音是不可能的，故而只能利用后代的发音。运用这种方法来研究甲骨文，必然有其局限。白川静所提倡的方法，包括从会意字的构成要素的用法入手来辨明字源等，但是他拘泥于将文字与咒术相关联的自家学说，而未能有效地活用这一方法。

注释

① 译按（本书中的注释，如无特殊说明均为译者所加）：董作宾先生在《甲骨文断代研究例》中，关于甲骨文断代研究的标准，就甲骨文本身拟定出十个标准：世系、称谓、贞人、坑位、方国、人物、事类、文法、字形、书体。(《董作宾先生全集·甲编》，艺文印书馆，1977年，页363—464。)

第二章

甲骨文的构造

汉字的构形

任何一个汉字的构形，都可以被归入象形、指事、会意、形声这四类当中，这些类型在甲骨文中已经全部具备了。也就是说，在商朝后期，汉字的基础已经全部形成了。

所谓象形字，即是象物体之形的文字，是从绘画文字发展而来的。但象形字并不是纯粹的绘画，它在细微部分有所省略，但对于表现物体特征的部分则又加以强调。例如，"大"字在甲骨文中作"大"之形，表现出手足张开之人的外形，而将人的手脚及头部、躯干简略化作一条线。再者，甲骨文的"马"，其形为"马"，表现了从侧面所见的马之形，但与实际的马相比，其头部则被放大，这就是对"马"的特征的强调。

所谓指事字，即在简单的象形字上加上点或线等符号而构成的文字。例如，甲骨文的"立"作"立"，这一字形就是在人伸展四肢之形"大"的基础上，增添表示地面的指事符号，即一条线，从而表现人立于地面之状态。指事字中，也有仅用指事符号构成的文字，如甲骨文的"小"作"小"，仅由小点构成。

所谓会意字，即是由数个象形字或指事字组合而成，表示某种状态或动作的文字。例如，甲骨文的"休"作"休"之形，便是表示"人（亻）"倚靠于"木（木）"而休息的姿态（楷书中作为偏旁使用的"人"作"亻［单人旁］"之形）。在阐说汉字的构造时，使用"从（某）"之语来表现构成该字的要素的（某）部分是一种传统，如"休"的话，就是"从人、木"。

所谓形声字，即是由表示意义的部分，即"义符"，和表示发音的"声符"部分构成的字。例如，"室（㝎）"字，即是由像住房之形的"宀（∩）"与表示"矢（↧）"到达地面这一状态的指事字"至（↧）"这两部分所构成。其中，"宀"为义符而"至"为声符，即表明了"室"字被造出来时的意义是："与住房相关，发音同至"。在这种情况下，"至"这一部分与"到达"之意义无关，而是作为表示发音的记号被使用。

不过形声字的读音与其声符的发音并非完全一致，也存在用发音类似的文字来作声符的情况。此外，汉字的发音会随着时代的变化而变化，因此，即使两个字最初的发音相同，现代的读音也可能不同（至于"室"与"至"的发音不同，究竟是哪方面的原因，暂且不明）。

关于上述四种文字的构成方式，象形字与指事字被认为是最早出现的。早在仰韶文化的陶文记号阶段，就已经出现了象形字的原型以及指事字的一种——数字记号。事实上，象形字和指事字当中，有很多文字是一种朴素的表现，来源于原始生活。

与象形字和指事字相比，会意字出现得较迟，比及殷商才大量作成。甲骨文多用于记载王及贵族所行的占卜的内容，而会意字也多与王公贵族所主持的祭祀仪礼及军事行动等密切相关。

形声字是最具能产性的造字方法，推定其出现时间最迟。因此，在甲骨文中，形声字所占比重偏低，但西周以降被大量造出，而放眼今日，一般所使用的汉字中，八成以上都是形声字。

话说回来，对汉字的构形理据进行分类，今天普遍认为，以东汉许慎所著的《说文解字》为最早。但由于古人全凭经验去造字、用字，所以想要从一开始就对甲骨文做出完满的分类是不可能的。

举例来说，甲骨文的"血（ᗄ）"，是在"皿（ᗄ）"的基础上增添表示血的指事符号——小点而构成的指事字。然而，倘若将小点视作"血的象形"的话，那么我们也有理由认为，"血"是由两个象形字组合成的会意字。

另外，也有部分汉字处于会意字和形声字的中间地带，它们含有"亦声"的部分。例如，"服（㕨）"是形声字，"𠬝（𠬝）"是声符，但仅"𠬝"这一部分也具有降服之义。像这样，形声字中声符也兼有表义的功能的情形，我们称其兼表意义的声符部分为"亦声"。

在会意字中，若表义的部分也兼有表示发音的功能，也以"亦声"称之。例如，甲骨文的"受（𠭯）"字，是上下之"手"（又）交接"舟（舟）"之貌的会意字，而"舟（舟）"同时也表示发音（"舟"和"受"的发音［日本的汉音］为"シュウ（syu-u）"）。在这种情况下，就认为"舟"是亦声的部分。

假借和转注

汉字的构成方法虽然只有上述的象形、指事、会意、形声四种，不过另有两种特殊的文字使用方法。

甲骨文中的"我"字，其字形为"𢦍"，是一个表示锯齿的象形字。当时，第一人称读作"ガ（ga。不过考虑到古代中国的发音体系，严格来讲与日语的'ガ'有一些区别）"，而想要直接用文字来表现第一人称是非常困难的，因此人们使用发音相同的"𢦍"来表示第一人称。

像这种将某一字当作其他字来使用的方法称为"假借"。像"我"，后来只作为第一人称代词使用，这一用法遂固定下来，而不再用来表示其最初的意义，这类文字我们称之为"假借字"。

在《说文解字》中，关于文字的分类，除假借之外，许慎还提出一种"转注"的用字方法。但由于《说文解字》并没有对其概念进行具体的阐释，故而关于何为转注这个问题，众说纷纭。

其中一种说法认为，转注就是借用文字的意义。例如，"乐（樂）"原本是"音乐"的意思，而由于音乐是一种令人快乐的事物，因此"乐"字被借用去表示"快乐"之意。除了这种说法以外，还有人认为转注就是借用会意字的一部分字形的用字法，也有人认为转注就是一个表示发音上存在共通点的用语。

总而言之，对于转注之语表示的是汉字在字义、字形，还是字音上存在共通点这一问题，《说文解字》中仅记载有“老”与“考”这一例，而这两个字在字义、字形和字音上都很接近，因此，哪一种说法才是正解至今尚无定论。进一步来说，从《说文解字》中并无他例这点来考量，对于转注这一概念，可能许慎自身也没有一个明确的定义吧。

字形的变化

在从甲骨文发展到楷书的这一过程中，汉字的字形发生了变化，有些汉字形成时的构造也发生了变化。

在甲骨文中，“ㄛ”是云（雲）的象形，直线代表天空，曲线表示云朵翻卷之貌。然而，因为在甲骨文阶段并无“雨”这一部分，这一甲骨文对应到楷书中当为“云”。其后，由于“云”字以假借法渐被用作“说”之义，至于“云朵”之义，人们又在既有的“云”的基础上添加了表示与降雨相关的“雨”。至此，楷书中以“雨”为义符、以“云”为声符（亦声的部分）的“雲”字形成了，在构造上属于形声字。

如上所述，当有汉字在构造上发生变化时，我们称变化以前的字形为“初文”，变化后的字形为“繁文”。以“雲”为例，即“云（ㄛ）”为初文，而“雲”为繁文。

上述的“雲”字是在原来的字形上追加义符，也有在原字基础上追加声符的汉字。在甲骨文中，“齿（齒，𠚕）”字，是口（ㅂ）中生长着牙齿之形的象形字。另一方面，楷书的“齒”字，是在其甲骨文的基础上增添了声符“止”，从而成为一个形声字，旧字体“齒”字较好地保存着其原型。在这种情况下，我们称起初的“𠚕（对应于楷书中的‘𠚕’这一部分）”为初文。

并非仅有追加义符或声符的情况，还有些文字其一部分乃至全部都被替换成了其他的字形。在甲骨文中，“灾（災，𡿧）”字是由表示水害的义符“川（巛）”和声符“才（表示存在之义的‘在’字，初文是‘才’）”组合而成的形声字；楷书的“災”字，声符“才”被替换作“火”，变成了一个由表示水灾之义的“巛”与表示火灾之义的“火”组合而成的会意字。在这种情况下，“𡿧”是初文，“災”

是繁文。

　　顺便一提，当文字的构造不变而意义发生变化时，我们称其最初的意义为"原义"，后起的意义为"引申义"。例如先前所举的"休（㳄）"字，其字形为人（亻）倚靠于木（朩）而休息之貌，也被转用表示来自位高者的赐与之义①。在这种情况下，"休息"是原义，而"赐与"是引申义。

　　除此以外，从甲骨文发展至楷书，字形所发生的变化中，还有文字原本同形但后来分化成异形的情况。例如，楷书的"彳（双人旁）"与"辶（建之旁）"，在甲骨文的阶段是同一字形，均为"彳"。

　　与此相反，还有起初在甲骨文中异形，但在楷书中则同化为同形的情况。例如，在甲骨文中，"月（☽）"是月的象形，"肉（⊃）"是肉的象形，二者异形，但在楷书中，以"肉"为部首的文字中，像"肥""膏"等字中的肉字旁，则与"月"的字形大致相同。

　　另外，像以上所述的分化与同化的情况，早在甲骨文时期便已见端倪。例如，"口之形"与"器物之形"，其字形在甲骨文中均表现为"口"的字形。最初造字时其形体或许不同，但到了甲骨文时已经同化。

异体字或左右反转字等

　　在甲骨文中，使用了许多同义异形的文字，即"异体字"。例如甲骨文中，人们用鱼的象形字来表示其义，其中，字体"鱼"形象地表现出鳍与鳞等鱼的特征；不过还有"鱼"的字体，省略了左右两侧的鱼鳍，相比较而言，字体"鱼"更能够详细地表现出鱼鳍的样态。

　　除了细部存在差异的异体字以外，还有些异体字在文字构造上也不同。如先前例举的"灾"字，形声字"烖"是其标准字体，此外还有只由表示水害的"巛"构成的异体字，这种情况下是象形字。即便同为形声字，文字构造上也不同："𢦔"由象征战祸的武器之形"戈（弋）"与"才（屮）"组合而成，是形声字，也用作"灾"之义。"烖""巛""𢦔"的构造不同，但是都表示灾害之义，故对应到楷书中均表记为"災"。

另外,甲骨文还有一个特征,即有些字尽管在字形上左右正相反(左右反转字),但是作为同一文字而通用。例如,先前所举的形声字"我(𢦏)",也有与其字形上左右相反的"𢦒"字,而二字均为"我"之义。对于会意字而言,也是一样的道理,例如"休(㱎)"字,字形上左右反转的字是"㱏",二者意思相同。

不过,只有"左(𠂇)"字与"右(㕣)"字例外。这两个字是通过手的朝向来表示左、右之义的指事字。"左(𠂇)"的字形表示看见自己的左手,"右(㕣)"所表示的意思与之正相反,正因如此,只有这两个字不是左右反转字。

在甲骨文的表记法中,还有一种将两个以上的文字组合在一处,来表现一个合成词的书写方法,我们称之为"合文"。例如,"𦤀"字即是将"三(≡)"与"百(𤭯)"组合而成的合文,仅用"𦤀"字即可表示"三百"之义。

此外,还有一些文字只在甲骨文阶段存在过,其后的时代不再使用。这种"亡佚字"当然不存在于楷书中,但是其文字构成要素仍旧保留在楷书中,这样的例子很多,将这些部分替换成楷书中的相应字形并进行组合,就可以将之以拟似楷书的字形表现出来。例如,甲骨文"𠮛"即是亡佚字,上面是工具"工(𢎘)"的象形,下面是器物之形,当是"凵(口)",两者相合而为"吾"。

关于字释与部首

如前文所言,甲骨文与今天的楷书构造不同的情形很多。正因如此,当我们想将甲骨文置换为对应的楷书字体时,有两种方法可供选择。其一是优先考虑甲骨文的字形,称为"隶定";其二是优先考虑文字的意思,称为"字释"。以先前所举的"𠃌"字为例,隶定后作"云",是其初文,而字释后则为其繁文"雲"。

本书虽旨在解读日本的教育汉字[②]中所保留的甲骨文,但同时也选录了一些以字释得到的文字。例如,甲骨文"𢩃",其字形在教育汉字中作"寸",

但在甲骨文阶段，"㇈"并不作为长度单位来使用，而是表示人体肘部的指事字，因此，字释为繁文的"肘"，而"肘"字并不在教育汉字的范围内，故本书不作解说。相比之下，"🜚"的初文作"云"，"云"不是教育汉字，但通过字释得到了表其义的繁文"雲"，而"雲"是教育汉字，故本书予以收录。

以下汉字在教育汉字中均只收入其初文的隶定字形：

🜚（每·二年级—悔）　由"女（🜚）"与"来（🜚）"的上部构成。在甲骨文中，用于表示后悔之义；是"悔"的初文，其后又增加了义符"忄（心）"。

🜚（幸·三年级—執）　拘捕之具的象形。是表示将跪坐之人（🜚）以刑具拘捕之貌的"執（🜚）"的省略字形。后来逐渐被用于表示幸福之义，这一引申义的由来可以解释为"从束缚中解放出来"而感到幸福。

🜚（無·四年级—舞）　像人身戴饰物而起舞之形，"舞"与"無"为同源的文字。"舞"的下部加以简略后的字形即为"無"。

🜚（要·四年级—腰）　该字形强调了人的腰部，是"腰"的初文。"腰"在"要"的基础上添加了义符"肉（月肉旁）"，是"要"的繁文。

🜚（鄉·六年级—饗）　"鄉"这个字形表示跪坐着的人（🜚）们一齐面向食器（🜚）而举行飨宴，是"饗"的初文。"饗"是在"鄉"的基础上追加义符"食"而构成的繁文。

🜚（困·六年级—梱）　"困"这个字形表示将"木（🜚）"围拢在一起，是"梱"的初文。"梱"是在"困"的基础上追加义符"木"而构成的字形。

🜚（若·六年级—諾）　"若"字是跪坐之人（🜚）披散头发、进行祈祷之貌。表示神的承诺之义，是"諾"的初文。繁文"諾"是在"若"的基础上追加义符"言"而构成的。

🜚（寸·六年级—肘）　如前文所言，"寸"是"肘"的初文。"肘"是在"寸"的基础上追加义符"肉（月肉旁）"而构成的繁文。

🜚（聖·六年级—聽，听）　"聖"的字形表示人（🜚）以耳（🜚）听闻口（🜚）中所说出的言语之貌，是"聽"的初文。"聽"的字形则是在原有的"聖"的基础上，将"口"这一部分替换为表示发音的"悳"而成。

再者，现在的汉字的部首是以楷书字形为基准来决定的，然而，由于在从甲骨文发展到楷书的过程中，一部分汉字的构造和构形理据发生了变化，因此，在处理甲骨文的时候，我们按照甲骨文的字形来对其进行部首分类就是理所当然的了。本书虽然依据部首的构形理据设立章节，但是此部首并非楷书的部首，而是甲骨文的部首，敬请读者朋友留意。

话虽如此，现在想来，在甲骨文阶段，"部首"这样一个概念并没有明确的定义。尤其是对于那些由多个象形字所组合成的会意字而言，在理论上很难决定究竟哪个部分应作为部首。本书一方面参照前人对于甲骨文的部首分类所取得的研究成果，一方面为了使其与楷书的对应关系更易理解，在一些地方采取了笔者个人的分类。

甲骨文的语法

本书在解说每个文字时，都会举出其在甲骨文中的例文。甲骨文的语法，一言以蔽之，由于其与文言文基本相同，故而我们才有可能用解读"汉文"的方法（「書き下し」）[③] 对甲骨文进行解读（本书在将汉文改写成带假名的日文时，采用的是现代假名拼写法）。

在将古汉语与日本语进行对比时，在"主语→谓语"（「主語→述語」）或"定语→中心语"（「修飾語→被修飾語」）等情形中，两种语言的语序相同，故而我们完全可以按其原本的顺序进行阅读。

在"及物动词→宾语"（「他動詞→目的語」）的情形下，古汉语与日语在语序上存在着差异。与日语不同的是，古汉语的宾语接在及物动词之后，因此对应到日语中，就必须改变其顺序来阅读。解读甲骨文时也是同理，如下例所示：

受年（日语：年(みのり)を受(う)く）

"年"字在甲骨文中表示收获谷物之义，我们将其训作"みのり（minori）"[④]。

由于"受（㊢）"是及物动词，所以在日语中，我们先读"年"后读"受"，整句即可训为"年を受く"，即收获谷物之意。⑤

𢆶 伐土方（日语：土方を伐つ）
          ど ほう

"土方（𢆶）"是与殷商敌对的势力之一。"伐（𢆶）"是一个会意字，其字形为用戈（𢆶）这种武器斩下人（𢆶）的首级，在这里是一个表示展开军事攻击之义的及物动词。因此，整句可以训为"土方を伐つ"，意为攻击土方。

关于助辞

关于甲骨文或古汉语中的词类，虽无明确的定义，但大致可分为名词、代词、形容词、副词、动词、助辞（也称助字、助词）六种。其中，助辞一类对应到日语中，则相当于是助词及助动词等词语的总称。随着汉语言文字在后世的发展，助辞的种类变得多样，在训读为日文时常常需要使用更为复杂的语序，因此助辞可以说是最难懂的一类词。但是在甲骨文阶段，助辞的数量较少，转换成日文时须依靠复杂的训读才能理解之处并不像文言文那样多。

接下来，我们将列举一些甲骨文中频繁用到的助辞。先看那些语序与日语相同的助辞，即发语助辞、连体修饰助辞和并列助辞。

甲骨文中用作发语助辞的有"叀（𢆶）""惟（𢆶）""其（𢆶）"。"叀""惟"训读为"これ（kore，中文意思即为'啊'）"，起到发起、准备语调的作用；此外，"惟"也用作承接前文的关系代名词；"其"训读为"それ（sore，'要、将'之意）"，用于关于将来发生之事的内容当中。不过由于甲骨文的内容本身即是对未来的占卜，因此即便没有"其"字，句意也不会改变。

作为连体修饰助辞的有"兹（𢆶）"和"之（𢆶）"，二者均训读为"この（kono，'这个'）"，后接名词。另外，二者也均可用作代名词，此时都训读为"これ（kore，'这，此'）"，其中"兹"是主格，"之"是宾格。

表示并列的助辞有"眔（眔）"及"凡（片）"，二者均训读为"および（oyobi，'和'）"，起到将名词等并列的作用。

在甲骨文中，那些语序与日语不同的助辞有否定助辞、肯定助辞、起点助辞及终点助辞。

否定助辞有"不（禾）""弗（弗）""勿（ʓ）""亡（ㄣ）"等，其使用方法略有不同。"不"与"弗"是常规的否定助辞，后接动词，训读为"～（せ）ず [～（se）zu，'不做～']"。"勿"是含有意志的否定助辞，后接表示主观能动行为的动词，训读为"～なし（～nasi，'不想做～'）"。"亡"既可以用作含有意志的否定助辞，也可以用作不含有意志的否定助辞，训读为"～なし（～nasi，'不做～，不想做,)"。另外，"亡"也可用于名词被否定的场合，表示"没有～"之义。

肯定助辞即"有（ㄨ）"。"有"的字形虽为"右"，但是以假借法而用作"有～"，后接肯定动词或表示存在的名词。另外，在有些情况下，在表达"有"的意思时，也使用"凷"字。有人认为"凷"是"ㄨ"的异体字，不过也有人认为它是假借了别的文字。

表示起点与终点的助辞，分别为"自（凸）"与"至（至）"。"自"训读为"～より（yori，'从～开始'）"，"至"训读为"（～に）いたるまで"[（ni）itarumade，"到～为止"]。

接下来所举的例子稍显特殊，即表示对象的助辞"于（于）"。"于"具有限定及物动词的对象（即及物动词后所接的宾语）的功能，相当于日语中的助词"に（'在，对'等）"。"于"字置于及物动词的对象之前，这与日语的语序相反⑥，是为了使对象之后的送假名"に（in，'在'）"能够反映出"于"的含义。

此外，"令（含）"在古汉语中用作表示使役之意的助辞，训读为"Bをして～せ令む（'让B做什么'）"；然而，在甲骨文阶段，"令"作为动词的用法也较为常见，训读为"Bに令して～せしむ（'命令B做什么'）"。

甲骨文的文章结构

在殷商时期，甲骨占卜的形式是固定的，因此，用以记录占卜内容的甲骨文所构成的文章，其行文结构也是程式化的。占卜的内容由前辞、命辞、占辞⑦、验辞及记时这五种构成（其中占辞、验辞及记时经常被省略）。

所谓前辞，即是对占卜时状况的记录，"干支卜某贞"是其典型范式。"干支"即是用"十天干"与"十二地支"的组合来表示日期，以60（10和12的最小公倍数）日为一个周期，从甲子开始，到癸亥结束（请参照干支表）。

01甲子	02乙丑	03丙寅	04丁卯	05戊辰
06己巳	07庚午	08辛未	09壬申	10癸酉
11甲戌	12乙亥	13丙子	14丁丑	15戊寅
16己卯	17庚辰	18辛巳	19壬午	20癸未
21甲申	22乙酉	23丙戌	24丁亥	25戊子
26己丑	27庚寅	28辛卯	29壬辰	30癸巳
31甲午	32乙未	33丙申	34丁酉	35戊戌
36己亥	37庚子	38辛丑	39壬寅	40癸卯
41甲辰	42乙巳	43丙午	44丁未	45戊申
46己酉	47庚戌	48辛亥	49壬子	50癸丑
51甲寅	52乙卯	53丙辰	54丁巳	55戊午
56己未	57庚申	58辛酉	59壬戌	60癸亥

图13 干支表

我们在下文中列出"十天干"与"十二地支"的甲骨文形，并在下面举出其具有代表性的异体字（几乎没有使用过异体字者则空缺）。另外，在殷商时，十二地支并没有与动物产生关联，所以我们并不将其甲骨文训读为"ね（ne，鼠）""うし（ushi，牛）"，其音读为"し（shi，子）""ちゅう（chu-u，丑）"等。

十天干	甲	乙	丙	丁	戊	己	庚	辛	壬	癸
甲骨文	十	?	内	☐	?	己	?	?	?	?
（异体字）			?	■	?		?	?		?

十二地支	子	丑	寅	卯	辰	巳	午	未	申	酉	戌	亥
甲骨文	?	?	?	?	?	?	?	?	?	?	?	?
（异体字）	?	?	?		?	?	?	?	?	?	?	?

在"干支卜某贞"当中，"卜（卜）"是一个不及物动词，指进行甲骨占卜；"贞（鼎）"是一个及物动词，指对其后的内容进行询问。原本"贞"字以下为宾语，所以按照日语的文法，理应在命辞之后才读"贞"字（"命辞"を"贞"う），不过在训读汉文时，若宾语较长，则有先读出"曰"或"请"等字的习惯，因此，我们遵从该惯例，在占卜内容之前，先单独读出"贞"字。

位于"卜"与"贞"之间的"某"，是主持此次占卜仪式的人物之名，称作"贞人"。甲骨文中，记载了"宾（宾）"与"争（争）"等总共五十人以上的贞人之名。

我们在下文中举出一例前辞，将其读为"甲子卜して賓貞う"（甲子卜宾贞），意为"在甲子日举行占卜，由宾来占卜"。

十⊥卜宾鼎　甲子卜賓貞
（日语：甲子卜して賓貞う）

在有些情形中，前辞的一部分或者全部会被省略。在被省略的情形中，则作"干支卜贞""干支卜某""干支卜""干支贞""贞"等。

所谓命辞，即指卜辞中作为占卜的对象的部分，由于是对未来之事进行询问，所以我们训读时用疑问句的形式读出。甲骨文中，所占卜的主要事情可以分为以下七种：

① **祭祀**　这类占卜询问的是可否举行对自然神（出于对自然界事物的崇拜，

将其神格化）或祖先神（将祖先神格化）的祭祀，关于将要举行的祭祀仪礼的类别及献祭的牺牲的数量等信息也会被记载下来。

② **军事行动**　这类占卜询问的是王可否向敌对势力发动攻击，或是询问敌对势力是否会发动侵略等。与此相关联的事项，诸如能否征兵或者能否降服敌人等事也会被占卜。

③ **农业、畜牧业**　在这类占卜中，对于谷物的收获（"受年"）的询问是最多的，其他还有对畜牧或播种等相关行为的占卜。

④ **狩猎**　对君王而言，狩猎有确认支配关系、军事训练，以及巡察领地等重要的政治意义；因此在殷商时期狩猎之风盛行，相应地，在甲骨占卜中也有询问狩猎的成果或者期间的安全情况。

⑤ **天候**　在甲骨占卜中，对天候非常关心。其中，既有单独占卜天候的卜辞，也有卜问在祭祀或狩猎期间是否有雨，或是在干旱时是否举行祈雨等事的卜辞。

⑥ **往来**　对王及贵族的外出、使者的派遣、地方领主的召来等事进行占卜。

⑦ **灾厄**　对君王罹患疾病以及是否有鬼神作祟等事进行占卜。在甲骨文中，"卜旬"（即对于下一旬是否有灾厄而进行的占卜）最为多见。

至于其他种类，也有对兴建土木工程或是分娩等事的占卜。命辞是甲骨文中最具多样性的部分。

所谓占辞，即是甲骨占卜中对于吉凶作出的判断。在甲骨文中，大多数的占辞是以"太凸曰（王占曰）"开头，即为由王来担任判断吉凶的事务。由于占辞是对未来的预测，所以我们在训读时，将表示推测的"む（音变为'ん'）"加于句末。

所谓验辞，是记录实际结果怎么样，多以表示"果真怎么样了"的"彡（允）"字开始。由于验辞部分是对已发生事件的记载，故而在训读的时候，加上"リ"或"たリ"，构成完了形。

所谓记时，与日期有别，是在卜辞末尾对月份的记录，其记录形式或为"屮〇𝔇（时在〇月）"，或是单说"〇月"。记时所包含的不仅是月份，还有对占卜时所处之地的名称的记录。对于记时部分，我们采用终止形来训读。

以上是与占卜相关的内容。而作为甲骨文的一部分，还有独立于卜辞文的记事刻辞、纪卜之数、兆辞以及习刻等方面的内容。

所谓记事刻辞，是指商朝统属下的诸侯臣正交纳甲骨时，在纳入的甲骨上记录进贡者和贡物的数量。

所谓纪卜之数，即用一块甲骨多次占卜，在所出现的裂纹旁边记下数字，以表示这是第几次占卜。

所谓兆辞，即是对裂纹出现之际的状况所作的记录，包括"二告""小告""不篝黾"等。以前没有对甲骨占卜的过程做过复原，所以不明兆辞的含义。但是经笔者实验，裂痕出现时，会发出两次以上的响声，或者声音很小，甚至听不见，等等情况。因此，笔者认为"二告"是指当时发出了两次以上的声音，"小告"指当时声音很小，"不篝黾"则表示当时没有发出任何声音。

所谓习刻，即是练习雕刻甲骨文的产物。由于其字体稚拙，且内容为同一语句的重复刻写等，可以将习刻与通常所见的甲骨文区别开来。此外，除了练习而作的习刻，还有纯属游戏之作而胡乱刻画的习刻。

与习刻不同，近代出现了一些伪作的甲骨文，需要我们注意。在伪作中，有一部分是由伪造者利用从殷墟出土但其上并无文字的甲骨，在上面雕刻文字而成，因此想要辨别出这些高明的伪作是非常困难的。

甲骨文的文例

甲骨文的文章，有的从最右一列开始，顺序向左书写，与中国的文言文相同，但也有与此相反的情况，即从左向右书写。对于这两种书写方式，我们称前者为"左行"，后者为"右行"。

另外，我们会举出，命辞中多有倒置或是省略的情形出现，这是甲骨文文章的特征之一。一般而言，书面语中理应很难出现倒置或省略的情形，不过口语中则会频繁出现。照此说来，占卜内容很可能是口头叙述的，所以倒置或省略的现象比较多。另外，与省略不同，由于甲骨在土中业已掩埋了三千年以上，因此会出现由于腐蚀或泥土压力而使得文章的一部分缺损的情况。

下文列出一篇甲骨文文章的实例(《甲骨文合集》8884。见于甲骨文第一期)。如前文所述，甲骨文文章中，占辞、验辞、记时多被省略，不过下图则是一篇记载完备的甲骨文。这是一篇从左往右书写的"右行"之文，所对应的楷书附于右下方。

最初的五个字即是前辞，表示"丁丑这一日举行占卜，由宾来贞"的意思。"卜"是左右反转字，其意不变。次二字是命辞，占卜这位叫作"束"的人有没有获得什么（此处宾语被省略）。

接着是占辞，记载了王在占卜时所作出的判断，即"若是庚之日便能获得，若丙之日则齿（凶）"。然后，在验辞中记载着，实际上在丁丑日（占卜之日）起的第四日，也即庚辰日，有所获得（与占辞所言相同）。

这篇文章的末尾处记录的"十二月"即是记时。"訂"字是由"十（｜）""二（＝）""月（☽）"三字构成的合文。

话说回来，以裂纹之形为依据来预测未来的甲骨占卜，显然是缺乏科学依据的。科学与否姑且不论，能料中是十天干中的哪一个，其可能性是很低的。再者，一开始便限定在十天干中的丙和庚两者，这本身也是不自然的。

允得。十二月。
四日庚辰、束
其惟丙其齿
曰、其得惟庚
得。王占
宾贞、束
丁丑卜

甲骨文中，有在获知占卜结果之后，再刻上命辞及占辞的习惯。因此，我们认为，这篇文章是在最终结果出来后，窜改了占辞的内容。在初期的甲骨文中，这类被怀疑进行了窜改的例子很多。

字典凡例（取材自第三章"人部"）

1.部首

甲骨文的部首与其解说。每一章中收录多个部首。甲骨文的部首，并不一定和楷书中的部首一致。

人部

甲骨文的"人（𠂉）"字，是从侧面所见的人的样子。横着突出来的部分是手，有些弯曲的竖线表示的是头部、躯体和腿脚。

作为部首使用的时候，"人"就构成了表示人的动作、状态等文字的一部分，相当于楷书中的"儿""亻"等部分。

2.条目文字

第一行最开头举出的是楷书字体（今天通行的汉字手写正体字，即简体字）；（ ）内是旧字体，包括繁体字、异体字等；在教育汉字中，如果有相关的初文或者同源字，则以〈 〉列出。

第二行则列举对应的甲骨文。甲骨文中有很多仅有细微差异的文字，笔者对之进行了一定程度的整理。此外，列举出来的甲骨文异体字的数目以6个为上限。

部首内的文字排列，按照甲骨文的构造，遵从象形字、指事字、会意字、形声字的顺序。不过,如有相互间联系极为密切的文字，则不遵从这一顺序，而是将之连续列出。

本书中，遇到教育汉字仅仅只是初文的隶定字形的情况，则不予收录。例如甲骨文"㓜"，该字形隶定后即是教育汉字"寸"；但是"㓜"在甲骨文中并不用作"寸（长度单位）"，而被用于表示人的肘部，对应的文字是繁文"肘"，因而本书没有采录。

荷（荷）〈何〉
屮 屮 𠂇 屮 𠂇 𠂇

3.教育汉字的信息

每个教育汉字条目中，在所列举出的各种甲骨文体之下，是该汉字的一些基本信息。[教汉] 以下依次是其笔画数、楷书的部首，和在日本小学中是几年级应学的教育汉字（简写作"［日］～年级教汉"）。关于笔画数，如果旧字体的笔画数有差异，则写在（）内。此外，关于楷书的部首，如果新字体与旧字体有差别，或者有别的说法，也记入括号内。举例：

竞（競）
[教汉] 十画（二十画） 立部（儿部） ［日］四年级教汉

4.文字的构形

这一部分展示的是最初的甲骨文的构造（象形、指事、会意、形声）。如有构造不同的异体字，也一并采录。遇到亦声、合文之类的情况，则收录在（）内。如有到了楷书阶段繁文化的情况，则在"→"的后面写出楷书的构造。

之后是对文字构形的解说。对于有多种解释的文字，也会对相关情况加以解说。

如果文字构成要素等是本书中采录的文字，则用"见第四章""见本章"之类文字来表示（文字的构成要素就是其部首的情况除外）。举例：

先

[教汉] 六画　儿部　[日] 一年级教汉

[构成] 会意字。由"止(止,见第四章)"与"人(亻)"构成。加藤常贤以"止"为声符，认为整个字表示已死之人的意思。然而在甲骨文中，这个字并不用来表示"先祖"之义。正如白川静所指出的，这个字中，足之形"止"象征着步行，整个字表示先行之人。楷书的"先"的上部，是"止"形变后而成。

5. 甲骨文的释义

这部分是对甲骨文的意思进行解说。对于有多个意思的文字，则以1、2、3……列举出来。不过因为甲骨文是限定于占卜的文章，故而甲骨文中所使用的意思未必就能涵盖该字在商朝的所有用法，这一点必须注意。

"人名""地名"部分，如果没有特别说明，就是指在商王统治之下的人名和地名。不过在商朝，某个地方的名字和居住在当地的族群的名字是相同的，因此两者殊难区别，而一概记述为"地名"。

与祭祀相关的文字，或者用于表示某种祭祀仪礼，或者用于表示祭祀的供物及牺牲，还有一些则是一系列祭祀仪礼的总称，等等，但是遇到通过甲骨文很难判断的情况，则一概记述为"祭祀名"。举例：

以

[释义] 1. 率领。率领着人或者集团。

2. 带来。人带着某物来。神带来祸祟或者助佑。

3. 通过，用；因为；把，将。接续助词。

6. 解说

如果还有其他问题需要解说，则在 [解说] 部分加以说明。举例：

兄

[解说] 不区别长幼的亲族称呼体系被称作"类别称呼"，在现代世界仍然

能够从夏威夷原住民等处得到确证。称呼上的区分在很多情况下反映了实际的家族形态，据此推测，在商朝，同辈之间的尊卑秩序是模糊的。到了西周，逐渐以"伯、仲、叔、季"来表示兄弟之间的长幼之别；而到了春秋战国时代，"兄、弟"的区分普及开来了。但是在商朝，仅限于男子，而有"大子（大𡿨）""小子（小𡿨）"之语，将兄弟间的长幼之序作了区分。

7.例文

每个甲骨文下都举出一篇甲骨文，作为该字的用例。最初的一行是甲骨文原文。下一行是释文，写出与之相对应的楷书；遇到合文的部分，就在其下划出一条横线，其后在括号内说明文章的出处。

以下则是用现代的文法翻译后的文句⑧，并对例文的句义和字词作进一步的解说。举例：

千

[例文]

贞勿登人三千

（《英国所藏甲骨集》558）

贞卜：不要征收三千人？

登是动词，表示在战争等情况下征收人员的意思。三千是在"人"的上面添加"三"，从而构成的合文。

注释

① 《故训汇纂》"休"字条释义11:《汉书·王莽传上》："诚上休陛下余光。"颜师古注："休，庇阴也。"《故训汇纂》，宗福邦、陈世铙、肖海波主编，商务印书馆，2003年，

第 91 页。)

② 编按：在日本的义务教育中，由"文部科学省"所规定的在六年的小学教育中按年级须学习的日文汉字的通称。收录于《小学校学习指导要领》的"学年别汉字配当表"中，现在有1006个字，从小学一年级到六年级，各学年须学习的汉字分别为80字、160字、200字、200字、185字、181字。

③ "書き下し"的方法，即训读中国的古文、将其改写成带假名的日文。日本人读汉文时注在汉字旁或下方的日文字母及标点符号，叫作训点；在汉文上标注训点，按照日语的文法，在改变汉文的词语顺序的同时，直译而读出汉文，就是"汉文训读"。

④ 编按："训读"，是日语中对日文所用汉字的一种发音方式，使用的是基于该等汉字意义的日本固有同义字词的读音。所以训读只借用汉字的形和义，不采用汉语的音。相对地，若使用该等汉字当初传入日本时的汉语发音，则称为"音读"。

⑤ 日语属于黏着语，宾语在前，谓语在后。如"受年"一例，日语会译作"年を受く"，大致为"年（被）受"，与汉语语序正好相反，故而作者在这里有此提示。下句同理，"伐土方"，日语译作"土方を伐つ"，大致为"土方（被）伐"。

⑥ 编按：这里同样涉及汉语与日语的差异。例如，汉语的表达语序是"在中国"，但是在日语中，这个意思当表达为"中国に"，正好相反。

⑦ 原书作"繇辞"，不过汉语学术圈现在多称"占辞"。本书中均改作"占辞"。

⑧ 编按：日文原书中，在每一字条的 例文 部分，作者将甲骨文辞翻译成现代文时，对甲骨文原文及其隶定后的文字进行了训读，将其改写成带假名的日文，而且所带有的假名均使用现代日语假名。这些在中译本中都不须体现了。

第三章

以人的姿态为原型的文字

人部

甲骨文的"人（亻）"字，是从侧面所见的人的样子。横向突出来的部分是手，有些弯曲的竖线表示的是头部、躯体和腿脚。

作为部首来使用的时候，"人"就构成了表示人的动作、状态等的文字的一部分，相当于楷书中的"儿""亻"等部分。

人

教汉 二画　人部　[日]一年级汉字
构成 象形字。参照前文。
释义 1.个人。人，人类。

2.量词，表示人的单位的词；和数词连用，表示人数。

3."人方（亻方）"，殷的敌对势力，存在于东方。

4.占卜用语，只有一例："王占曰，'惟老，惟人'。"其义是吉还是凶，尚不明确。

例文

癸卯俎于義京羌三人卯十牛侑

《甲骨文合集》390）

癸卯这一日，在义（義）京举行的俎祭中，以三个羌人来行卯祭，以十头牛来行侑祭吗？

"俎"是祭祀之名。"義京"是建筑物之名。"羌"是居住于殷的西北方的人群，这里指的是在战争中被俘虏来的奴隶。第二个"卯"字指的是将牺牲剖为两半并杀死的祭祀仪礼，这里正在占卜的是要不要将三名羌人用于卯祭。"侑"假借了"右（又）"的字形，是祭祀的泛称。

兒（儿）

教汉 八画（七画）　儿部　[日]四年级汉字
构成 象形字。下部是人（亻）之形。关于上部，许慎认为是小儿的头骨尚未合缝之形①，白川静认为是幼儿的发型（みずら，角发），等等，诸说并存，其义尚不明确。此外，因为"兒"有"ゲイ（ge-i）"的发音，所以加藤常贤将其上部视为"齧"，而认为这是一个形声字；但是在甲骨文中，上部从未被用作"齧"（啮，用牙啃或咬之义）

第三章　以人的姿态为原型的文字　43

的意思（也未被用作"曰"的意思，其意义尚不明确）。日本新字体采用的是将上部简化后的字形。

释义 1. 地名。

2. 兒的领主。也称为"兒伯（ᛉ日）"。

解说 在甲骨文中，只能见到"兒"被用作地名，以及该地的领主的称呼的例子，因此，从一开始，"ᛉ"的字形究竟是不是像小儿之形，还不确定。

例文

丙寅卜戴王告取兒戴占曰諾往

《甲骨文合集》20534，右行）

丙寅这一日，进行占卜的是戴，他就王取兒这件事举行了告祭。戴占卜了之后说："诺，往。"

甲骨文当中，由王来判断吉凶的情况是很多的，但是这篇甲骨文却是一个例外，由贞人戴来担任这项工作。"取"这个字，有"祭祀仪礼"和"取得"的意思，因此，这句话解释为"在兒这个地方举行祭祀"，或者"攻取兒这个地方"，都是可以的。"诺"表示有神的保佑与帮助。

老〈考〉

教汉 六画　老部　[日]四年级汉字

构成 象形字。长发之人拄着拐杖的样子。长发与拐杖是年老者的象征，用来表示老人。此外，白川静认为"老"是从耂从匕的会意字，然而，"匕"的部分是拐杖与手的一部分变化之后的形状，并非独体象形字。

释义 1. 老人。

2. 地名。

3. 祭祀名。

4. 占卜用语，只有一例"王占曰，'惟老，惟人'"。其义是吉还是凶，尚不明确。

解说 "老"和"考"为同源字，字形、字音、字义上都类似。"考"是在西周金文中从"老"派生出来的文字，最初被用于指死去的父亲。

例文

貞勿呼多老舞

《甲骨文合集》16013）

贞卜：不要召唤众多老人举行舞吗？

"多"是表示名词的多数形的前缀，"多老"指许多老人。"舞"是祭祀仪礼，在祈雨等场合举行。由老人来举行舞，其意义不详。

长（長）

教汉 四画（八画）　长部（長部）

[日]二年级汉字

_{构成} 象形字。同"老"一样,是长发之人的象形。

_{释义} "长子(兄弟)",年长的男子。

_{解说} 由于甲骨文中"长"字仅仅见于"长子"一词,因此,"长"字是否一般指年长者尚不清楚。此外,长短的"长"是引申义,乃从其长发之形联想而来。

_{例文}

其侑長子叀龜至于王受祐

《甲骨文合集》27641)

为长子举行侑,举行龟至之祀,王会得到神的祐助吗?②

"侑"是祭祀的泛称。"长子"恐怕是夭折了的长男。"龟至"是祭祀名。"祐"的意思是神的祐助。

以

_{教汉} 四画　人部　[日]四年级汉字

_{构成} 象形字。"㠯"是人(亻)携带着物品之形,"以"是其省略之形。因为有"持有物品"之义,故而也表示"率领""带来"的意思。加藤常贤、藤堂明保、白川静都认为"以"的部分是耜的象形,乃其初文。但是在甲骨文中,这个字形并没有被用于表示任何具体的物体(包括耜),而是用来表示抽象的物体。关于耜的右部的"㠯('以'的别体)",可能是作为形声字的声符而使用的。

_{释义} 1.率领。率领着人或者集团。

2.带来。人带着某物而来。神作祟,或者带来祐助。

3.通过,用;因为;把,将。接续助词。

_{例文}

戊寅卜賓貞王往以眾黍于囧

《甲骨文合集》10)

戊寅这一日进行占卜,由宾来贞:王率领着众人前往,在囧地播种黍吗?

"以"是率领之义。"众"是许多人。"囧"是地名。"黍"的意思是播种黍,是动词。王是在指挥农业活动,抑或是进行祈求丰年的仪礼活动,尚不明确。

亡(亡)

_{教汉} 三画　亠部　[日]六年级汉字

_{构成} 象形字。人(亻)将脚向前曲之形,再加上一条短竖线,而构成其字形。加藤常贤认为这是人藏在隐蔽处之形,白川静认为这表示的是死去之人,蜷曲其脚,埋入地下的状态。但是在甲骨文中,这个字都是作为否定助词来使用的。因此,究竟哪一个才是其原义,并不清楚。此外,藤堂明保认为这个文字的整体是一个指事符号,表示躲藏起来、掩盖的意思,但是这一说法缺乏根据。

_{释义} 1.否定助词。训为"～なし(即「無し」)"。无论是对动词进行否定的场合,还是对名词的存在进行否定的场合,都可以使用。

_{例文}

癸未卜即貞旬亡禍在正月

《甲骨文合集》26617)

第三章　以人的姿态为原型的文字

癸未这一日进行占卜，由即来贞：下一旬内没有灾祸吧？时在正月。

其内容是对下一旬的吉凶进行占卜的"卜旬"。

千

教汉 三画　丿部（十部）[日]一年级汉字

构成 象形字（假借、合文）。"千"在殷代的时候发音与"人"相近，而借用了"人"字，是假借的用法。"千"的字形的起源，是在假借来的"人"字上添加数字"一（一，见第九章）"而表示"一千"的合文。白川静认为"千"是"一"为义符、"人"为声符的形声字。但是在甲骨文中，表示两千以上的数字，同样是在"人"字上添加数字，例如"（二千）""（五千）"，因此，必须将其视为合文。

释义 千。百之上的数位。

例文

贞勿登人三千

《英国所藏甲骨集》558)

贞卜：不要征收三千人吗？

"登"是个动词，表示在战争等情况下征召人员之义。三千，是在"人"字上面加上"三"字而构成的合文。

身

教汉 七画　身部[日]三年级汉字

构成 指事字、会意字。字形着重表示了人（）的腹部；有的字体还在腹部添加了指事符号——一个点。此外，还有一个异体字，象以手（）按压在腹部上之形，这种情况下就是会意字。

释义 腹部。

解说 周代以降的资料中，"身"字也作为妊娠之义而使用，因此，加藤常贤、藤堂明保和白川静都将妊娠视为"身"字的原义。但是在甲骨文阶段，""是专门用来表示腹部的字。在甲骨文中，和""相异，表示妊娠之意的文字有""""（释作"孕"），故而""和""""被区别使用，到了周代"身"字才追加了"妊娠"的意思。其中的缘由还不明，不过有可能是将"强调腹部的指事字"误解为了"腹部隆起之形的象形字"。

例文

贞王疾身惟妣己壱

《甲骨文合集》822)

贞卜：王的腹部生病，这是妣己作祟吗？"妣"是对两代以上（含两代）的女性的称呼，"妣己"大概是先王祖乙的后妃。"壱"与"祟"同义。占卜的内容是：关于王腹部的病，是不是妣己在作祟？

腹

教汉 十三画　月部（肉部）

[日]六年级汉字

构成 形声字。"腹"字，是在表示人的腹部的"身"字（，详参本章）旁，添加作为声符的"復"字的初文"复"（，见第七章），从而形成的繁文。

也有从"人"（亻）的异体字。在籀文中，"身"的部分被替换为表示与身体相关的"肉"字（楷书中，"肉"字作为偏旁的时候字形变作"月"［肉月旁］）。

释义 腹部。

例文

癸酉卜争贞王腹不安亡延

《甲骨文合集》5373

癸酉这一日进行占卜，由争来贞：王的腹部不安宁的状况不会持续下去吧？

"安"表安宁之义。"延"的意思是事情或现象延续下去，这里占卜的是腹部的不适是否会持续下去。

元

教汉 四画　一部（儿部）［日］二年级汉字

构成 指事字。强调人（亻）的头部之形。头部处于人体最高的位置，由此其引申义有"最初""原始"之义。

释义 1.最初的。

2."六元示（∩ᅮ丅）"，指的是神话中的六位祖先神：上甲、匚乙、匚丙、匚丁、示壬、示癸。

3."元示（ᅮ丅）"，指的是殷初的祖先神中的匚乙、匚丙、匚丁三位。

4.祭祀名。

5.地名。

6.人名。见于甲骨文第一期。

例文

贞元示三牛二示三牛

《甲骨文合集》14822

贞卜：向元示献祭三头牛、向二示献祭三头牛吗？

这是关于祭祀祖先神的占卜。"元示"指的是匚乙、匚丙、匚丁三位，"二示"在这里指的是示壬、示癸两位。

兄

教汉 五画　口部（儿部）［日］二年级汉字

构成 会意字。许慎只描述其字形为"从儿从口"，并未对各个部分的意义加以说明。加藤常贤则以为是从口从兀（大之意）。藤堂明保认为其发音与"广""永"等字相通，是"大人"之义。白川静则将其视为人头戴器物"曰（凵）"之形，表示由兄长主持祭祀之义。以上都是将"兄"解释作年长者之义。然而，在甲骨文阶段并没有"弟"字，同辈的男性都称作"兄"，并没有长幼之别，所以以上诸解可能均存在错误吧。今天看来，"兄"字的构形理据尚不明确。

释义 1.同辈的男性。在称呼上，并无兄、弟、堂兄、堂弟之类的区别。

2.人名。见于甲骨文第二期的贞人。

解说 不区别长幼的亲族称呼体系被称作"类别称呼"等，在现代还能够在夏威夷的原住民等处得到确证。称呼上的区分在很多情况下反映了实际的家族形态，据此可推测，在殷代同辈之间的尊卑秩序比较模糊。到了西周，渐以"伯、仲、叔、季"来表示兄弟间的长幼之别；而到了春秋战国时代，"兄、弟"的区分普及开来了。然而在殷代，仅限于男子，

第三章　以人的姿态为原型的文字　47

才有"大子（🉑）""小子（🉐）"这样区分兄弟排行的用语。

【例文】

壬辰卜大貞翌己亥侑于三兄十二月

（《英国所藏甲骨集》1796）

壬辰这一日进行占卜，由大来贞：在之后的己亥日，对三位兄弟进行侑祭吗？时值十二月。

己亥是在壬辰的七日后；在甲骨文中，只要在一旬以内，都可以用"翌"。"侑"是祭祀的泛称；占卜的内容是向三位同辈男性举行祭祀。甲骨文中，祖先祭祀并不限定于先王，这里的"三兄"就与殷代后期诸王的系谱并不相合。末尾的"十二月"属于记时，是以合文的形式记录的。

先

【教汉】六画　儿部　[日]一年级汉字

【构成】会意字。由"止（🉐，见第四章）"与"人（亻）"构成。加藤常贤将"止"视作声符，认为整个字是死去之人的意思。然而在甲骨文中，这个字并不用作"先祖"之义。正如白川静所指出的那样，这个字中，足之形"止"象征着步行，整个字表示先行之人。楷书的"先"，其上部就是"止"变化后之形。

【释义】1.动词，先行。

2.走在前头，在……的前面，领先。这种情况下，反义词是"後"（🉐，见第四章）。

3.祭祀名。

4.地名。

5.人名。见于甲骨文第一期。

【解说】关于动词的用法，在甲骨文中，占卜的内容有很多是王命令臣子，让其走在前头。因此，王的臣下并不是简单的"先行"，而是担负着确保安全，或是进行示威的职责。

【例文】

庚子卜殻貞令子商先涉羌于河

（《甲骨文合集》536）

庚子这一日进行占卜，由殻来贞：命令子商走在前头，先渡过黄河，将羌人献给河神吗？

"子商"为人名。占卜的内容是，子商在王之前，先渡过黄河，之后将羌人作为牺牲献祭给"河（被神化了的黄河）"。

北

【教汉】五画　匕部　[日]二年级汉字

【构成】会意字（假借）。甲骨文中，已专门假借去用作"北方（方向）"的意思，但是其字形为两个人（亻）相互背对，原义为"逃走""逃避"，或者"背向""背离"。而且现在也有"败北（败而逃）"这样的词语，使用的正是其原义。

[释义] 1.北。北方。
2.北方的。北侧的。
3.殷的领地中，从都城往北所及之地的总称。也称作"北土（᳔᳕）""北方（᳔᳕）"。
4.去北方。
5.司北方之神。也称作"北方（᳔᳕）"。

[解说] 据一种说法，古代的房屋都朝南，故而人背朝北而坐，因此将"北方"之义用这个字来表示。加藤常贤与藤堂明保均从此说。但是，若根据考古学的发掘来看，从新石器时代一直到殷代的住宅未必一定为南向。

[例文]

貞其有来媨自北四月

《甲骨文合集》7118

贞卜：会有从北方来的敌人吗？时值四月。

"来媨"是外敌来袭之义。这一条卜辞所占卜的是有无从北方前来袭击的敌人。

非

[教汉] 八画 非部 [日]五年级汉字
[构成] 会意字。许慎将其视为鸟的羽毛之形③，加藤常贤与藤堂明保均从此说。此外，白川静则认为是梳之形。但是在甲骨文中，它的字形是头部被强调的两个人相互背向之形，其构形理据与"北"（᳔᳕，见本章）相近。其异体字，还有以手（又）将二人推开，使其分离的字形。

[释义] 1.否定助词。训作"（〜に）あらず"（"并非〜"之意）。与"亡（ᄂ）"字一样，用于动词和名词的否定。
2.地名。

[解说] "非"这个字，是两个人（亻）背向之形，而用于表示"否定"之义，具体的理由不详，有可能是因为其字形表现了一种拒绝他人的状况吧。

[例文]

庚辰貞日有戠非禍惟諾

《甲骨文合集》33698，右行

庚辰这一日进行占卜：有日食了，不会带来灾祸吗？会诺吗？

"戠"被用作同音的"食"的假借字。整个占卜是关于日食现象的。有学者尝试着通过这样的卜辞内容来推定其作成年代，然而，连春秋时代的编年史《春秋》

第三章 以人的姿态为原型的文字 49

中关于日食的记录，和今天用电脑计算出的日食日期对勘，也有许多抵牾之处，所以仅仅依据这里的记述很难确定一个可靠、具体的殷代年月。

从（從，従）〈比〉

[教汉] 四画（十一画，十画）人部（彳部）[日]六年级汉字

[构成] 会意字、形声字（亦声）。表示的是一个人（彳）跟随在另一个人（彳）身后的状态。初文便是"从"这个字形。在"从"的基础上，加上表示道路的"彳（亻）"和表示步行的足之形"止（见第四章）"，就构成了繁文"從"（"从"是亦声的部分）。甲骨文中，虽然例子不多，但是加上"彳"或者"止"（二者之一）的字形已经出现了。日本新字体"従"是将"從"的部分简化后得到的字形。此外，由两个"匕（亻）"组成的异体字，虽然在字形上与"比"相当，但是在甲骨文中，使用这个字所表达的意思与"从"相同；之后则被用作"并列"或者"比较"的意思，从而分化出来。

[释义] 1. 率领，带领。
2. 跟随，随行。

[例文]

辛巳王卜在妻贞今日其从师西亡灾
《甲骨文合集》36475）

辛巳这一日，王在妻这个地方进行贞卜：今日率领军队西进，没有灾祸吧？

"妻"是举行占卜之地的名称。"师"

是军队的意思。"西"是一个动词，向西方行进的意思。

化（化）

[教汉] 四画 亻部（匕部）[日]三年级汉字

[构成] 会意字。由"人（亻）"和与其上下相逆的字形（即"倒人"，相当于"匕"）组合而成的字形。关于"匕"的意思④，加藤常贤认为是一个表示"落下"之义、发音为"下"（か，ka）的形声字；藤堂明保认为是人的形体发生变化后的样貌；白川静认为是死人倒错之形。然而，在甲骨文中，这个字只有作为人名的用法，所以没法明了其原义。此外，也有说法认为"匕"是表示发音的亦声部分，然而在甲骨文和金文中，这个字形并未被单独使用，因此应当是后起的文字"化"的略体。

[释义] 人名。见于甲骨文第一期。

[例文]

七日己丑微友化呼告曰吾方征于我奠豊七月
《甲骨文合集》6068）

第七日己丑，将微地的友——化召来，报告说："吾方攻击了我奠与豊两个地方。"时在七月。

这是验辞部分。"七日"指第七日。"微"是殷统治下的地方势力。"友"是表示某种地位的字。"化"是微的领主之名。"吾方"是殷的敌对势力。"征"是在军事上发动攻击之义。"奠"与"豊"均为"微"所辖的领地。

竞（競）

丼 丼 丼 丼

[教汉] 十画（二十画） 立部（儿部）
　　　[日]四年级汉字

[构成] 会意字。两个戴冠之人并列的样子。冠(丷)是高贵的象征,在楷书中是"立"的部分。甲骨文中,这个字作为祭祀名来使用,其原义是贵人参加祭祀活动,"竞争"则是后起的引申义吧。此外,上部加上篆书的"口"就成为了"言"的字形（"䇾、䇾、䇾"），因此许慎认为"競"字在构形上是从"誩"的文字。虽然加藤常贤与藤堂明保皆从此说,但是应当反过来说,"誩"字正是从"競"字派生出来的略体。

[释义] 祭祀名。

[例文]

十卄丫肖囝䇾夕乙曰干大甶告于……宀

甲戌卜賓貞其競父乙曰于大庚告于……宰
　　　　《甲骨文合集》1487,见附图,右行)

甲戌这一日进行占卜,由宾来贞:在向父乙举行竞祭之时、向大庚举行日祭之时、向……举行告祭之时,用宰来献祭吗?

"竞""日""告",三者均为祭祀名。"父乙"是先王小乙,"大庚"也是先王之名,告祭的对象则由于缺损而不明。"宰"是祭祀时所用的牺牲,有说是在屋内饲养的羊,亦有说法认为是猪和羊组成的一套牺牲。

死

茻 茻 茻 ㄖ 㓜

[教汉] 六画　歹部　[日]三年级汉字

[构成] 会意字。其字形从人(亻)与井(井)。井的意思是人为挖掘的穴,在这里表示的是墓穴。人进入墓穴中,可知该字即为"死"之义。其异体字中,有的字形是在原字基础上添加了一些表示出血的小点。此外,还有从歹(歺)从人的异体字,这是楷书的"死"这个字的原型（在楷书的"死"字中,"人"这个部分变为了"匕"）。"歹"表示的是死者的骸骨,"㓜"是他人悼念死者的样子。

[释义] 死。死亡。

[例文]

子疒不茻
　子疾不死
　　　　《甲骨文合集》13717)

子患疾病了,不会死吧?

"子"是王的孩子,还是贵人的称号,尚不明确。

休

休 休

[教汉] 六画　亻部（人部）[日]一年级汉字

[构成] 会意字。其字形从人(亻)从木(木,见第六章)。关于这个"木"的部分,加藤常贤认为是"柔",白川静认为其

第三章　以人的姿态为原型的文字　51

原本是"禾"之形，表示的是军门前竖立的表木。然而这些都是基于西周金文中的"休"的字体得来的结论，而"休"在甲骨文中的字形明显是从"木"的。因此，许慎所说的"息止也。从人依木"可能才是正确的，表示的是人倚靠着树木休息之姿。

[释义] 1.地名。

2.给予。赏赐财货。由"休息"产生的引申义。

[例文]

贞王往休亡灾

《甲骨文合集》8160

贞卜：王前往休地，没有灾祸吧？

在这里，"休"是地名。

保

[教汉] 九画　亻部（人部）　[日]五年级汉字

[构成] 会意字。字形为大人（亻）背着幼子（子）而保育之，守护之义。"子"这一部分到了西周金文中演变为"呆"之形。另外，楷书的"呆"是"保"的略体，而非"保"的声符。

[释义] 1.守护。守备。保护。

2.职务名称。

3.祭祀的对象。具体不明。

[解说] 甲骨文中，无论是由人来守备，还是因神的祐助而被守护，都用"保"字。此外，关于作为职务名称的"保"字，甲骨文中没有一并记载这一职务的具体内容，不过在西周金文中，从殷的支配下转服属于周的军事将领们被任命为"保"或者"大保"，

因此，恐怕在殷代的时候，这个字也表示那些新归顺的势力或者军事将领们。

[例文]

癸未卜古贞黄尹保我使

《甲骨文合集》3481

癸未这一日进行占卜，由古来贞：黄尹会保佑我的使者吗？

"黄尹"是殷代的神伊尹的别称。"使"是使者的意思。

荷（荷）〈何〉

[教汉] 十画（十一画）　艹部（艸部）

[日]三年级汉字

[构成] 会意字（亦声）→形声字（亦声）。人（亻）背负着东西的形状，初文的字形为"何（何）"。关于其背负的东西，诸说并存，而正如白川静所述，所背负的是武器戈（才），同时也是亦声的部分。后来，"何"被用作表示疑问的助词，因此，为表示其原义，在篆书以降的字体中，就添加了一个义符"艹"，从而形成了繁文。

[释义] 1.肩负，担负。

2.地名。

3.人名。见于甲骨文第一期至第一、二期之间。

4.人名。见于甲骨文第三期的贞人。

[例文]

丁巳卜争贞呼取荷芻

《甲骨文合集》113

丁巳日进行占卜，由争来贞：叫他们

去割取荷地的牧草吗？

"呼"的对象被省略了。"荷"是地名。"刍（匆）"是表示以手割草的样子的会意字，在这里好像是牧草的意思。

系（係）

[教汉] 七画（九画）丿部（人部）
[日]三年级汉字
[构成] 会意字→形声字。人（亻）的头上被打上纽（§）结之形，表示的是系缚、拘留俘虏的意思。纽之形，到了楷书中一般变为"午"或"幺"等，然而在籀文中则变为表示发音的"系"。
[释义] 捕获。拘留。
[例文]

……㞢二日癸酉……丨十羌系

《甲骨文合集》1097）

……又过了两天，癸酉这一日……捕获十名羌人。

这是验辞的部分，有残损。开头的地方可能是"旬又二日"，即第十二天的意思。"羌"是居住于殷的西北方的人，这里记载的是有十名羌人被捕获一事。

传（傳，伝）

[教汉] 六画（十三画，六画）亻部（人部）
[日]四年级汉字
[构成] 会意字（亦声）。将手（又）中所持的叀（⊗）转交与他人（亻）之形。"叀"是台上承载着袋子之形。"專"（篆，见第四章）这部分被视为亦声（也有说法认为"傳"是纯粹的形声字）。甲骨文中的用例极少，只见于残损的骨片。日本新字体是字形省略后的俗字。
[释义] 人名。见于甲骨文第一期。
[例文]

……傳⊗孟曰……
……傳以孟伯……

《甲骨文合集》9100）

……傳带领孟伯……

"孟"是地名。"孟伯"是这个地方的领主。

任

[教汉] 六画 亻部（人部）[日]五年级汉字
[构成] 形声字。人（亻）为义符，壬（工）为声符。关于"壬"这个部分，加藤常贤认为是所负荷之物；白川静则认为是种工具，表示的是强有力的支撑，等等。也有说法认为这个部分既含有字义，也是亦声的部分。上述解说何者才是正确的，难以证实。
[释义] 职名。
[解说] 甲骨文中，"任"作为职名被记录下来，但用例少，也没有见到关于这一职务的具体内容的记载，因此没法获知这到底是一种怎样的职务。因为"任"出现在一些与地方相关的记述当中，故而目前将其推定为地方的领主或者地方领主的副官。
[例文]

丁卯卜曰茜任有征歸允征

《甲骨文合集》7049）

第三章 以人的姿态为原型的文字 53

丁卯这一日进行占卜,说:"莒地的任被归征讨了吗?"果然,让他被征讨了。

"归(归)"是地名。"莒"是亡佚字,没能见到该字在其他卜辞中的用例,大概是地名。关于"有征归"这句,在同一骨片上有大意是"归人向逆的任出兵了吗?"("归人征莒任")这样一句话,因此可以知道这是一个被动态的语句(即"莒地被征讨")。

大部

大(大)是一个从正面所见的人之身形:手足张开,体型看上去很大。头部、身体、手足,均以直线来表示。

作为部首来使用时,"大"和"人(人,见本章)"一样,主要用于表示人的动作和状态的文字中,构成其一部分。

大

[教汉] 三画　大部　[日]一年级汉字
[构成] 象形字。参照前文。
[释义] 1.很,甚,非常。大规模。"大雨(大雨)""大吉(大吉)"等。
2.巨大的。"大豕(大豕)""大星(大

品)"等。

3.在久远的祖先神(先王)的名字前所加的文字,如"大乙(大乙)""大丁(大丁)"等。此外,"大示(大示)"指远祖的集合。

4.地名。与殷敌对,也称作"大方(大方)"。

5.人名。见于甲骨文中期的贞人之名。

6."大食(大食)",指上午的时间段。

7."大子(大子)",与"长子(长子)"一样,指年长的男子。

8."大邑商(大邑商)",殷的都城商的别称,也仅称"大邑(大邑)"。

[例文]

癸丑卜贞今岁亡大水

(《英国所藏甲骨集》2593)

癸丑这一日进行占卜,贞问:今年没有大水成灾吧?

"今岁(岁)"是今年的意思。"水"指水灾。

交

[教汉] 六画　亠部　[日]二年级汉字
[构成] 象形字。该字形为从正面所见的人将胫部(小腿)交叉之貌。甲骨文中仅见其作为人名的用例。
[释义] "祟交(祟交)",人名。见于甲骨文第一期和第二期之间。
[例文]

甲戌贞令步祟交得

(《甲骨文合集》32509)

甲戌这一日进行贞卜:命令其步行的

话，崇交会得到……吗？

"得"的对象省略了。

夫

夫

[教汉] 四画　一部（大部）[日]四年级汉字

[构成] 象形字。戴有簪子的人之形。簪子是成人的象征，"夫（夫）"即是成年男性的意思。在古代中国，为了固定住冠，男性也会戴簪。附图是殷代的玉制的簪。此外，甲骨文中还使用一个与其字形相近的字，是它的异体字。

[释义] 1. 人名。见于甲骨文第一期。
2. 地名。
3. 天 [天，见本章] 的异体字。
4. 大 [大，见本章] 的异体字。

[例文]

丁卯卜贞王田夫往来亡災

《甲骨文合集》37750

丁卯这一日进行占卜，贞问：王在夫这个地方狩猎，往返时没有灾祸吧？

"田"是狩猎的意思。"夫"是地名。"往来"是往返之义。

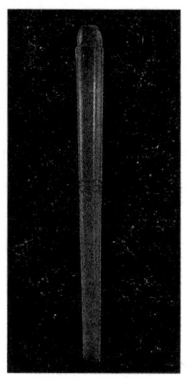

文

[教汉] 四画　文部 [日]一年级汉字

[构成] 象形字。在人的胸口加上花纹、图案之形。也有一些略体省去了胸口的图案。这些图案被视作文身。此外，加藤常贤认为是衣襟的象形，然而在甲骨文中，已有"衣（衣，见第八章）"字表示衣襟之形了。此外，藤堂明保认为是纺织品的纹样，但在甲骨文中，纺织品都是以"巾(巾)""席（席，见第八章）"等字形来表示的。

[释义] 1. 人名。见于甲骨文第一期。
2. "文武丁（文武丁）"，殷代末期的王的名字，也称"文武帝（文武帝）"。

[例文]

丙戌卜贞文武丁宗丁其牢

《甲骨文合集》36154

丙戌这一日进行占卜，贞问：在文武丁的祠堂举行丁祭的时候，供奉以牢吗？

"宗"是祭祀设施。"武"与"丁"以合文表记。第二个"丁"是祭祀名。"牢"指的是室内饲养的牛，或者是牛、羊、猪三牲。

央

[教汉] 五画　丨部（大部）[日]三年级汉字

[构成] 象形字。头戴枷锁之人的象形。在甲骨文中，"央"字仅见到作为固有名词的用例。后世这个字被用来表示"中央"的意思，关于这一演变的理由，有说法认为是假借，也有

第三章　以人的姿态为原型的文字　55

说法认为是因为枷锁戴在头部，正是身体的中央之处。

[释义] "子央（ 𡿨𦣻 ）"，人名，见于甲骨文第一期。

[例文]

貞酒子央禦于父乙

《甲骨文合集》3013

貞卜：献上祭酒，让子央向父乙举行禦祭吗？

"酒"是献上酒的仪礼。"禦"是祈愿获得守护的祭祀，在这里是祈祷父乙（恐怕就是先王小乙）守护子央。

异（異，異）

[教汉] 六画（十一画，十二画） 巳部（田部） [日] 六年级汉字

[构成] 象形字。面部被遮盖住的人的姿态。楷书中，"田"字就是面部，"共"字这部分则是由人双手上举之形演变而来。这个字的原义是祭祀时表演的舞蹈。

[释义] 祭祀名，在狩猎前举行，而且在很多卜辞中，占卜的是（狩猎时）不会下雨，因此异祭可能是一种祈祷晴天的仪礼。

[解说] "田"是鬼（其初文为"兕"之形），由此而认为，"異"的"田"这部分可能是鬼的面部。古代中国所谓的鬼和日本不同，指的是死者的灵魂。

[例文]

丁丑卜翌日戊王異其田弗悔亡災不雨

《小屯南地甲骨》256，见附图，右行

丁丑这一日占卜：第二天是戊日，王举行异祭，接下来在畋猎的时候，不会留下悔恨，不会有灾祸，不会下雨吧？

"翌日戊"是丁丑的第二天，即戊寅。"田"是狩猎的意思。

走

[教汉] 七画 走部 [日]二年级汉字

[构成] 象形字→形声字（亦声）。表示人摆动手臂而跑的样子。西周金文中，添加了表示足之形的"止"，作为义符，从而造出其繁文。楷书中，"土"的部分是由人跑动之姿演变而来。

[释义] 行进之意。可能是指急匆匆地前行。也说"往走"。

[例文]

貞王往走災至于賓剮

《甲骨文合集》17230

贞问：王向灾（災）这个地方行进，到达宾时，进行剮吗？

在这里，"災"是地名。"宾"是祭祀

设施吧。"刷"字,有说法认为相当于"别",但是该甲骨文的字义尚不明确。

立〈位〉

教汉 五画　立部　[日]一年级汉字

构成 指事字。人手足张开、站立之姿。横线是指事符号,表示地面。

释义 1. 站立。直立。

2. 竖立。将军旗等物竖立起来。

3. 出发。

4. 派遣。"立使(🔲)"即派遣使者的意思。

5. 祭祀名。

6. 人名,见于甲骨文第一期。

解说 西周金文中,这个字可以用来表示王所站立的特定位置,在意思上相当于"位"字。"立"与"位"是同源字,在古文和籀文阶段分化了。

例文

贞勿立使于南

《甲骨文合集》5512

贞卜:不要向南方派遣使者吗?"立使"是派遣使者的意思。

并（竝，並）

教汉 六画（十画,八画） ∨（立部）

[日]六年级汉字

构成 会意字。"立(🔲,见本章)"字表现的是人站立之姿,并字的甲骨文形就是用两个"立"字来表示人并排站立的状态。它的异体字中,有不是用"立"字,而是两个"大(🔲)"字的字形。日本新字体是原字形构造被破坏之后的俗字,而旧字体"竝"中很好地保留了原初字形的面貌。

释义 1. 并排。

2. 和,及,以及。全部,同时。

3. 祭祀名。

4. 人名,见于甲骨文第一期至第一、二期之间。

例文

丙申卜蒸竝酒祖丁罙父丁

《小屯南地甲骨》68

丙申日进行占卜:向祖丁和父丁一并举行蒸祭和酒祭两种祭礼吗?

"蒸""酒"均是祭祀名。"祖丁"和"父丁"可能指的是殷王祖丁和武丁。"蒸竝酒"这部分,如将"竝"也理解为祭祀名,而释为"举行蒸、竝、酒三种祭礼",也解释得通。

太

教汉 四画　大部　[日]二年级汉字

构成 指事字(亦声)。"大(🔲)"是人的正面之形,在其股部（大腿）添加了一个指事符号,从而表示人大张开两腿的样子。后来转用于表示事物"异乎寻常"之意,但在甲骨文中只有人名的用例,所以不能明确殷代的这一字义是原义还是引申义。不过其发音与"大"相通,"大"这个部分亦声。此外,加藤常贤认为《说文解字》中所记载的古文字形"🔲",是由"大"和重复记号"二"组合而成,表示"大上加大"的意思;然而这个字形是从甲

第三章　以人的姿态为原型的文字　57

骨文（☇）或者金文（☇）演变来的。

【解说】有说法认为，在篆书中出现的"亢（𠅃）"字，与"太"是同源字，但是这个字与"太"字不同，指的是颈部，其间的继承关系并不明确。

【释义】人名。见于甲骨文第一期至第一、二期之间。

【例文】

令太往于画

（《甲骨文合集》10302）

向太这个人下令，让他前往画这个地方吗？

"画"是地名。

天

【教汉】四画　一部（大部）[日]一年级汉字

【构成】指事字，所示之形为从正面所见的人，其头部被着重表现。由"头部"而产生其引申义，表示天空的意思。

【释义】1. 头部。

2. 天空。神格化而成为祭祀的对象。
3. 人名。见于甲骨文第一期。
4. 地名。
5. "天邑商"，殷的都城商的别称。

【解说】西周王朝将天视为主神，故而将周王称作"天子"。之后，在春秋战国时代，天的神格变得含糊，与殷的神"帝"混合在一起，因而也称作"天帝"。

【例文】

惟曾豕于天

（《甲骨文合集》22454）

在进行曾祭的时候，向天神进献猪吗？

"曾"是祭祀名。"豕"是作为祭祀牺牲的猪。"天"是天空的神格。

因

【教汉】六画　口部　[日]五年级汉字

【构成】会意字。人伏卧在席子之类等铺开的东西之上的样子，因此有说法认为是"茵"字的初文。不过在甲骨文中并没有这一意思的用例，故其原义尚不明确。

【释义】祭祀名。举行这一祭祀在很多情况下都要以晴天为前提，因此认为这是在屋外举行的祭祀。

【例文】

戊子卜子贞今翌日启因

（《甲骨文合集》21579）

戊子日进行占卜，由子来贞：今天和明天，在晴天的时候要举行因祭吗？

"今翌日"是今天和明天的意思。翌日以合文的方式表记。"启（啓）"是晴天的意思。

去

【教汉】五画　土部（厶部）[日]三年级汉字

【构成】会意字。在"大（𠀓）"的下面加上一个器物的象形"凵（凵）"，从而组成的会意字。楷书中，"大"这个部分变为"土"，下面的器物之形则变为"厶"。加藤常贤采用了上面"大"的部分是盖子的说法，认为整个字是将盖子从器物上取下之形。然而，这个字的上部显然是一个人的正面之形（在甲骨文中，器物的盖子则写作"入[∧，见第九章]"或者"今[∧，见第九章]"之形）。

[释义] 1.前去。与"往"字同义。也说"往去（㞷奇）"。

2.地名。

3.人名。见于甲骨文第一期。

[解说] 人跨在器物上之形，但是为什么该字形被用来表示"前去"的意思，尚不明确。可能是从"跨立"而来的引申义。此外，白川静认为这个字的原义是，在神判中被判失败的人，要将其绑上器物再扔进河里，可是根据文字资料或是考古学的调查，都无法确定殷代有这样的风俗习惯。

[例文]

甲午卜争贞王往去束諾

《甲骨文合集》5130，附图，右行）

甲午日进行占卜，由争来贞：王在前去束地之时，会得到神的祐助吧？

"束"是地名。"諾"是指获得神的祐助。附图中右下的"二"记的是占卜之数，不是占卜的内容。

逆（逆）

[教汉] 五年生　九画（十画）　辶部（辵部）

[构成] 会意字（亦声）、象形字。将人的正面之形上下颠倒过来后的形状（即 ㄒ），再添加一个表示道路的彳（彳）字，从而构成的会意字，表示逆行之义。其异体字中，也有仅仅具有"ㄒ"这一部分（相当于"屰"）的文字，是一个象形字。此外，还有与其楷书构造相同的异体字（逆）。

[释义] 1.反方向前进。返回，倒退。

2.迎击敌人的进攻，也说"逆伐（逆伐）"。

3.迎接。出迎。

4.祭祀名。

5.人名，见于甲骨文第一期。

[例文]

……寅王逆入使……月

《甲骨文合集》20064）

某寅这日，王去迎接使者吗？……月

卜辞有一部分缺损。"使"是使者。"逆入"是迎入的意思。

卩部

"卩（㔾）"是从侧面所见的一个跪坐之人的样子。左下部分是膝盖，右下部分是脚踝，竖线表示的是放在膝上的手臂。

作为甲骨文的部首，"卩"主要用于表示正在跪坐着参加仪式的人之形，或是表示沦为俘虏的人之姿，等等。楷书中未必都写作"卩"，可以有多种多样的字形变化。

欠

[教汉] 四画　欠部　[日]四年级汉字

[构成] 象形字。从侧面所见，跪坐着的人将口张开的样子，其原义为打哈欠。现在，这个字主要用作表示"缺乏"之义的"缺"的略字，不过，"欠""缺"这两个字不论是在构形上还是发音上都不同（其原义的汉音为"ケン[ken]"）。

[释义] 人名。见于甲骨文第一期。

[例文]

甲午卜令欠

《甲骨文合集》21475)

甲午这一日进行占卜：要命令欠这个人吗？

所命令的具体内容被省略了。

肥

[教汉] 八画　月部（肉部）[日]五年级汉字

[构成] 指事字→会意字。在跪坐之人（㔾）的腹部，加上一个圆形的指事符号。有说法认为，这个指事符号表示的是身体肥胖之人跪坐之时，腹部显现出来的赘肉。这个字在西周金文中未见到，但在籀文中，赘肉的这一部分变为了"肉"，从而成为一个会意字（肉作偏旁，而变成"月［肉月旁］"的字形）。

[释义] "肥子"，人名。见于甲骨文第一期。

[例文]

壬子卜贞更肥子令福凡豕

《甲骨文合集》3284)

壬子这一日进行占卜，贞问：要命令肥子这个人进行福祭和豕祭吗？

"肥子"和"令"的语序颠倒了。"福""豕"都是祭祀名。"凡"是表示并列的助词。

祝（祝）

[教汉] 九画（十画）　礻部（示部）
[日]四年级汉字

[构成] 会意字、形声字（亦声）。由跪坐之人（㔾）和口之形（口）组合成的会意字。有说法认为这是人跪着唱祈祷之辞的样子。此外，祝字的甲骨文形中，已经有了添加上了义符"示（丁，见第八章）"的字形，"示"表示与祭祀相关之事物。西周金文中，出现了"卩"这一部分变作"儿"的字形，这一字形为后世所继承。此外，白川静认为这个字是人捧着祭器凵的样子，不过在甲骨文中，口和凵已经同化了，所以难以判断。

[释义] 1. 祭祀名。

2. 兄（，见本章）的异体字。

[例文]

戊午卜其祝于父甲更己

《甲骨文合集》27461)

戊午日进行占卜：向父甲举行祝祭，要在己日举行吗？

"父甲"是先王祖甲。占卜的内容是，在戊午日的次日，也即己未这一日，是否要举行祭祀。

服

[教汉] 八画　月部　[日]三年级汉字
[构成] 会意字、形声字。是由跪坐之人（㔾）与从背后将其捕获的手之形（又）组合而成的会意字，表示的是被降服的俘虏。初文是由"㔾"和"又"所组成的"㕚"。甲骨文中，已经有了该字的繁文，是在原有字形的基础上添加声符"凡"（片）而构成的形声字。"凡"这个部分后来变为"舟"，再往后又变为像"月"一样的字形。
[释义] 俘虏。甲骨文中，"服"字主要被用来表记祭祀用的牺牲。
[解说] 关于这个字的意思，以前仅从字形来作分析，加藤常贤认为是用手拉开之意，藤堂明保认为是将人拉得更近之形。然而，从甲骨文的用法来看，这个字表示俘虏之意是确凿无疑的（白川静等人已经指出了这一点）。
[例文]
……禦于南庚三服
　　　　　　　　《英国所藏甲骨集》61）
……向南庚举行禦祭的时候，祭以三服吗？
"禦"是祭祀名。"南庚"是先王之名。占卜的内容是，是否以三名俘虏作为祭祀的牺牲，供奉给先王。

印（印）

[教汉] 五画（六画）　卩部　[日]四年级汉字
[构成] 会意字。与"服（㔾，见本章）"的构形理据非常相似，由跪坐之人（㔾），和从前面将其抓获的手之形（又）组合而成。楷书中，"卩"这部分即是表示跪坐着的人之形，"𠂉"是将其捕获的手之形。此外，印章、印鉴之类都是后起的字义，是从人被压服而来的引申义。
[释义] 1.俘虏。
2.占卜用语。在占卜内容的末尾处追加，表示命辞应验，或者占卜成功之意。
[例文]
丙辰卜丁巳其陰印允陰
　　　　　　　　《甲骨文合集》19780）
丙辰日占卜：丁巳日天会阴，应验了。确实天阴了。
"丁巳"是"丙辰"的下一日。"阴"是太阳被遮住、天气变阴的意思。"印"的意思是命辞应验了；这篇甲骨文里含有的验辞部分，也记录了确实发生了此事。

承

[教汉] 八画　一部（手部）　[日]五年级汉字
[构成] 会意字→形声字（亦声）。两手（𦥑）将跪坐之人（㔾）抬举起来之形，用作"承接、承受"之义。篆书中，"卩"的下面又加上一双"手"，而演变为了"承"这一字形（"一"这部分由"卩"变化而来）。
[释义] 承接，承受。接受，受纳。

第三章　以人的姿态为原型的文字

[例文]

……《☒☒☒

……勿来马承

（《甲骨文合集》9175）

……马被进贡上来，不要受纳吗？

"来"是纳入的意思。这里占卜的是，要不要接受进贡来的马。

芸（藝）

[教汉] 七画（十九画）　艹部（艸部）
　　　[日]四年级汉字

[构成] 会意字→形声字（亦声）。表示跪坐之人栽种草（屮，见第六章）或木（木，见第六章）的样子。初文为"埶"之形，而植物要栽种在土中，故而到了西周金文就加上了"土"，演变为"埶"。到了篆书以后，表示割草之意的"芸（其声符是云）"上下分离开，而将"埶"加入其中间，遂构成了"藝"这一字形。⑤新字体将中间的"埶"这一部分省略，只保留了后来追加的"芸"这一部分，这个字最初的含义就完全丧失了。

[释义] 1.祭祀名。

2.地名。殷王的狩猎地。

[例文]

辛未卜貞王賓藝福亡禍

（《甲骨文合集》25393）

辛未这一日进行占卜，贞问：王在参加芸和福这两项祭祀时，没有灾祸吧？

"芸""福"均为祭祀名。"宾"指参加祭祀。

女部

女（𠨰）这个字形，是女性跪坐着，合手于前的姿态。左边的部分是相合的两手；下部所示的足之形，与卩（𠂊）一样。

作为甲骨文的部首，"女"多用于那些表示与女性相关的事情的文字，或是用于表示女性的名的字。

女〈母〉

[教汉] 三画　女部　[日]一年级汉字

[构成] 象形字。参照前文。其异体字有"𠨰"，两个点表示乳房，字形相当于"母"字。然而，在甲骨文的阶段，"𠨰"和"𠨰"并没有明确地区分开来，是后来才分化了的。此外，异体字的"𠨰"及"𠨰"所表示的均是戴上簪子的成年女性，这和"大（大，见本章）"与"夫（夫，见本章）"的意思是一样的，但是没有意义上的差异。强调了簪子的字形具有了其他的意思，相当于"妻（𡚽，见本章）"。

[释义] 1.女人。女性。

2.母亲。

3.女儿。女子。

4.祖先的配偶（女性）。

5."司母（司𠨰）"，王的后妃。

6.否定助词。可训为"～なし（不要……）"。相当于楷书的"毋"的意思，这是假借的用法。

[解说] 由于甲骨文是占卜的内容，因此不会记载对话等内容；不过在金文中，将"女"字假借去作为第二人称使用，这种情况下"女"即是"汝"的初文。

例文

……辰贞其求生于祖丁母妣己

《甲骨文合集》34083，见附图，右行）

……辰这一日进行占卜：向祖丁的后妃妣己进行祭祀，以祈求怀孕吗？

"求生"是祈愿怀孕的祭祀。"祖丁"是殷的先王。"妣己"不是祖丁的母亲，而是他的配偶（后妃）。

3.地名。殷的敌对势力之一，被称作"妻方"。

例文

贞妻子壱我

《甲骨文合集》3273）

贞卜：妻子向我作祟吗？

"妻子"可以解读作"妻子和子女"的意思，也可以理解为"妻（地名）的子（称号）"。"壱"与"祟"同义，是作祟的意思。

好

[教汉] 六画　女部　[日]四年级汉字

[构成] 会意字。女子（ ）怀抱着孩子（ ，见本章），非常慈爱的样子。

[释义] "妇好（ ）"，人名。a.武丁的后妃。从甲骨文第一期到第一期、第二期之间还在世。b. 武丁的支持势力。可能就是后妃妇好的出生地。在这种情况下，"妇（ ，见第八章）"作为一个称号而被使用。

[解说] 附图就是从殷墟的妇好（武丁的后妃）墓里出土的青铜器的铭文。"妇好（ ）"这两个字的各部分被分割开，再重新组合到一起。

妻

[教汉] 八画　女部　[日]五年级汉字

[构成] 象形字、会意字。是头戴簪子的女性（ ）的象形，该字特地强调了簪子这一部分。与"夫（ ，见本章）"一样，都是将簪子用作成年人的象征。" "这个字体，是用手（ ）支撑着长发的老年女性之形，是个会意字，其构形理据有所不同，不过因为在一些用例中这个字也指先王的后妃，故而可以将其视为"妻"的异体字。

[释义] 1.妻子。女性配偶。

2.祭祀名。

第三章　以人的姿态为原型的文字　63

例文

辛丑卜㱿貞婦好有子三月王占曰好其有子禦
《甲骨文合集》13997

辛丑这一日进行占卜，由㱿来贞：妇（婦）好有孩子了吗？三月。王占卜之后说："妇好将会有孩子。"应验了。

这一篇卜辞占卜的是有没有怀孕。这里的"妇好"，指的就是那位武丁的后妃。文末的"禦"是验辞，表示命辞部分确实应验了。

妹

教汉 八画　女部　[日]二年级汉字

构成 形声字。女（𠨯）为义符，未（朩，见第六章）为声符。也有说法认为，"未"的部分是小树苗的象形，含有年龄小的意思，也是亦声的部分。

释义 1.姊妹。同辈的女性。
2.指天明前后的时间段。这是假借用法，是"昧爽"（天将亮）的意思。
3.地名。殷的支持势力之一，也被称为"妇妹"。

例文

貞勿多妹母
《甲骨文合集》2605

贞卜：不要向众位姊妹和母辈举行祭祀吗？

占卜的是向亲族女性举行的祭祀，不过将祭祀名省略了。"多"是表示名词的多数形的前缀。当时，对同辈的称呼都是一样的，而这个"多"字可能也涵盖着"母"，那么就包含了姑母、伯母、姨母、舅母等（也包括父亲的侧室）。

子部

"子（𢀖）"是小孩子的象形。小孩子的脑袋相对较大，这个字的上部所表现的正是这一情形。此外，下部是用一条纵向的线来表示腿脚，表现的是走路不稳当的样子。

作为甲骨文的部首，用于与小孩、育儿相关的文字。

子

教汉 三画　子部　[日]一年级汉字

构成 象形字。参照前文。关于字形"𡿨""𢀖"，是作为十二地支中的第一位"子"来使用的文字，有人说是小孩儿的头部的象形，也有人说是枭首之状。作为地支的时候，"𢀖"的字形在甲骨文中起初是作为第六位的"巳"来使用的，后来，因为"𢀖"与"𢀖"（'祀'的略体）"相似，故而字形发生了调换。

释义 1.小孩子。
2.十二地支中的第一位（字形为"𡿨""𢀖"）。
3.十二地支中的第六位(相当于"巳")。
4.对王的亲族中的男性的称谓。称作"子某"，主要用于第一期甲骨文。
5.对那些服从于殷的有势力之人的称号。称作"子某"或"某子"。"多子（𢀖𢀖）"是其多数形，"多子族（𢀖𢀖𠂤）"是其军队。

例文

戊辰卜王貞婦鼠娩余子
《甲骨文合集》14115

戊辰这一日进行占卜，由王来贞：妇鼠会诞下我的孩子吗？

"王"是殷王武丁，"妇鼠"是其侧室。"娩"是分娩的意思。"余"是第一人称。这是武丁本人对侧室的分娩一事进行占卜。

孙（孫）

[教汉] 六画（十画） 子部 [日]四年级汉字

[构成] 会意字。"㨪"是扎成一束的丝线的象形，"了（孑）"表示的意思是像丝线那样世世代代相连相系下去。在篆书中，丝束之形"㨪"变为了"系"字，整个字就变为了"孙"的字形。加藤常贤认为"㨪"的部分是"幺"，即"幼小"的意思，但是甲骨文中，无论是"㨪"还是"幼"（幺，详参第九章），均不用作"幼小"之意。此外，白川静认为"㨪"的部分是子孙在祭祀祖先的时候所使用的巫术的装饰，但是在甲骨文中，并没有将这个字作为巫术仪礼来使用的例子。

[释义] 1.孙子。

2.地名。

[例文]

壬戌卜内余勿在孙死

《甲骨文合集补编》2240

壬戌日进行占卜，内问：我不会在孙这个地方死去吧？

"余"是第一人称。"孙"是地名。

后〈育〉

[教汉] 六画 厂部（口部） [日]六年级汉字

[构成] 会意字。表示的是女（母，见本章）人产子（孑）的样子。生孩子多数是头先出来，因此，很多字形将"子"上下倒置。有的异体字从人（人，见本章），而非从女；还有的异体字加上了表示羊水的小点。此外，"育"与"后"同源。"育"字是在倒置的"子"这部分（去）的基础上加上"肉"（"肉"即是楷书的"月"[肉月旁]的部分，有人说它是声符，或说是小孩的肉体）。"后"与"育"在籀文中分化开了。"育"也写作"毓"，由女（母）、倒置的子、小点三个部分相合而成。

[释义] 1.产子。

2.指祖先的文字。主要用于世代较近的先王。比如"多后"、"后祖乙"等。

3.地名。

[解说] "后"有"後"的意思（与"先，前"相对，时间较晚之意）。"后祖乙（小乙的别称）"即是相对于"祖乙"而言，意思是"后一个以'乙'为名的祖先"。从甲骨文的字形来看的话，当时孩子是以从后侧被生出来的姿势生出的，由此而产生了引申义（也有说法认为仅仅只是假借法）。

[例文]

癸亥卜古贞求年自上甲至于多后

《甲骨文合集》10111

癸亥日进行占卜，由古来贞：从上甲一直到多后，向他们祈求丰年吗？

"年"是收获之义。从神话中的始祖上甲，

第三章 以人的姿态为原型的文字

一直到其后的诸多先王，向他们祭祀，以祈求收获。这篇卜辞所占卜的即是这一内容。

乳（乳）

教汉 八画　乚部（乙部）［日］六年级汉字

构成 会意字。女性给一个张开口的孩子（孑）授乳之形。

释义 授乳。

解说 这个字在甲骨文中的用例极其少。此外，在现存的西周金文及古文、籀文中完全未见。一直到了篆书，其简略化的字形"乳"才出现。

例文

辛……卜呼援妇妌乳

《甲骨文合集》22247）

辛……这日进行占卜：要召唤人来帮助妇妌授乳吗？

"呼"的对象被省略了。"妇妌"是女性的名字。具体怎样助其授乳，尚不明确。

教（教）

教汉 十一画　攵部（支部）［日］二年级汉字

构成 会意字（亦声）。这个字表示教育孩子（孑）的意思，"攵(攵)"大概是教鞭。"爻（乂）"是象征着教育设施的字形，是亦声的部分。旧字体中还存留着"爻"之形，而新字体中则丢失了。

释义 地名。被用作军事驻屯地。

例文

呼多束尹𠳄于教

《甲骨文合集》5617）

召唤多束尹驻扎于教这个地方吗？

"束"的原义是武器，"尹"指的是王的臣下，"束尹"应该是武官。"𠳄"是表示军队驻屯之义的动词，也有说法认为，该字为"次"之初文。

注释

① 许慎："兒，孺子也。从儿。象小儿头囟未合。"（《说文解字》，中华书局，2013年版，第174页）

② 赵诚："叀字没有实义，有人称之为发语词。"（《甲骨文简明词典：卜辞分类读本》，中华书局，2009年版，第296页）作者在前文的第二章也提示了这一点，故而本书在翻译这类句子的时候不将"叀"字译出来。

③ 许慎："非，违也。从飛（飞），下翅。取其相背。凡非之属皆从非。"（《说文解字》，第245页）

④ 旧字形中，"化"字还有"化"的字形，其中"匕"变为了"匕"。《说文解字》："化，教行也。从匕从人，匕亦声。"（《说文解字》，第166页）

⑤ 编按："藝"，今天在我们汉语言文字中对应的是简体汉字"艺"。

第四章

以人体的某一部分为原型的文字

目部

目（⃞），像目之形。中央的部分即是瞳孔。

作为甲骨文的部首，多用于与"看见"之义有关的文字。

目

教汉 五画　目部　[日]一年级汉字
构成 象形字。参照前文。
释义 1. 眼睛。眼球。
2. 看。侦察。
3. 人名。见于甲骨文第一期至第一、二期之间。也称作"子目（⃞）"。
4. 地名。

例文
　　……未卜争贞告王目于祖丁
　　　　　　　　（《甲骨文合集》13626）

……未这一日进行占卜，由争来贞：将王的眼睛（有疾这件事）告祭祖丁吗？

"告"是祭祀之名，报告的仪礼。"祖丁"是殷的先王。恐怕是王的眼睛不适，将此事向祖先神祖丁报告，祈愿王的眼睛康复。

臣（臣）

教汉 六画（七画）　臣部　[日]四年级汉字
构成 象形字。许慎认为是人屈服之形①，然而其甲骨文则是"目（⃞）"竖立之形。关于此将目竖立之意，鉴于意思为"看"的"望"字（⃞，见本章）中使用了"臣"（⃞）之形，因此可以认为它是"睁大眼睛而看的人"的意思。
释义 1. 臣下。家臣。
2. "小臣（⃞）"，殷王的从者。
3. "帝臣（⃞）"，祭祀对象。帝（⃞）是殷之神，帝臣为其臣下。也称作"帝五臣（⃞）"或者"帝五玉臣（⃞）"。帝臣的神话后世没有流传下来，因此详细情况不明。
解说 甲骨文中的小臣，以前认为是奴隶。但是小臣参加祭祀或者向众人发布命令等情形是存在的，这样一来，旧说的错误之处就很明显了。与旧

第四章　以人体的某一部分为原型的文字　69

说相反，白川静将小臣视为王族；但是，地方势力"虞（燔）"还有贞人"口（㘡）"等也被称作小臣，因此"小臣"一语并非指特定的地位，而是跟从殷王之人的泛称。

例文

丙子卜贞朕臣赏

（《小屯南地甲骨》2672）

丙子日进行占卜，贞问：我要赏赐我的臣子吗？

自秦始皇以降，"朕"就成为仅限于皇帝一人使用的自称之语，但是在此之前是为人们所普遍使用的。在甲骨文中作为所有格的用例很多。及物动词"赏"放在末尾，是倒置句。

面

教汉 九画 面部 ［日］三年级汉字

构成 象形字。由"目（𦣻）"和将之围起来的形状所构成，正是脸的象形。甲骨文中用例很少，仅见于"面毋"这一个词。

释义 "面毋(𦣻毋)"，天候用语。可训为"面毋し"，或许是指雨势猛烈，到了彼此的脸都看不见的程度。

例文

八日庚戌有各云自東面毋

（《甲骨文合集》10405）

八日，庚戌，有云各②，自东方来，连人面都看不见。

这是验辞的一部分。在甲骨文或者古文中，气象之语如果不是主语，而是

宾语的话，语序就会改变，而为"各云"。

直

教汉 八画 十部（目部）［日］二年级汉字

构成 指事字。在目（𦣻）上加了一条竖线，而表示直视的意思。甲骨文中，多用作视察之义。西周金文中，竖线变化为"十"，又加上了一个"乚"的字形（乚的意义尚不明确）。

释义 1.视察。

2.祭祀名。

例文

……子卜余直諾吉

（《甲骨文合集》22413）

……子进行占卜：余直，此事会获得神的承诺吗？吉。

"直"是视察之义还是祭祀之义，尚不明确。"余"是第一人称。"诺"是获得神的承诺。

见（見）

教汉 四画（七画） 见部（見部）［日］一年级汉字

构成 会意字。由人（亻，见第三章）和目（𦣻）构成，表示的是人用眼睛来看。也有从"卩（㔾）"而非"人（亻）"的异体字。

释义 1.看。目视。侦察。

2.会见。接见。谒见。

3.出现。遭遇。

4.献上。也有说法认为，这种情况下是"献"的意思的假借用法。

5. 人名。见于甲骨文第一期。

6. "见方(罟⼪)",殷的敌对势力之名。

例文

己未卜殸貞缶其来見王一月

《甲骨文合集》1027

已未这一日进行占卜,由殸来贞:缶这个人前来拜见王吗?时在一月。

"缶"是人名。"见",在会见地位更高的人时可以训为"見ゆ"([mami-yu],拜见之义)。

望（望）

教汉 十一画　王部（月部）[日]四年级汉字

构成 会意字→形声字。最初是由"人"(亻,见第三章)字与将"目"竖立的"臣"(𦣩,见本章)字构成;与"见(𥃩,见本章)"字一样,是表示看的意思的会意字。其异体字有其余构件在"土(⼟,见第五章)"之上的字形,这个"土"字是土堆的象形;在楷书中,演变为"人"和"土"合写之形,即为"壬"(新字体中变为了"王")这部分,因此其初文是"朢"的字形。西周时候,这个字用于表示"满月"之义,因此加上了月,而变为"朢"之形。又到了篆书阶段,"臣"这部分被替代为表示发音的"亡",形声字的字体遂出现了,这是楷书字形的原型。

释义 1. 望。眺望。侦察。

2. 地名。殷的支配地,但是在第三期甲骨文中曾有一段时间与殷敌对。

3. "望洋(𦣩𣲘)",人名。见于甲骨文第一期。

4. "望乘(𦣩𣎴)",人名。见于甲骨文第一期至第一、二期之间。望洋、望乘有可能是望这个地方的领主。

解说 白川静将战争中所采取的望和见(参照前一个词条)的行为解释为为了压服敌人而施行的咒术行为。然而,在甲骨文中并未见到有占卜的内容是以见或望的方式给予敌人什么损害,因此应当认为是一般的侦察行为。顺带说一下,白川静将一则让"媚人三千"望的记述解释作"让巫女三千人望视的咒仪"。然而,实际上这并非"媚(𤿒)",而是眉(𥄫),原文为"眉人三千",白川静误读了。(眉是招集的意思,这里是指征兵三千人。)

例文

貞勿呼望舌方

《甲骨文合集》6191

贞卜:不要召唤其去侦察舌方吗?

呼的对象被省略了。"望"是侦察之义。"舌方"是殷的敌对势力。

相

教汉 九画　木部（目部）[日]三年级汉字

构成 会意字。是以目(𥃩)见木(𣎴,见第六章)之形。加藤常贤认为"木"之形是"桑",是形声字的声符;然而,它与甲骨文的"桑(𣑹)"字体相异。"相"是从木或其异体的文字。

释义 见。侦察。

例文

夾方相三邑十三月

《甲骨文合集》6063

第四章　以人体的某一部分为原型的文字　71

夹方侦察了三邑。时在十三月。

这是验辞和记时的部分。"夹方"是殷的敌对势力。"相"是侦察的意思。"邑"指的是都市或者村落。记时的"十三月"③是合文。

省

<教汉> 九画　目部　[日]四年级汉字
<构成> 形声字。由目（四）和生（屮，见第六章）构成，生是声符。生的下部与目重合了，而变成了表示草之意的"屮(丫)"的字形。在古文阶段，"生"同"目"分离开来；后来在隶书中"生"又变为了"少"。
<释义> 视察。
<解说> 在甲骨文中，作为"省"的对象而被占卜的，有都市或廪（仓库）、牛或黍，等等，"省"主要被用来表示对支配下的土地或财物进行视察之意。
<例文>

丙午卜宾贞呼省牛于多奠

《甲骨文合集》11177）

丙午日进行占卜，由宾来贞：要召呼其视察多奠的牛吗？

呼的对象被省略了。"奠"所指不明，但是从这篇卜文中可以推测是牧场或者家畜的小屋。

耳部

"耳（ ）"是耳的象形。作为甲骨文的部首，"耳"字用于与耳朵以及听这一动作相关的文字。

耳

<教汉> 六画　耳部　[日]一年级汉字
<构成> 象形字。参照前文。
<释义> 1.耳朵。
2.听。听到。
3.祭祀名。
4.人名。见于甲骨文第一期。
5.地名。
<例文>

己未卜惟父庚壱耳

《甲骨文合集》21377）

己未日进行占卜：是父庚降灾，让耳朵生疾吗？

占卜以求问耳疾的原因，是不是父辈的祖先神父庚在作祟。

取

<教汉> 八画　耳部（又部）　[日]三年级汉字
<构成> 会意字。由耳朵（ ）和手之形（又）构成。虽然有人说这是用手抓住野兽的耳朵，将之捕获的样子，但是在周代，缔结盟约时要举行仪礼：割取牛的耳朵，啜饮其血。因此，笔者认为"取"用作祭祀名时，表示的是割取牺牲的耳朵的仪礼。
<释义> 1.取。逮住，捕获。攻取。获取，接受。
2.祭祀名。
<例文>

辛酉卜王祝于妣己酒取祖丁

《甲骨文合集》19890，见附图，右行）

辛酉日进行占卜：王向妣己举行祝祭，然后向祖丁举行取祭吗？

"祝""取"均为祭祀名。"乃（迺）"是表示时间顺序的助词。"祖丁"是殷的先王，"妣己"是其后妃。

闻（聞）

[教汉] 九画（十四画） 门部（耳部）
[日]二年级汉字

[构成] 会意字→形声字。由"耳（ ）"与"口（ ）"或者"人（ ，见第三章）"构成。表示的是正用耳朵听着的人。在籀文中，变作以"耳"为义符，以"門"为声符的形声字。

[释义] 1.听。
2.使之听。报告。
3.祭祀名。
4.人名。见甲骨文第一期。

[解说] 关于"闻"字，白川静将其解释为聆听神的启示之形，然而在甲骨文中，没有表示获得神谕之义的用例。

[例文]

王占曰其有来闻其惟甲不……

《甲骨文合集》1075

王占卜了，说："听闻来，是在甲日，不是……"

占辞部分有所缺损。占卜的是某报告的日期。虽然特别指定是在甲日，但也有可能是在结果明了之后将内容窜改而成的。

自部

自（ ）是人的鼻子的象形。上部的三道竖线中，中间的一道表示鼻梁，余下的两道表示鼻子的两侧。

自

[教汉] 六画 自部 [日]二年级汉字

[构成] 象形字(假借)。参照前文。甲骨文中，主要是作为助词来使用，使用原义的例子极少。

[释义] 1.从。助词，表示时间或者空间等的起点。这是假借的用法。
2.自己，亲自。靠自己。
3.鼻子。

[解说] 有说法认为，之所以"自"有"自己"的意思，是因为在指示自己的时候，会指着自己的鼻子。这一说法是有力的。

[例文]

庚戌更王自征刀方

《甲骨文合集》33035

第四章　以人体的某一部分为原型的文字

庚戌日，王要亲自征讨刀方吗？

就王的亲征进行占卜。"刀"或许就是"召"。"召"是处于殷的支配下的势力，在第一、二期之间的甲骨文中，曾有一段时间与殷为敌，这篇卜辞就是那个时期的占卜。

鼻（鼻）

[教汉] 十四画　鼻部　[日]三年级汉字

[构成] 形声字。自（㠯）是鼻的象形，在"自"的基础上，添加了声符畀（𢌿），从而构成了"鼻"这一繁文。畀是镝矢的象形。甲骨文中的用例很少，只见于地名。

[释义] 地名。

[例文]

壬申卜贞呼……禦在鼻

（《甲骨文合集》8189）

壬申日进行占卜，贞问：召呼……来防御吗？在鼻这个地方。

"呼"的对象缺损了。"御（禦）"是防御之义。"在鼻"相当于记时，记载了殷王是在鼻这个地方进行的占卜。

边（邊，边）

[教汉] 五画（十八画，五画）　辶部（辵部）　[日]四年级汉字

[构成] 会意字→形声字（亦声）。由自（㠯）和丙（内）构成，初文是"鼻"这部分。西周金文中，这个字被用于表示边境的意思，加上表示地方之义的"方"字、表示行进之意的"辵（辶）"字，而变为了"邊"的字形。新字体所采用的是略字形。

[释义] 地名。

[解说] 藤堂明保认为"鼻"的原义是指鼻子的两侧，但是在甲骨文中，"丙"是作为房屋或者台（基座）之形来使用的。白川静将鼻解释为在台上放置的尸体，然而这是将添加了"方"的后起的字形作为其原初字形来解释了，因而是错误的。直接从字形来看，这个字是在台上放置鼻之形，其意义尚不明确。

[例文]

戍德往于来叹迺邊儵衛有戋

（《甲骨文合集》28058）

军队巡察的时候，到了来这个地方，叹，保卫边、儵这两个地方，会获得胜利吗？

"戍"是军队。"德"是巡察的意思。"来"在这里是地名。"叹"的字义不明。"乃（迺）"是表示时间顺序的助词。"邊""儵"均为地名。"戋"是胜利的意思。

口部

口（ㅂ）是张开之口的象形。作为甲骨文的部首，用于与口和发声有关的文字当中。

与之同形的文字，有表示器物的"ㅂ"。关于以"ㅂ"作为部首的文字，请参照第七章。

口

教汉 三画　口部　[日]一年级汉字

构成 象形字。参照前文。

释义 1.口。口腔。

2.人名。甲骨文第三期中的贞人。也被称作"小臣口（小臣口）"。

3."王口祀（王口祀）"，王即位的初年。殷代末期的用语。

例文

贞疾口禦于妣甲

《甲骨文合集》11460）

贞卜：关于口腔染疾这件事，要不要向妣甲举行禦祭呢？

"禦"是祈求守护的祭祀。这里是就口腔染上疾病一事，占卜要不要祭祀女性祖先神妣甲。

舌

教汉 六画　舌部　[日]五年级汉字

构成 象形字。许慎、藤堂明保都将其视为"口"与"干"组成的会意字。加藤常贤认为这个字是以"口"为义符、"干"为声符的形声字。然而，甲骨文中，干（干，见第七章）是表示武器的"单"（单，见第七章）的略体，与"舌"的构形理据相异。如白川静等人所指出的那样，这是舌头从口（口）里伸出来的样子。它还有加上了表示唾液的小点的异体字。

释义 1.舌头。口中的器官。

2.发言。发声。

3.祭祀名。

4.职名。职务内容尚不明确。

例文

庚辰卜古贞舌母庚

《甲骨文合集》2561）

庚辰日进行占卜，由古来贞：向母庚举行舌祭吗？

这是武丁时代的甲骨卜辞，"母庚"是前代的小乙的后妃。"舌"是祭祀名。

齿（齒，歯）

教汉 八画（十五画，十二画）　齿部（齒部）[日]三年级汉字

构成 象形字→形声字。这个字是口（口）中生有牙齿之形，其初文为"齒"这部分。后来加上了作为声符的"止"，就变为了形声字。新字体是将齒字的象形部分简略化之后的字形。

释义 1.齿，牙。牙齿。

2.占卜用语。凶之义。

3."来齿（来齒）"，发生了凶事。"来入齿（来入齒）""以齿（以齒）"也是同样的意思。

第四章　以人体的某一部分为原型的文字

例文

王占曰不吉其以齒

（《甲骨文合集》5658，见附图）

王占卜之后说：“不吉，会带来齿。”这是占辞的部分。

句

教汉 五画　勹部（口部）［日］五年级汉字

构成 会意字。“勹”的部分（⺇）是人（亻，见第三章）俯身之姿，与“口（ㅂ）”相合，表示的是在面对身居上位的人物时，以跪拜之姿进行发言。

释义 报告。言说。

例文

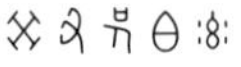

癸丑句伯率

（《甲骨文合集》21936）

癸丑日：要向身为伯的统帅报告吗？

这一篇是非王卜辞。“伯”是地方领主。“率”是统帅、领导者之义。占卜的内容为是否要向地方上的有权势之人进行报告。

言〈音〉

教汉 七画　言部　［日］二年级汉字

构成 形声字。以“口”（ㅂ）作义符，“辛”（䇂）作声符。“辛”被认为是一种刀剑。也有异体字所从的是与“辛”同为刀剑的象形的“辛（䇂）”，或者是从凿子之形“丫”。西周金文以降，主要使用的是从“辛”从“口”的字体。到了隶书阶段，“辛”的部分被简略化了。此外，“音”字是在西周金文中从“言”字派生出的文字，在楷书中“音”还保留着“辛”的一部分字形。

释义 1. 说。报告。通告。

2. 祭祀名。向神报告的仪礼。

3. 咽喉。声带。

解说 关于“言”的原义，白川静认为“口”（ㅂ）表示的是在盟誓之际盛放文书的器物，而“辛（䇂）”就是在违背盟约时，作为惩罚，在违约者身上刺墨时所用的针的形状。然而，在甲骨文中，“盟”（，见第七章）字并不用作盟约之义，而是祭祀之名。此外，也没有证据表明，殷商时期有违背盟约则刺墨以惩处的规矩。

例文

甲……卜子不賞言多亞

（《甲骨文合集》21631）

甲……这一日进行占卜，子：不予奖赏这件事要向多亚言说吗？

这是一篇非王卜辞，占卜者是“子”。“多”是构成多数形的前缀。“亚”是贵族。占卜的内容是，不予奖赏这件事，要向贵族们报告吗。

问（問）

教汉 六画（十一画）门部（口部）

［日］三年级汉字

构成 形声字，以“口”（ㅂ）作义符、“門”（，见第九章）作声符。白川静认为其字形为在门下放置一个表示祭祀之器的口之形，从而将其含义解释为询问神的旨意,这样就将其视为了一个会意字(冂是亦声)。然而,甲骨文中能见到的用例少之又少,而且只见于残片,因此其原义不明。

[释义] 不明。

[例文]

十……𦙹……⻖⼤……三……
甲……贞余……问大……四……
《甲骨文合集》21490）

甲……这一日贞问:余……问大……四……

由于缺损部分太多,解读殊为困难。

可
可 可

[教汉] 五画　口部　[日]五年级汉字

[构成] 形声字。由"口"(𠙶)与"丁"组成。关于"丁"这一部分,加藤常贤认为是"丂",藤堂明保认为是表曲折之形,白川静认为是树木的枝、茎。甲骨文中与其最为接近的字形,是"河"(𣱩,见第五章)的异体字"𣱩"的右边部分。因为"河(𣱩)"的右部是表示人持戈之形的"荷"字(初文为"𠂆"),故而关于"可",将其理解为以"口"为义符、以"荷(𠂆)"的略体为声符的形声字。

[释义] 1.表示肯定的意思。"不可"(丕可)则是否定之义。
2.祭祀名。

[例文]

丕可
不可
《甲骨文合集》18888,见图)

不可以。

这段刻记在龟甲的反面的最下部。是占卜的结果不符合预先的期望,还是这片甲骨本身不完备,未能明确。

又部

又(𠂇)是手(手腕)的象形。手上的五根手指简略化成三根。在甲骨文阶段,没有文字使用了"手"或者"扌(提手旁)",对于手的意思,都是用"𠂇"或者从侧面所见的手之形"𠃌"来表示的。

"又"作为甲骨文的部首,在表示用手施行的动作的文字中很常见。"𠂇"这一部分,在楷书中,除了"又"以外,还变化作"𠂇""彐""寸"等字形。

在会意字中,也有一些文字使用了表示左右两手之形的"廾(𠬞)",这种情况下往往表示将某物捧举起来的意思。

右〈有〉
𠂇

[教汉] 五画　口部　[日]一年级汉字

[构成] 指事字→会意字(亦声)。这是看着自己的右手,所见到的样子(因为指尖向左),用作"右边"之义。在甲

第四章　以人体的某一部分为原型的文字　77

骨文中，也假借"右"的发音，来表示其他种种意思。其初文为"ナ"这一部分，在西周金文中，为了与"又"的意思相区别，加上了表示手持的器物之形——"曰"（即"口"这一部分）。

[释义] 1.右边。

2.有。这是假借来表示"有"之义。

3.祭祀的泛称。这是假借来表示"侑"之义。

4.神的祐助。这是假借来表示"祐"之义。

5.表并列的助词。这是假借来表示"又"之义。

[解说] 有人认为，在春秋时代，大诸侯在中军之外又增加上军、下军（或者左师、右师），从而形成"三军"的制度。然而根据下面的例文，在殷代的时候就已经针对要不要整编成左、中、右三个部队（三师）而进行占卜了。不过在甲骨文中，关于军队的叙述，记述左、中、右的区分的内容并不多，因此，在殷代这可能不是常规的军队编制，只是因一时之需而编成的。另外，在西周金文中，能见到周的军队"周六师"，也记载着由那些原本效忠于殷之人再编而成的"殷八师"。

[例文]

丁酉貞王作三師左中右

（《甲骨文合集》33005）

丁酉这一日贞问：王要将军队编制成左中右三师吗？

"师"是军队的意思。左中右是对军队编制的区分。

左

[教汉] 五画　工部　［日］一年级汉字

[构成] 指事字→会意字（亦声）。指尖向右，从而表示左手。到了西周金文的阶段，加上一个左手中所持的凿之形"工"，造出它的繁文。

[释义] 1.左边，左手。

2.不能得到神的祐助。与表示得到神的祐助的"右（祐）"相对。

[解说] 在周代，无论右还是左都能用来表示"帮助"的意思，在这种情况下，就衍生出繁文"佐"。但是在甲骨文阶段并没有这种用法；在甲骨文中，"右"被假借而用作"祐"的意思，与之相反，"左"则用作不会得到神的祐助之义。"不会得帮助"之意的用法后世已经不存。

[例文]

壬子卜爭貞我其作邑帝弗左諾三月

（《甲骨文合集》14206）

壬子日进行占卜，由争来贞：我们要修建都邑这件事，帝不会左吧？帝会允许吗？时在三月。

"邑"是都市的意思。"帝"是殷的神。"左"在这里意味着不能从帝那里获得祐助。"诺"是承诺、应允的意思。

九

[教汉] 二画　丿部（乙部）［日］一年级汉字

[构成] 象形字（假借）。人屈其上臂之形。也有人说是"究"或者"穷（窮）"

的初文。在甲骨文中，都是以假借之法作为数字使用。

释义 1.九（个）。
2.第九。

解说 白川静认为是雌龙的象形，但在甲骨文中，表示肘部的字形（"肘"的初文为"寸"）是"ミ"，而"九（ㄎ）"也同样的是手臂之形。此外，也有说法认为这是蛇或者钩子的象形，但都是错误的。

例文

……卜出貞侑于洹九犬九豕
　　　　　　　《甲骨文合集》24413）

……这一日进行占卜，由出来贞：向洹进行侑祭的时候，用九条犬、九头豕吗？

"侑"是祭祀的泛称。"洹"是流经殷都的洹水的神格，即洹水之神。豕指豚，即猪。

友

教汉 四画　又部　[日]二年级汉字
构成 会意字（亦声）。"手"（ㄡ）上加"手"（ㄡ），二手相重之形。楷书中，由"ナ"与"又"构成了"友"的字形。"ㄡ（右）"也表示发音。

释义 1.同僚。同等地位、资格的人。
2.与"右（ㄡ）"相通，也以假借的用法，被作"有"或"侑"的意思。

例文

……戴友惟于鳥
　　　　　　　《甲骨文合集》8239）

……戴友在鸟这个地方吗？

"戴"是人名。"鸟"是地名。动词被省略了。"戴友"指的是与戴同等资格的人，还是戴与占卜的担当者具有同等资格，其义不明。

共〈供〉

教汉 六画　八部　[日]四年级汉字
构成 会意字（亦声）。以两手（ㄅㄅ）敬献供物之形。献上的供物是以抽象的方式表现出来的。两手之形的"廾"是亦声的部分。"供"是从"共"派生出来的同源字，两者都有"供上、进献"的意思。

释义 1.供上，进献。
2."妇共（ㄐㄨㄥ）"，女性的名字。见于甲骨文第一期。

例文

貞婦共娩不……
　　　　　　　《甲骨文合集》13962）

贞卜：妇共分娩的时候，不会……吗？

"妇共"是女性的名字。"娩"是分娩的意思。

父

教汉 四画　父部　[日]二年级汉字
构成 会意字。以手（ㄡ）持物之形。关于手上所持之物，有认为是杖或者鞭之说，但是因为其与"斧"字发音相同，故而认为斧头（石斧）之说更有力。

释义 父亲。生父，或者是与父亲同辈的男性。

[解说] 白川静认为斧头是指挥权的象征，然而，在称呼高等级的贵族时加上"父"是西周以后的用法。此外，在殷代的时候，同辈往往用同一个称呼；并非只有生父，父亲的兄弟或者从兄弟也称为"父"（参照第三章"兄"）。因此，"父"也并非表示家族内的权力，只是能从事体力劳动的壮年的意思。

[例文]

丁亥卜侑歲于二示父丙父戊

《甲骨文合集》22098）

丁亥日进行占卜：在侑的时候，向父丙和父戊二位举行岁祭吗？

"侑"是祭祀的泛称。"岁"是祭祀之名。"示"是表示祖先人数时的量词，"二示"在这里指"父丙"和"父戊"（保守估计，二人都不是生父）两个人。这是一篇非王卜辞，父丙和父戊皆非故去的殷王。

君

[教汉] 七画　口部　[日]三年级汉字

[构成] 会意字。在表示以手（彐）持物之形的"尹"（𠂇）字下加一个"口"（𠙵，见本章）字而成的文字（"口"有可能是表示器物之形的"𠙵"）。甲骨文中，"君"和"尹"一样，都用作"王的臣下"之义。

[释义] 王的臣下。

[解说] "君"及"尹"这两个字，在后世都被用作君主或者长官的意思了，加藤常贤就按照此义来解释这个字的起

源，然而在殷代并无此义。此外，藤堂明保和白川静则认为是圣职人员，但是在甲骨文中并没有这样的用例。

[例文]

辛巳卜夬貞多君弗言余其侑于庚匄祝九月

《甲骨文合集》24132，见图，右行）

辛巳日进行占卜，由夬来贞：多君在庚这一日（或者是向庚这个祖先）进行祭祀的时候，我让他们也行匄和祝礼吗？时在九月。

占卜的是臣下的报告。"庚"是祭祀对象的名字，还是表示日期的十天干之一，尚不明确。"侑"是祭祀的泛称。"匄"和"祝"均为祭祀之名。

争（爭）

[教汉] 六画（八画）　夊部（爪部，亅部）　[日]四年级汉字

[构成] 会意字。两只手（彐）在争夺物品之形。

"⊂"是一抽象的物体。在甲骨文中,"争"仅见于人名的用例,并未用作"争夺"之义。在楷书中,上面的手变为"爫(爪)",下面的手变为"彐"之形,"⊂"则变为"亅"这部分。新字体采用的是将上部之形改变之后的俗字形。

[释义] 人名。甲骨文第一期的贞人。

[例文]

盤入十争

(《甲骨文合集》6478)

盤进贡了十枚龟甲。争。

这不是占卜,而是记事刻辞,记载了纳入龟甲之事。"盤"是人名。"入十"是指纳入了十枚占卜用的乌龟腹甲。末尾的"争",是表明贞人争接收了这十枚龟甲而署的名。

使〈史,事〉

[教汉] 八画 亻部（人部）[日]三年级汉字

[构成] 会意字→形声字（亦声）。手（乂）持一个有把手的、放入了文书的器皿（中）之形,表示使者之义。其初文为"吏"这部分。作为"使者"之意,在古文和籀文中加了一个象征着行进的"彳",成为繁文。篆书以降,变为从"人"的字形（在楷书中,人在作为偏旁使用时,变为"亻[单人旁]"之形）。

[释义]
1. 使者。
2. 派遣使者。
3. 祭祀名。
4. 人名。甲骨文第一期的贞人。

[解说] 在甲骨文中,"使"只用作使者的意思,但是到了后代,则可以用作吏（官

吏）、史（记录官）、事（侍奉、从事）等义,字形也随之分化（事的"彐"这一部分是手之形变化来的）。使、吏、史、事为同源字。

[例文]

丁酉卜亘贞舌戴王使

(《甲骨文合集》5445,见图)

丁酉日进行占卜,由亘来贞:舌会迎接王的使者吗?

"舌"是敌对势力。"戴王使",直译的话,是"迎接王的使者",然而在甲骨文中,用来表示敌对势力服从于殷王之义。

对（對,对）

[教汉] 五画（十四画、七画） 又部（寸部）[日]三年级汉字

[构成] 会意字。手（乂）持某种道具之形。也有字形是从将手攥握起来之形的"丑（乂）"。关于手上所持的这件道具,有说是悬挂着钟的柱子（加藤常贤、

藤堂明保），也有说是固土的器具（白川静），等等。不过由于该字形未见于其他的文字当中，所以详细的情况不明。新字体将器具的部分简略化了。

[释义] 设施名。由于缺乏详细的记述，因此具体是什么设施尚不明确。

[例文]
于夫西對
（《甲骨文合集》30600）

在夫地的西对？

"夫"是地名。"西对"是设施名，但具体不详。没有记载到底做了什么。

专（專，専，尃）

[教汉] 四画（十一画，十一画，九画）
一部（寸部）［日］六年级汉字

[构成] 会意字。"叀"（ ）是在台上放置袋子之形，以手（又）持之，便是"專"的字形。甲骨文中已经有了它的异体字"尃"，其字形将"叀"简化为"宙"，即去掉台之形，只从表示袋子的" "。此外，"叀"除了ケイ(ke-i)的发音之外，也有セン(sen)的发音，因此有说法认为"叀"是也表示发音的亦声部分⑤。

[释义]
1.祭祀名。
2.地名。
3.人名。见于甲骨文第一期。

[例文]
戊子卜賓貞戉其專伐
（《甲骨文合集》7603）

戊子这一日进行占卜，由宾来贞：让戉去讨伐專吗？

"戉"是人名。"專"是地名。"伐"是攻击的意思。另，若以"專叀""伐"为祭祀名，也可以解读为："让戉去举行專祭和伐祭吗？"

止部

"止"（ ）是"足"（脚踝以下）的象形，五根脚趾省略为三根脚趾。

由足的象形而象征着步行；作为甲骨文的部首，主要用于与移动相关的文字。楷书中，足向上的" "演变为"止"，足向下的" "演变为"夊"或者"夂"之形，这类情况很多见。

止

[教汉] 四画 止部 ［日］二年级汉字

[构成] 象形字。参照前文。甲骨文中，足之形是步行的象征，不过到了后世则演变为与之完全相反的"阻止""停止"的意思。

[释义] 1.脚。脚踝以下。在这种情况下有时也可释为"趾"。
2.行走。前进。
3.此。连体修饰助词。"之（ ）"的略体。

[例文]
貞先止饗（《甲骨文合集》27321）
贞卜：先到那里去，举行飨（饗）宴吗？
"饗"是飨宴之义。

足

[教汉] 七画　足部　[日]一年级汉字

[构成] 象形字。并非像"止（止）"那样只表示脚踝以下部分（即脚），而是一个表示腿脚部位整体的象形字。

[释义] 1. 脚，腿。表示腿、脚部位全体。
2. 祭祀名。
3. 人名。见于甲骨文第一期。

[例文]

疾足勿蕭禦于父庚

《甲骨文合集》775)

因为足有疾病，就不要向父庚举行禦祭了吗？

在甲骨文中，只见到"蕭"字作为加强否定的助词的用例。"禦"是祭祀名。"父庚"或许就是殷王盘庚。

正

[教汉] 五画　一部（止部）[日]一年级汉字

[构成] 会意字。以足（止）朝向包围着城市的城墙（口）之形，表示攻击的意思。有繁文"征"，在甲骨文阶段已经见到添加了"彳（彳）"的"徰"的字形。但是，就"正月"一词，在楷书中也仍写作原本的字形"正"。

[释义] 1. 攻击。征伐。这种情况下是"征"字的初文。
2. "正月（正月）"，第一个月。甲骨文中，"正月"与"一月（一月）"并用。
3. 祭祀名。

[解说] 加藤常贤认为"正"与"足"是同源字，

但是西周金文中的"足（足）"与篆书的"正（正）"仅仅只是偶然性地近似，在甲骨文中二字的字形大不相同。

[例文]

在正月王来征人方在攸侯喜鄙泳

《甲骨文合集》36484)

时在正月。王在征讨人方后归来。驻扎在攸侯喜的鄙泳。

这是记时部分。有两个"正（正）"，第一个表示正月，第二个用作征伐之义。"人方"是存在于东方的殷的敌对势力。"攸"是地名，在人方的近旁。"侯"是地方领主的意思。"喜"是攸侯的名字。"鄙泳"指的是攸侯喜支配下的集落。这片卜辞记录的是，王在远征人方后，归来途中停驻在攸侯的鄙泳一事。

步（步）

[教汉] 七画（八画）　止部　[日]二年级汉字

[构成] 会意字。左右两足（止）一上一下并列，表现的是步行的样子。在甲骨文中，它不是表示"走，步行"，而是用作向目的地行进之义。日本新字体"步"是将下部变为"少"的俗字形。

[释义] 行进。外出。

[例文]

癸丑卜行贞王其步自奠于封亡灾

《甲骨文合集》24248)

癸丑这一日进行占卜，由行来贞：王自奠地向封地行进，不会有灾害吧？

第四章　以人体的某一部分为原型的文字

"臭"与"封"均为地名。"臭"是一个亡佚字。在臭这个地方进行占卜,占卜的内容是关于向封这个地方行进的事。

出

出 出 出

[教汉] 五画　凵部（凵部）[日]一年级汉字
[构成] 会意字。"出"字所从的"屮",许慎认为是草之形⑥,但是屮这部分是由足之形（凵）变化而来的,因此表示的是将足踏出去的样子。关于这个字下部的"凵",加藤常贤认为是屦（古代的鞋）之形,藤堂明保认为是凹地,白川静认为是鞋后跟留下的足迹。然而,"凵"与"争（凵,见本章）"的字形共通,所以应该是一个抽象的物体吧。
[释义] 1.出发。与"往出（凵）"同义。
2.出现。
3.出击。派遣军队。
4.人名。甲骨文第二期的贞人。
5."出日（凵日）",日出。为祭祀的对象。
[例文]

癸未贞其卯出入日岁三牛
（《小屯南地甲骨》890,见附图,右行）
癸未这一日进行贞卜:日出、日落时举行卯祭,以三头牛行岁祭吗?
"出入日"指的是日出与日入（日落）,是祭祀的对象。"卯"与"岁"为祭祀名。三牛是祭祀用的牺牲。图中上下两条横线是区分段落的记号。

各

各 各 各

[教汉] 六画　夂部（口部）[日]四年级汉字
[构成] 会意字、形声字（亦声）。虽然与"出"（凵,见本章）字形相似,但是"各"字是将足之形（凵）上下反转,变为了夂（夂）,意思也反过来,表示"到来"。甲骨文中还有一个它的异体字,是添加了象征进行的"彳（彳）"而成的繁文。
[释义] 1.至,到。到来。到达。
2.祭祀名。
[例文]

各雲不其雨怀启
（《甲骨文合集》21022）
云至之时,不会下雨吧?会是一个大晴天吗?
"启"是晴天的意思。这里以"怀"为"丕"的初文而解释文义。

後

後 後

[教汉] 九画　彳部　[日]二年级汉字

84　甲骨文小字典

^{构成} 形声字、形声字（亦声）。由丝束（ ）和向下的足之形"夂（ ）"所构成。初文是" "之形，丝束相当于"幺"这一部分。有说法"幺"是"一点点，少"之义，认为表示人只前进一点点，故而落后了，藤堂明保就采用此说。然而，在甲骨文中，"夂"这部分表示的意思不是前进，而是退回，所以这个字应当是一个以"夂"为义符的形声字吧。此外，白川静认为这个字是祈祷敌人后退的巫咒仪式，可是在甲骨文中并没有这种意思的用法。关于作为声符的"幺"这一部分，加藤常贤采用了其发音当为"幺"之说，但也有说法认为其发音当如"玄"，孰是孰非尚不能明。此外，甲骨文中也有它的异体字，即已经加上了表示前进之义的"彳（亻）"而构成的繁文，在这种情况下，其构造就是以" "这部分为声符（亦声）的形声字。

^{释义} 后，……之后。表示时间上的先后。反义词是"先（ ，见第三章）"。

^{例文}

岳燎後酒

（《小屯南地甲骨》4397）

向岳举行燎祭，之后举行酒祭吗？

"岳"是神的名字。"燎"与"酒"均为祭祀名。

徒

^{教汉} 十画 彳部 ［日］四年级汉字

^{构成} 形声字（亦声）。以表示足之形的"止（ ）"为义符，以"土（ ，见第五章）"为声符。初文为"走"之形（但是表示跑之意的"走"［ ，见第三章］字另有一种构形理据）。有踏土而行的意思，"土"既表义，也表音，是亦声的部分。西周金文中，又加上了"彳"，变为了"徒"的字形。

^{释义} 1.徒步行走。

2.祭祀名。

^{例文}

甲戌卜殷貞雀壬子商徒基方克……

（《甲骨文合集》6573）

甲戌这一日进行占卜，由殷来贞：雀、壬、子商这三个人，向基方行进，可能……吗？

"雀""壬""子商"均为人名。"基方"是殷的敌对势力。"克"是表示"可能"之义的助词。

往（往）

^{教汉} 八画 彳部 ［日］五年级汉字

^{构成} 形声字→形声字（亦声）。以足之形（ ）为义符，以王（ ，见第七章）为声符。其初文为"主"这一部分（"主［ ，见第六章］"字是另外一种构形理据）。在籀文中，出现了添加了象征行进的"彳"的字形。

^{释义} 1.前往。走的是去时的路（按：与归来的路相对）。也说"往去（ ）"或"往出（ ）"。

2."往来（ ）"，往返的意思。

3."往走（ ）"，急行。

^{例文}

貞王其往觀河不諾

（《甲骨文合集》5158，见图）

贞卜：王前去视察黄河，会得到神的承诺吗？

"河"指的是黄河。"诺"是神的承诺之义。

首部

"首"（）是人首（头部）的象形。上面的线条是头发，小圆圈表示眼睛。

楷书中，特意强调一个跪坐之人的头部的"页（頁）。在甲骨文中写作''）"字，多用于与头部有关的文字。

首〈头（頭）〉

[教汉] 九画　首部　[日]二年级汉字
[构成] 象形字，参照前文。
[释义] 1.头。头部。

2."途首（）"，道中（路上、途中）之意。

3.地名。

[解说] "頭"字出现在了籀文中，在那个阶段，是在"首"旁加了一个作声符的"豆"，从而构成的字形。大概"頭"是"首"的繁文，二者是同源字吧。甲骨文中的"途首"之语也是如此，不发"首"的音，而是发"頭"的音；表示"道"的意思，故而可能是假借的用法，其实就是"途道"吧（"道"在西周金文中就已经出现了，从一开始其字形就是由"首"加上一个义符"行"所构成的）。

[例文]

甲戌卜殻贞翌乙亥王途首亡祸

《甲骨文合集》6032）

甲戌这一日进行占卜，由殻来贞：翌日的乙亥，王在路途中没有灾祸吧？

乙亥是甲戌日的第二日。占卜的内容是王外出之时安全与否。

心部

心（）是"心脏"的象形字，表现出心房与心室区分开的状态。

在西周时，这个字表示"心"的意思，所以被用作表示感情的诸文字的部首；但是在甲骨文阶段，尚未被用作这一意思。

心

[教汉] 四画　心部　[日]二年级汉字
[构成] 象形字，参照前文。

释义 1. 心脏。
2. 祭祀名。

例文

ㄅ日ㄐ兪网太♡禾……
己酉卜賓貞王心不……
《甲骨文合集》6）

己酉这一日进行占卜，由宾来贞：王的心脏不会……

这是以"心"为心脏之义而作的训读，但是如果将其看作是祭祀名，那么也可以解释为"王在举行心祭时，不会……"。

注释

① 许慎："臣，牵也。事君也。象屈服之形。"（《说文解字》，第60页）
② 编按：这里日文原文释作：「八日庚戌、雲の各る有り、束よりし、面毋たり。」其中，关于"各云"，朱歧祥先生认为，"'各雲'即'来雲'，言降云的意思"。（载于朱歧祥：《论研读甲骨文的方法——文例研究》，《逢甲人文社会学报》第3期，第47—68页，2001年11月）
③ 编按：殷代的历法设平年十二月，闰年十三月。"根据甲骨文记载，商人已经知道把地球绕太阳一周的时间谓之一年；又把月球绕地球一周的时间，谓之一月；又知道把地球自转一周的时间谓之一日；因此在商代已有年分十二月，月分三十日的历法。……商人是依据月球的运行计算时间，所以为调剂太阳与太阴在一年中运行之参差，又设为每年十三月的闰年。"（翦伯赞：《中国史纲·第一卷：史前史、殷周史》，商务印书馆，2010年，第222页）
④ 许慎："專，六寸簿也。从寸，叀声。一曰專，纺專。"（《说文解字》，第61页）
⑤ 编按：原书中，"專"的词条下，注明了其发音："汉音セン（sen），吴音セン（sen）"。与"叀"的"セン"的发音正相同。
⑥ 许慎："屮，艸木初生也。象丨出形，有枝茎也。古文或以为艸字。"（《说文解字》，第9页）。

第五章

以自然事物为原型的文字

日部

日（☉）是太阳的象形。中央的一点，表现的是神话里居住在太阳里的乌鸦；也有说法认为它是一个记号，表明太阳不是中空的，内部容纳有东西。

"日"这个字，除了表示"太阳"，也可以表示白天或天数的意思。在作为部首来使用的时候，表示这几个意思的字例都有。此外，也有用"日"来表示太阳以外的物体的情况。

日（日）

▢　◯　☉　▢　日

[教汉] 四画　日部　[日]一年级汉字

[构成] 象形字。参照前文。在甲骨上雕刻的时候，直线式的字体刻写起来更为便宜，因此很多甲骨文的外缘部分都是四方形。

[释义] 1.太阳。

2.太阳的神格。祭祀的对象。

3.白天。昼间。

4.用来数天数的助词。是从当天开始计算，相当于日语的"～日目"(第～日之义)。

5.祭祀名。向先王所举行的祭祀。

6."今日（△日）"，今天的意思。在殷代，太阳落下即是日期变更的节点；用"今日"来表示一直到日落后（即夜晚开始）为止的情况是存在的。

7."易日（彡日）"，阴天的意思。

8."出日（屮日）"，日出的意思。升起来的太阳。

9."入日（∧日）"，日落的意思。沉下去的太阳。

10."中日（⊙日）"，太阳当顶（"中天"）的时间段。正午那段时间。

11."终日（∧日）"，一天之中，从太阳升起到太阳落下为止。

第五章　以自然事物为原型的文字

[例文]

癸酉貞日月有食惟諾

《甲骨文合集》33694，见图）

癸酉这一日进行贞卜：日食和月食发生了，会得到神的承诺吗？

"日月有食"是日食和月食的意思。"诺"是神的承诺之意。图中下面的横线是用来区分段落的记号。如果从天文学计算的角度来对这片甲骨的制作年代进行推定的话，由于月食是满月之时发生的现象，日食则是新月之时发生的现象，那么在同一天内不可能两者都发生。这里的"食"大概是浓雾或者黄沙之类，将太阳和月亮都遮住了吧。

昼（晝）

[教汉] 九画（十一画） 一部（日部）
[日]二年级汉字

[构成] 指事字、形声字。"昼"是一个指事字，在太阳之形（日）上，加上了表示其光辉的指事符号。其异体字有在"日"（日）之上加"聿"（㕻）的字形，这个字也为后世继承下来了。关于这个"聿"，许慎认为是"画（畫）"的略体，将其解释为表示昼与夜的分界的意思①，众多学者支持这一观点。然而，这种说法是基于一种误解而来，即误认为"'画（㕻，见第八章）'字表示划分田地、明确界限的意思"②，故而难以采信。或许"聿"是昼的声符吧（聿字在过去的发音，被推定为与ヂュツ[dyu-tsu]相近③）。在籀文和篆书中，字形下部是"昼"

之形，而到了隶书中已经变为"旦"的字形了。新字体是将上部简略化了的字形。

[释义] 1.白天。昼间。
2.晴天。

[解说] 有说法认为"昼"表现的是太阳周围形成光晕的景象，然而在下面的例文中，是针对已经在下雨的"昼"（昼），占卜是否还会下雨，可见光晕的说法是错误的。

[例文]

……酉晝延雨

《甲骨文合集》13049）

……酉这一日的白天，会连着下雨吗？前面部分缺损了。"延"是连续的意思。

良

[教汉] 七画 、部（艮部）[日]四年级汉字

[构成] 指事字。在"日（日）"的上下加指事符号曲线而成其字形。若视"日"为太阳则很难解释其字形。加藤常贤视"日"为"升"（「枡」，量器）之形，认为其字义是计量液体。藤堂明保视"日"为谷物的颗粒，将这个字理解为清洗谷物之意。白川静视"日"为袋，将这个字理解为测量谷物有多少。除此以外，亦不乏他说：有人认为"良"是筛谷物之形，也有人认为"良"是两侧有出入口的洞窟之形。然而，由于在甲骨文中尚未见到"良"字表示原义的用例，故无法断言诸家所言的正误。

[释义] 1.地名。
2."妇良（🔣）",人名。女性之名。可能生于良地。
3.人名。可能是良地的领主。

[例文]
丙辰卜贞王其步于良亡灾
《甲骨文合集》24472

丙辰这一日进行占卜，贞问：王前往良地，不会有灾厄吧？

"良"是地名。"步"是前往之义。

星

[教汉] 九画 日部 [日]二年级汉字

[构成] 会意字、形声字。以"日"（☐）或四边形并列而成的字形，表示繁星点点之貌。初文是"晶"，但在甲骨文阶段已经有了在其基础上添加声符"生"（✦）的异体字。籀文中出现了将"晶"这部分简化为"日"的字形，这就成为了楷书的"星"字的源头。（一直到篆书，"曐"这个字形也还并用着。）

[释义] 1.星星。
2.祭祀名。
3."新星（🔣）",可能是彗星或超新星那样突然出现的天体。
4."鸟星(🔣)",星名。祭祀的对象。具体指何星体不明。

[例文]
……🔣🔣🔣🔣🔣……
……雯庚子藝鳥星七月
《甲骨文合集》11500

……祈雨，在庚子日对鸟星举行芸祭吗？时在七月。

前半部分缺损。"雯"是祈雨之义。"芸"是祭祀名。"鸟星"则是祈雨之祭祀的对象。

众（衆）

[教汉] 六画（十二画）人部（血部）
[日] 六年级汉字

[构成] 会意字。数人（亻，见第三章）并列于日（☐）下，表示多人集结于屋外之貌。关于"日"的部分，在西周金文中，字形为横置之目（⌐），其后在隶书中乃变为"血"。而加藤常贤错误地将从"⌐"的字形作为字源来进行解释。此外，藤堂明保、白川静都将"日"这一部分视作城墙或围栏，然而在甲骨文中，虽然有将太阳（☐）写作"囗"之形的情况，但是并未发现将城墙、围栏（囗）写作"☐"之形的例子。

[释义] 人们。多人。也称作"众人（🔣）"。

[解说] 虽然以前认为"衆"特指奴隶，但是也有"衆"参加祭祀等情形；现在，我们认为"衆"一般用于泛指"人们"，即普通人群。

[例文]
丁未卜贞叀亞以衆人步二月
《甲骨文合集》35

丁未这一日进行贞卜：贵族不率领众人前去吗？时值二月。

"亚(亞)"指贵族。"以"指统领,率领。

第五章 以自然事物为原型的文字 93

暮（暮）

[教汉] 十四画（十五画） 艹部（日部）
[日] 六年级汉字

[构成] 会意字→形声字（亦声）。该文字表示的是日暮时分，日（⊙）沉于草（屮，见第六章）或木（木，见第六章）间的情形。4株"草"，在楷书中演变成"艹"与"大"的部分。初文为"莫"之形，但是由于"莫"多被用作否定助词，或者作为"墓""幕"等字的声符，故在其基础上再添加2个作为义符的"日"，而造出了它的繁文，即形声字"暮"。在甲骨文中，也有在"莫"的基础上加上鸟的象形"隹"从而组成的异体字，表示日暮时分鸟儿归巢之貌。此外，由4个"草"（屮）排列构成的"茻"也被认为是亦声的部分，但是该字形在甲骨文及金文中并没有被独立使用过。"茻"作为后起的文字，或是表示丛生的草之意的"莽"字的略体。

[释义] 1.黄昏。日暮那一段时间。

2.祭祀名。

3.地名。

[例文]

暮往夕入不遘雨

《小屯南地甲骨》2383）

日暮时往，夜间回来，不会遇雨吗？

"夕"是夜间之意。"遘"是遭遇之义。

占卜的内容是：日暮时出发，直到夜间返回，这一段时间内是否会降雨。

昔

[教汉] 八画 日部 [日]三年级汉字

[构成] 形声字。以表示天数的"日（⊙）"为义符，以表示水灾之义的"灾（災）、𡿩，见本章）"的异体字（巛）为声符。"巛"之形相当于楷书中的"艹"的部分。也有观点认为"昔"是会意字，但"灾"并没有"过去"之义。

[释义] 1.往昔，从前。指几天前到十几天前。

2.祭祀名。

[解说] 关于"巛"这一部分，许慎认为是残肉（即切开的肉）④，白川静从之。此外，加藤常贤认为是蚕蔟（盛放蚕的物品），藤堂明保认为是表累积、重复义的记号。然而在甲骨文阶段，"巛"表示的是水灾，故诸家所云皆非。

[例文]

自北子𡚽告曰昔甲辰方征于𠬝孚人十又五人

《甲骨文合集》137）

来自北方的子𡚽报告说："往昔在甲辰之日，方国入侵𠬝地，十五人被俘。"

这是验辞的一部分。"子𡚽"是人名。"方"是一支与殷敌对的势力。"𠬝"是地名。"𡚽"与"𠬝"字皆已亡佚。"孚"指被俘虏。占卜是在丁巳日进行的，即甲辰日的十三天之后。这段卜辞记载着一则报告，其内容是"在过去遭受了攻击，住于𠬝地的十五人被俘"。

月部

"月（☾）"是象形字，像缺月之形。

至于 ☽ 中的一点，则被认为是在月亮之貌，或谓表示其并非中空的符号。

月（月）〈夕〉
☽ ☽ ☽ ☽ ）

[教汉] 四画　月部　[日]一年级汉字
[构成] 象形字。参照前文。"月"与"夕"是同源字。中间不带一点的"☽"是"月"的异体字，成为楷书的"夕"字的原型。然而在甲骨文中，"☽"与"☽"在使用上并未作严格的区分，但从比例上讲，"☽"在更多的情况下是作为"夕"之意来使用的。
[释义] 1.月亮。
2.夜间。这种情况下，相当于"夕"。
3.数月份的量词。
4.祭祀名。
5."正月（🈯☽）"，每年的第一个月份。甲骨文中还有"一月（一☽）"之语，二者并用。
6."兹月（88☽）"，本月之义。
7."生月（⊻☽）"，下个月之义。
8."今夕（△☽）"，当日的夜晚。今夜之义。
9."夕🈯（☽🈯）"，夜间。主要用于验辞中。
10."终夕（∧☽）"，日落之后到日出之前。
[解说] 殷代使用阴历，在年末设置闰月，故甲骨文中能见到"十三月（🈯）"这一月份。（然而，甲骨文第五期中所用的历法略为特殊，没有闰月）。

[例文]

癸卯卜尹貞今夕亡禍在四月
《甲骨文合集》26349，见附图，右行）
癸卯这一日进行占卜，由尹来贞：今晚不会有灾祸吗？时在四月。

占卜夜间之吉凶，称为"卜夕"。第一个"☽"是"夕"之义，第二个"☽"表示月份。图中上、下两条横线是分隔段落的记号。

名
名 🈯

[教汉] 六画　夕部（口部）[日]一年级汉字
[构成] 会意字。由"月（☽）"和"口"之形（㘴）构成。加藤常贤与藤堂明保以其发音与"鸣"相同之故，认为"名"表示"在夜间大声呼叫名字"之义，然而在甲骨文阶段，这个字并不被用作"名字"之义。此外，白川静依据该字在西周金文中的字形，将上部看作是祭肉，但是，这个字的甲骨文形并不从"肉(⊐，见第九章)"，

第五章　以自然事物为原型的文字　95

而是从"月（𐆇）"。"口"这个字形，作为表示祭祀之器的"ᗑ"来使用的情况是有的，因此，将"名"的原义解释为夜间举行的祭祀是妥当的。

释义 1.祭祀名。
2.地名。

例文

𜼎𜼏𜼐𜼑𜼒𜼓𜼔𜼕𜼖

貞來乙亥侑名于父乙用

（《甲骨文合集》2190）

貞卜：在下一个乙亥日，举行祭祀的话，向父乙举行名祭吗？得到采用。

"来乙亥"指下一个乙亥日。"父乙"大概是先王小乙。句末的"用"，是记录占卜内容被采用的验辞。

明（明）

⊙𐆇 ⊙𐆇 ⊙𐆇 ⊙𐆇 ⊙𐆇 ⊙𐆇

教汉 八画 日部 [日]二年级汉字

构成 会意字（亦声）。"明"在甲骨文中对应着两套文字系统。作"⊙𐆇"时，表现的是"月"（𐆇）的光芒从窗户"囧"（⊗）照入室内的样子，为"月光明亮"之义，后来转化为"明亮"之义。而作"☉𐆇"时，表现了太阳（☉，见本章）刚出之时，月亮（𐆇）犹可见的样子，为"黎明"之义（"⊙𐆇"是这个系统的异体字）。在甲骨文中，"朙"与"明"是有区别的，但是后世将之混同，二者遂均表示"明"之义。此外，"囧""明"二字被认为在古代是同音的，因此关于"⊙𐆇"，其中的"囧"这一部分被认为是亦声的部分。

释义 1.黎明前后的时间段（☉𐆇系）。
2.地名（☉𐆇系）。
3.祭祀名（☉𐆇系）。

例文

𜼗𜼘𜼙𜼚𜼛𜼜𜼝𜼞𜼟𜼠𜼡𜼢𜼣𜼤𜼥

乙未卜王翌丁酉酒伐易日丁明霧大食……

（《甲骨文合集》13450）

乙未这一日进行占卜，王占曰：在两天之后的丁酉日，行酒礼与伐礼之时，会是阴天吗？丁日，黎明时有雾，上午则……

"丁酉"是"乙未"的两天之后。"酒"是献酒的仪礼。"伐"是将牺牲的头砍下的仪礼。"易日"即阴天之义。第二个"丁"字以下为验辞。"明"指黎明，"大食"指上午的时间段。

朝（朝）

𜵫𐆇 𜵫𐆇

教汉 十二画 月部 [日]二年级汉字

构成 会意字。表示"日（☉，见本章）"已经从"草（𜵫，见第六章）"间升起，而空中的"月（𐆇）"犹见的黎明时之状。"月"这一部分在西周金文中变为"川"的字形，在篆书中变为"舟"，至隶书，又回复到近似于"月"之形。此外，加藤常贤与藤堂明保错误地依据西周金文中的字形来解释"朝"字的构形理据。

释义 1.黎明前后的时间段。
2.地名。

解说 "朝"字的构形理据与前文所述的"明"字（☉𐆇系）颇为相似，而且字义相通，故此二字在商朝可能是同一文字的异体。

例文

癸丑卜行贞翌甲寅后<u>祖乙</u>岁朝酒兹用

（《甲骨文合集》23148）

癸丑这一日进行占卜，由行来贞：在下一个甲寅日的早晨，向后祖乙进行岁祭时，应当行酒礼吗？采用了。

"后祖乙"指的是先王小乙，"祖"字与"乙"字以合文的方式来记录。"岁"是祭祀名。"酒"是献酒的仪礼。句末的"兹用"，是记录该占卜内容被采用的验辞。

水部

水（𣲎）是表示河川中水在流动之貌的文字。

在后世，"水"被广泛地使用在与液体相关的文字当中，但是在殷商阶段，"水"作为甲骨文的部首，主要用于那些与河川相关的字。楷书中，它作为偏旁，简略化为"氵"之形。

另外，在楷书中，含有"氵"的文字中，也有的字是以表示水滴的小点为基础而构形的。

水

[教汉] 四画　水部　[日]一年级汉字
[构成] 象形字。参照前文。
[释义] 1. 水。
2. 河。河川。
3. 水害。洪水。
4. 祭祀名。

例文

……戊卜……水弗受禾

（《英国所藏甲骨集》2430）

……戊这一日进行占卜：……有洪水，不会收获谷物吗？

在这种情况下，"水"是洪水的意思。"受禾"是收获谷物的意思。占卜的内容是谷物的收获会不会由于洪水而蒙受损失。

州

[教汉] 六画　巛部（巛部）[日]三年级汉字
[构成] 象形字。表示河中的沙洲。
[释义] 人名。见于甲骨文第一期。也称"州臣"。

例文

贞州臣得贞州臣不得

（《甲骨文合集》850）

贞卜：州臣得到了吗？贞卜：州臣没有得到吗？

这篇卜辞同时列出了一正一反两则内容而进行占卜，所用的是"对贞"的形式。所得之物为何，此处省略了。

河

[教汉] 八画　氵部（水部）[日]五年级汉字
[构成] 形声字、象形字（假借）。作为形声字，其义符为"水（𣲎）"，其声符为表现人背负着行李或货物之形的"荷（何，见第三章）"。现今我们可以用"河"

第五章　以自然事物为原型的文字　97

字去指称各种各样的河流，但是在殷商时期，"河"是特指黄河的专有名词。"𣱶"是初文"𠂆"的字形，"𣱵"隶定之后就变为"泀"之形。西周金文中，"𠂆"这一部分变为"何"之形，整体的字形遂变为"𣱶（洢）"，后来在籀文中简省作"河"。甲骨文中有许多略体，也有省略义符、仅余"𣱶"的字形（这种情况即为假借的用法）。此外，加藤常贤和藤堂明保认为"可"有表示黄河上游屈曲蜿蜒之意，但黄河上游距离中原颇为遥远，故有人认为在商朝人们并不能够正确地掌握远方的河道的情形（这一点是由阿辻哲次提出的）。

[释义] 1.河川之名。指黄河。
2.黄河之神。

[解说] 在甲骨文第一期和第二期之间曾出现"高祖河（畲且𣱶）"之称，所以一时之间曾有人试着将黄河之神编入殷王的谱系当中，不过第二期以降这种尝试就废止了。

[例文]

其求年于河叀今辛亥酒受年
（《甲骨文合集》30688）

向黄河之神祈求丰年，时值辛亥，行酒礼吗？能收获谷物吗？

后一个"年"指收获谷物。"河"是黄河的神格。"酒"是献酒的仪礼。这里占卜的内容是关于祈愿丰收的祭祀。

灾（災）〈川〉

[教汉] 七画　宀部（火部）　[日]五年级汉字

[构成] 形声字、象形字→会意字。作为形声字，其义符为表示水流（水灾）的"巛（川）"，其声符为"在"的初文"才（㞢，见第十章）"。也有仅保留义符"巛"的异体字"川"存在，此时即为象形字。此外，还有从"火（𤆄，见本章）"或者从"戈（𢦏）"的异体字，分别表示火灾与战祸。在篆书中，造出了由表示水灾的"巛"与表示火灾的"火"相合而成的会意字"災"，这一文字为楷书所承继。此外，西周金文之后，"巛"之形逐渐被用作"川"之意。

[释义] 1.灾祸。自然灾害、外敌攻击、神作祟等灾祸的总称。
2.地名。也称"灾邑（巛邑）"。

[解说] 甲骨文的"灾"字，其字源虽为水灾，但其所指称的对象并非仅为水灾，而是一般的灾厄。中国的早期王朝都建都于黄河流域，所以古人才以黄河的洪水作为灾害的象征吧。

[例文]

乙酉卜𡧱贞王其田于宫亡灾在五月
（《甲骨文合集》24462）

乙酉这一日进行占卜，由𡧱来贞：王在宫地畋猎，不会有灾厄吧？时值五月。

"田"是狩猎之义。"宫"是地名。

雨部

"雨（☲）"字，表示降雨之貌，横线表示天空，小点表示雨滴。

雨

ⲙ ⲙ ⲙ ⲙ ⲙ ⲙ

[教汉] 八画　雨部　［日］一年级汉字
[构成] 象形字。参照前文。
[释义] 1.雨。雨水。
2.下雨。降雨。

[例文]

辛酉卜今二月雨七日戊辰雨
　　　　《甲骨文合集》12509，见附图）

辛酉这一日进行占卜：现今二月，会降雨吗？七日后的戊辰日，降雨了。
"七日"之后的部分为验辞。"戊辰"是"辛酉"日过后的第七天。

云部

"云（ꙅ）"字以直线表示天空，以曲线表示云彩卷起之貌。是"雲"的初文。

云（雲）

ꙅ ꙅ ꙅ ꙅ ꙅ

[教汉] 十二画　雨部　［日］二年级汉字
[构成] 象形字→形声字（亦声）。参照前文。后来，由于"云"逐渐被用来表示言、说之义，人们遂在"云"的基础上加上了与降雨有关的作为义符的"雨"，这就构成了"雲"的字形。
[释义] 1.云，云彩。
2.云的神格，云神。
3.地名。
[解说] 白川静认为，直线表示云，而曲线则是龙尾现出云外之形。但是在甲骨文中，关于云神，有着诸如"五云（ꙅꙅ）""六云（∩ꙅ）"这样的"集合体"式的记载，而"龙（ꙅ）"则未见以这种形式表记，当考虑为另外的神明。

[例文]

戊戌卜其陰印翌日己亥启不见雲
　　　　　《甲骨文合集》20988）

戊戌这一日进行占卜：预示了天将阴的命辞是否会应验？第二天是己亥日，天气晴朗。不见云。
"阴"是太阳被遮住、天转阴之义。"印"表示命辞灵验。"翌""日"以合文的方式加以记录，从这里开始，以下都是验辞。"启"是晴天。验辞记载着，实际情况是天气晴朗，万里无云。

申部

"申（ꙅ）"字是闪电的象形。在甲骨

第五章　以自然事物为原型的文字　99

文中，单独一个"申"字并不表示其原义，而是专用作十二地支之一。

申

[教汉] 五画 丨部（田部）[日]三年级汉字
[构成] 象形字。参照前文。
[释义] 十二地支中的第九位。

乙未卜㱿翌丙申不雨
《甲骨文合集》12377）

乙未这一日，㱿进行占卜：第二天丙申日，不会降雨吗？

丙申是乙未的下一日。

电（電）

[教汉] 五画（十三画）丨部（雨部）
[日] 二年级汉字
[构成] 指事字→会意字。在像闪电之形的"申"字上添加菱形或小点这类表示光辉的指事符号，从而表示电光之貌。到了周代，人们省略了其指事符号，增添了表示降雨之意的"雨"，成为一个会意字；隶书以后，"申"这一部分也发生了形变。
[释义] 1.闪电。电光。
2.人名。见于甲骨文第一期。
3."电妇"，女性的名字。见于甲骨文第一期。
[解说] 甲骨文中也有"雷"字，这是在"申"上增添声符"晶"而构成的形声字，表示雷鸣之意（后来"晶"简化为"田"）。然而，在甲骨文中，仅

见到"雷"字作为地名的用法，表"雷，雷电"之义时只写作"电"。

[例文]

戊寅卜㱿貞電其來
（《甲骨文合集》3946，见附图，右行）

戊寅这一日进行占卜，由㱿来贞：电会来吗？

这里将"电"解作"雷电"或是人名文意皆通。图中的"三"并非占卜内容，而是对占卜次数的记录。

火部

"火"字，表示火在燃烧之貌。作为甲骨文的部首，用于与火相关的文字当中。不过，由于其字形与"山"（见本章）颇为相似，所以在一部分会意字中会出现二者混同的现象。

火

教汉　四画　火部　[日]一年级汉字

构成　象形字。参照前文。

释义　1.火。火焰。火灾。

2.星名。(疑是火星)

3.祭祀名。求雨时所行的仪礼。

例文

火今一月其雨

　　　　　　　　《甲骨文合集》12488

举行火祭，现今一月，会降雨吗？"火"指求雨的祭祀。

光

教汉　六画　⺌部（儿部）[日]二年级汉字

构成　会意字。表示跪坐之"人"将"火"举起照明之貌。也有将上部误为"山（见本章）"而成的异体字。下部在篆书中由"卩"变成了"儿"。另外，加藤常贤认为下半部分是"旺"，为声符，从而将"光"字视为形声字，这一看法有牵强附会之嫌。

释义　1.地名。

2.人名。甲骨文第一期。也称作"侯光"　"妇光"。"侯"是地方领主的意思，"妇"是称号（详参第八章）。

3.占卜用语。有"光卜"、"扫光"等语，但是其义不明。

例文

丁未卜貞令戉光有獲羌芻五十

　　　　　　　　《甲骨文合集》22043

丁未这一日进行贞卜：向戉、光二人下达命令，能够捕获羌人吗？捕获羌人五十。

"戉"、"光"俱为人名。"羌"是居住在殷西北的民族。"芻（刍）"在这里是捕获羌人之义。"五十"没有以合文的方式记作"卐"，而是用"五"和"十"两个字分开来表记。

赤

教汉　七画　赤部　[日]一年级汉字

构成　会意字。从"大（见第三章）"从"火"。以"大火"红煌煌地燃烧之貌而表示"红色"之义。在隶书中，上部变为了"土"，而下部则变成了四根线条。

释义　红色的。赤色的。

解说　白川静认为，"赤"字表现的是人的正面之形"大"在大火照耀下的样子，以此来表示被除罪过的修禊仪礼之义，但是在甲骨文中并没有以"赤"来作为仪礼之名的任何用例。

例文

癸丑卜貴貞左赤馬其到不死

　　　　　　　　《甲骨文合集》29418

癸丑这一日进行占卜，由貴来贞：若对位于左侧的那匹赤色马进行到，它不会死亡吧？

商朝时已有二马并驾的马车，因此"左赤马"可能是左侧的赤毛马之意。"到"是与马相关的动词，字已亡佚，其义不明。

第五章　以自然事物为原型的文字

山部

"山(⛰)"字为象形字，象峰峦连绵起伏之貌。在甲骨文中，"山"字在诸如"岳(⛰)"等与山相关的文字中充当部首。

山

教汉 三画　山部　[日]一年级汉字
构成 象形字。参照前文。
释义 1.山。
2.山神。也有诸如"五山(⛰)""十山(｜⛰)"之类作为一个集合体的名称。
3.地名。该地也曾经与殷王朝敌对过。
4.人名。见于甲骨文第一期、第三期。疑是山地的领主的称呼。

例文
　　癸巳贞其燎十山雨
　　　　　　（《甲骨文合集》33233）
癸巳这一日进行贞卜：向那十山之神举行燎祭，会下雨吗？
"燎"为祭祀名。这是一篇向山神祈雨的卜辞。

土部

"土(Ω)"字，像土堆之形。在甲骨文中可当作部首使用，例如用于像在土堆上种植木或草之形的"封(⚘)"、像耕种田地之形的"垦(墾)"等文字当中。

土

教汉 三画　土部　[日]一年级汉字
构成 象形字。参照前文。
释义 1.土地。领域。
2.大地之神。将诸地域神格化而来。
3.地名。被称为"土方(Ωサ)"，该地与殷王朝保持敌对关系。
4."亳土(毫Ω)"，祭祀对象。若将"亳"推定为商代前期的都城（其遗址在今郑州）之名，那么"亳土"可能就是亳地的大地之神。
解说 "土"字可以加在方位词之后使用，例如言及"北土(北Ω)"时，可表示"北方的领域"，也可表示"北方之神"。

例文
　　其侑燎亳土有雨
　　　　　　（《甲骨文合集》28108）
举行祭祀时，向亳土举行燎祭，会下雨吗？
"侑"是祭祀的泛称。"燎"是祭祀名。

基

教汉 十一画　土部　[日]五年级汉字
构成 形声字。以"土"的略体(⊥)为义符，以"其(其)"为声符[5]。"其"是簸箕的象形，是"箕"的初文。"基"可能表示用簸箕运土，用以奠基之意（此时"基"为会意字[亦声]）。在籀文中，"土"与"其"的位置互换。
释义 "基方(其サ)"，殷王朝的敌对势力之名。

[例文]

𤔔 𣄴 卜 内 貞 子 商 弋 基 方 缶

癸未卜内贞子商弋基方缶

《甲骨文合集》6572)

癸未这一日进行占卜，由内来贞：子商会在缶这个地方战胜基方吗？

"子商"是人名。"弋"是胜利之义。"缶"是地名。

厂部

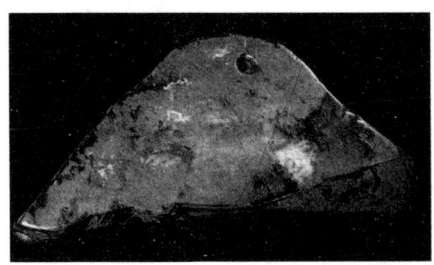

许慎认为"厂"是崖之意⑥，众多学者从之。但在甲骨文中并无"厂"表示崖之意的用例。

在殷代，人们使用一种被称为"石磬"的三角形石制打击乐器，"厂（▽）"字就是此物的象形（附图是出土于殷墟的石磬）。

"厂"相当于是"石"的初文，作为甲骨文的部首字时，表示石头或石器的意思。

石

[教汉] 五画　石部　[日]一年级汉字

[构成] 象形字、会意字。参照前文。石磬在祭祀当中使用，所以"石"有一

种字形就是在石磬的基础上增加了祭器之形"𠙵（口）"，从而构成了会意字。"𠙵"相当于楷书中的"口"这一部分。

[释义] 1. 石。岩石。

2. 祭祀名。

3. "妇石"，女性之名。见于甲骨文第一期。

[例文]

乙丑卜㱿贞甲子夢乙丑王夢牧石麋不惟禍惟祐

《甲骨文合集》376)

乙丑这一日进行占卜，由㱿来贞：甲子日的夜间，即乙丑日，王梦见自己饲养"石麋"，不会招致灾祸吧？会获得神佑吗？

"夢"是夜间之意。在殷代，人们将日落视为第二天的开端，因此甲子日的夜间即是翌乙丑日，"甲子夢乙丑"这一语句正表现了这一点。本条卜辞缘于王梦见自己饲养"石麋"，遂占卜吉凶。麋是鹿的一种，"石麋"尚不明确。

声（聲）

[教汉] 七画（十七画）　士部（耳部）

[日]二年级汉字

[构成] 会意字。"声"这一部分（𡔈）是将石磬吊起之形，在其基础上添加手持槌之形（𠂇），或者以耳（𦔮，见第四章）倾听音色之形，从而构成了会意字。除此之外，还有添加象征祭祀的𠙵（口）的字形。新字体是仅存有"声"这一部分的省略形。本字最初表示音乐的音色之意，后来

第五章　以自然事物为原型的文字　103

也转用于指人发出的声音等。

[释义] 1.祭祀名。
2.地名。

[例文]

……𛀀卜㕣𥡰其蒸兄辛

《甲骨文合集》27632）

……申这一日进行占卜：举行声祭时，要将向兄辛奉上的谷物之实蒸熟吗？

"声"是祭祀名。"秸"指谷物的籽实。"蒸"是将谷物的籽实蒸熟并供奉给神灵的仪礼。"兄辛"是由"兄"的异体与"辛"构成的合文，指与祭祀对象同辈的男性。

反

[教汉] 四画　厂部（又部）[日]三年级汉字
[构成] 会意字。由像石之形的"厂（𠂆）"与手之形"又（㇇）"构成。藤堂明保与白川静将"厂"解释为崖之意，但如前文所言，在甲骨文时期，"厂"并不表示崖之意。加藤常贤认为"反"是一个以"手"之形为义符、"厂"为声符的形声字，表示将手翻转之意，这种观点在逻辑上没有什么矛盾之处。但由于在甲骨文与西周金文中，"反"字用于"叛乱"之意，故笔者认为"厂"为石制武器，而"反（反）"是以手（㇇）持之、发动叛乱之形的会意字。

[释义] 1.造反。发动叛乱。
2.地名。

[例文]

癸巳卜在反贞王旬亡祸

《甲骨文合集》36537）

癸巳这一日，在反地进行占卜：王在下一旬没有灾厄吧？

"反"在这里用作地名。"在反"是记录此次占卜是在反之地举行的记时部分。占卜内容是占卜下一旬之吉凶的"卜旬"。

厚

[教汉] 九画　厂部　[日]五年级汉字
[构成] 形声字。以"石"的略体（厂）为义符，以将"享（亯）"的异体上下颠倒后的字形为声符。"享"是建筑物之形，将其上下颠倒是要表达何意义则不明。另外，西周金文中的"厚"字（厚）也与其甲骨文的字形大致相同。

[释义] 人名。见于甲骨文第一期和第二期之间。

[解说] 由于"厚"在甲骨文中只被用作人名，故其原义不明。另外，许慎认为其指山脊之厚[⑦]，藤堂明保从之，但是将"厂"解释为崖是错误的。再者，白川静以"厂"为庙屋，而认为"厚"表示在祭祀的房屋中享馔丰盛之义，但是在甲骨文中"厂"这部分是"石"的略体，并非建筑物的象形。

例文

辛未卜王令厚示插

（《甲骨文合集》34124，见附图）

辛未这一日进行贞卜：王要命令厚这个人向祖先举行插祭吗？

"示"表示祖先。"插"在这里是祭祀名。"示"也有作为祭祀名的用法，如此则整句遂解作"要举行示祭和插祭吗？"

注释

① 许慎："書，日之出入，与夜为界。从畫省，从日。"（《说文解字》，第60页）确如作者所言，"晝"字在《说文解字》中从部首"畫"。
② 许慎："畫，界也，象田四界。聿，所以畫之。"（《说文解字》，第60页）
③ 编按：日文原书中，标注出"昼"的读音："汉音チュウ（cyu-u），吴音チュウ（cyu-u）。"
④ 许慎："昔，乾（干）肉也。从残肉，日以晞之，与俎同意。"（《说文解字》，第135页）
⑤ 编按：作者将"其"的读音为き（ki）。
⑥ 许慎："厂，山石之崖岩（厓巖），人可居。"（《说文解字》，第191页）
⑦ 许慎："厚，山陵之厚也。"（《说文解字》，第106页）

第六章

以动植物或其一部分为原型的文字

马部

"马（馬）"是表现马这种动物之姿的象形字。上部是马头，左边是马腿，下部则表示尾部生长出来毛的样子。右边的三根短线则是马的鬃毛，在楷书中还保留有这个部分（"馬"）。

马（馬）

[甲骨文字形] [甲骨文字形] [甲骨文字形] [甲骨文字形]

[教汉] 三画（十画） 马部（馬部）
[日]二年级汉字
[构成] 象形字。参照前文。
[释义] 1.马，一种动物。
2.职位名。负责军事领域的部分事宜。在殷代，人们会在战争中使用战车，担任"马"职者可能就承担着处理与战车有关事务的任务（"车"字，参照第八章）。
3.地名。该地与殷王朝有时保持敌对关系。
4.人名。见于甲骨文第一期。

[例文]

[甲骨文]
贞令多馬衛于北
《甲骨文合集》5711）

贞卜：向诸马传令，派遣他们去镇守北方吗？

"马"是职位名，"多马"表示马的多数形。这条卜辞询问的是"要下令防守北方吗？"

牛部

"牛（𢊁）"是牛这种动物的头部的象形字。上部左右两端竖起的突出去的部分是牛角，下部的短斜线可能是牛眼或牛耳。其他部分则被简略化为一根竖线。

在甲骨文中，"牛"在与牛或者畜牧等相关的文字中作为部首使用。

牛

[甲骨文字形] [甲骨文字形] [甲骨文字形]

[教汉] 四画 牛部 [日]二年级汉字
[构成] 象形字。参照前文。许慎认为此字象牛全身之形[1]，加藤常贤、白川静从之。但由于此字的形体中并无与牛的四肢相对应的部分，故笔者认为此字当仅为牛头的象形。

释义 1.牛。

2.祭祀名。将牛献祭的礼仪。

例文

燎五牛卯五牛　不用

（《甲骨文合集》34458，见附图）

以五头牛行燎祭、以五头牛行卯祭吗？不用。

"燎"是将牺牲烧死的仪礼。"卯"是将牺牲切裂为两半的仪礼。右下角的"不用"是验辞，记录此次占卜的结果是决定不使用。

牧

教汉 八画　牛部　［日］四年级汉字

构成 会意字。由"牛（ Ψ ）"与手持棒以赶牛之形（ ）两部分会意而成，表现畜牧之貌。也有从"羊（ ，见本章）"的异体字。此外，还有字形是在原来的基础上又添加了表示行进之意的"彳（ ）"或者足之形" "而成，表示追赶家畜之意。在甲骨文中，由追赶牛之义出发，也转用作追捕野兽或人之义。

释义 1.从事畜牧。饲养家畜。

2.捕捉野兽或人。

3.祭祀名。

4.人名。见于甲骨文第一期。

5.地名。

例文

其北牧擒

（《甲骨文合集》28350）

去那北方捕捉，会有所擒获吗？

"牧"在这里是捕捉野兽或人之义。

羊部

"羊（ ）"是羊的头部的象形字。上边的部分表现的是弯曲的羊角，下边的短斜线相当于羊眼或者羊耳。与"牛"相同，羊的其他部位被简略化为一根竖线。

也有在原有字形上添加记号以区分羊角与羊头的异体字，这就构成了该字的后世字形的基础（该记号对应的是楷书字体里的三条横线中的第二条）。

羊

教汉 六画　羊部　［日］三年级汉字

构成 象形字。参照前文。

释义 1.羊。

2.祭祀名。将羊献祭的仪礼。

例文

甲辰卜王翌乙巳燎于成五羊

（《甲骨文合集》1348）

甲辰这一日进行贞卜，王问：第二天也

就是乙巳日,用五头羊向先祖成举行燎祭吗?

"成"是殷代开国者大乙之名。"燎"是种将牺牲烧死的祭祀。

美

教汉 九画　羊部(羊部)　[日]三年级汉字

构成 会意字。由羊角之形(𐩒)与"大(𐩒,见第三章)"构成。过去因"肥大的羊"之义而解释为牺牲美好之貌,但由于在甲骨文中该字并无作为形容词的用法,所以这种解释正确与否尚不可知。从字形上看,"美"与"羌(𐩒)"颇为类似,后者像人(𐩒,见第三章)头戴羊角配饰(𐩒)之形。

释义 1.祭祀名。

2."子美(𐩒𐩒)",人名。见于甲骨文第一期。

3."危伯美(𐩒𐩒𐩒)",人名。见于甲骨文第三期至第五期。危地的领主。与殷王朝敌对,亦被称为"危方美(𐩒𐩒𐩒)"。

例文

……𐩒𐩒𐩒𐩒

……南門即美

(《甲骨文合集》13607)

……到南门举行美祭吗?

"南门"是门之名。"美"是祭祀名。这是一条关于在南门附近举行祭祀一事的占卜。

义(義)

教汉 三画(十三画)、部(羊部)　[日]五年级汉字

构成 形声字。以羊角之形(𐩒)为义符,以锯的象形"我(𐩒,见第七章)"为声符(也有观点认为"我"是会意字的亦声部分)。

释义 1.地名。

2."义京(𐩒𐩒)",建筑之名。究竟为何种建筑物暂且不明。

解说 关于"义(義)"的本义,加藤常贤认为"羊"是"美"之意,因而"義"表示美丽的舞蹈;藤堂明保认为"羊"是牺牲之意,而"義"表示牺牲的体态优良;白川静认为"義"是一个在羊下添加锯来表示成为牺牲、被献祭之意的会意字。然而,在甲骨文中"义"字只用作地名,故其本义难以确定。

例文

𐩒𐩒𐩒𐩒𐩒𐩒𐩒𐩒𐩒𐩒

戍叀義行用遘羌方有𐩒

(《甲骨文合集》27979)

军队向那义地行进,而遭遇羌方时,能够取得战功吗?

"戍"是军队之义。"义"是地名,这里将其倒置于及物动词"行"之前。"用"在这里是一个表示接续的助词。"遘"是遭遇之义。"羌方"是敌对势力。"𐩒"表示取得战果。

洋

教汉 九画　氵部(水部)　[日]三年级汉字

构成 会意字/形声字。"洋"颇为特殊,其楷书与甲骨文并无继承关系。周代之后所使用的"洋"字是一个以

第六章　以动植物或其一部分为原型的文字　111

"水"为义符(作为偏旁时写作"氵")、以"羊"为声符的形声字。另一方面,在甲骨文中,其字形为从多只作为祭祀之牺牲的羊(羊)身上流淌出血液之形,二者虽然构形理据迥异,但是表示血液的小点为"水(氵)",并在其基础上添加"羊",字形这样隶定的结果,就可以解释作"洋"了(也有隶定成"漾"的情况)。

释义 1. "望洋(洋)",人名。见于甲骨文第一期。亦被称为"子洋(子洋)"。
2. 人名。甲骨文第二期的贞人。
3. 祭祀名。

例文

贞勿令望洋归

(《甲骨文合集》13506)

贞卜:不要命令望洋返回吗?

"望洋"是人名。这是一条关于是否命令其人归还的占卜。

犬部

"犬(犬)"是狗的象形字。在甲骨文中,由于其字形与指猪的"豕(豕)"颇为相似,故二者时有混同。

在甲骨文中,"犬"在表示带着狗而行动的文字(如"狩[狩]"字)中作为部首来使用("狩"的初文从"单[单],见第七章")。

另外,在"祸(祸)"的异体字"祸"中,用来表示不吉之义。可能是因为人们认为看家狗吠叫是不吉之兆的缘故吧。

犬

教汉 四画 犬部 [日]一年级汉字
构成 象形字。参照前文。
释义 1. 狗。
2. 祭祀名。将狗献祭的礼仪。
3. 职名。可能是在防卫或狩猎时被动员,负责军用犬有关事宜的职务。
4. 地名。
5. 人名。见于甲骨文第一期至第一期和第二期之间。犬地的领主,亦被称为"犬侯(犬侯)"。

例文

贞勿令犬延田于京

(《英国所藏甲骨集》834)

贞卜:向犬吏下令,命其不准延长在京地狩猎的时间吗?

"犬"是职名。"延"表示继续进行之义。"田"是狩猎之义。"京"是地名。

象部

"象（𧰻）"是象这种动物的象形字。上边的部分表示象的长鼻，其形在楷书的字形中有所保留（即"⺈"这一部分）。

殷代时气候温暖，因此在黄河流域也有象群生息繁衍。上图为西周初期时仿照象的模样制作的青铜器。另外，由于西周中期以后气候变得寒冷，黄河流域的象群也随之灭绝了。

象

[教汉] 十二画　夕部（豕部）

[日]四年级汉字

[构成] 象形字。参照前文。

[释义] 1.象。象这种野生动物。

2.人名。见于甲骨文第一期。

3.人名。见于甲骨文第三期。

4."象侯发（𧰻侯）"，人名。见于甲骨文第五期。

[解说] 在殷代，虽然大象是狩猎的对象，但也有将捕获的大象进行饲养的情况。在甲骨文中，有人们带着大象进行祭祀的记述，或者为视察大象一事而进行的占卜，等等。

[例文]

于癸亥省象易日

（《甲骨文合集》32954）

于癸亥日视察大象，天会转阴吗？

"省"是视察之义。"易日"是阴天之义。

鸟部

"鸟（𥁕）"是表示鸟停伫之姿的象形字。上边的部分是头部，左下方的部分是鸟足。"鸟"体现的是鸟的一般形象，并非专指某一特定的鸟类。

在甲骨文中，"鸟"作为部首，用于与鸟类相关的文字中。

鸟（鳥）

[教汉] 五画（十一画）　鸟部（鳥部）

[日]二年级汉字

[构成] 象形字。参照前文。

[释义] 1.鸟。鸟类。

2.地名。

3.祭祀名。

4."鸟星（𥁕曲）"，星名。祭祀对象。

[例文]

呼取生㠱鸟

（《甲骨文合集》116）

要叫人去捕获刚刚破壳的雏鸟吗？

此处省略了"呼"的对象。"取"是取得的意思。"生㠱"应该是刚出生的雏鸟。

鸣（鳴）

[教汉] 八画（十四画）　鸟部（鳥部）

[日]二年级汉字

[构成] 会意字。表示"鸟（𥁕）"以"口（𠙵，参照第四章）"鸣叫。也有在"鸟"上增添鸡冠以表示公鸡的字体。另外，白川静将"口"视作祭器"𠙵"，认为"鸣"是表示以鸟占卜之义的文字，然而并无殷代曾行"鸟占"的证据。

释义 1. 鸣叫。鸟鸣。
2. 地名。
3. 人名。见于甲骨文第一期至第一期与第二期之间。

例文

之日夕有鳴鳥

(《甲骨文合集》17366，见附图)

此日，夜间有鸟鸣。

这是一条卜辞的验辞部分。"夕"是夜间之义。这部分文辞是以夜间有鸟(或为公鸡)鸣叫为异常事件而将其记录了下来。

隹部

"隹"与"鸟(，见本章)"一样，也是像鸟之姿的象形字，但其字形比"鸟"更为简略。

"隹"单独使用时可作发语词(助词的一种)，此时其繁文为"惟"。

作为部首，"隹"与"鸟"一样，也用于与鸟类相关的文字中；不过与"鸟"相比，在甲骨文中"隹"用作部首的频率更高。

风（風）

教汉 四画（九画） 风部（風部）
[日]二年级汉字

构成 象形字、形声字。以羽毛很长的鸟头上戴冠（丫）之形表示凤（鳳）凰。凤凰是一种被神格化的鸟，在殷代人们认为神鸟凤凰司掌大风，故该字形逐渐用来表示"风"之义。在甲骨文中，已有添加声符"凡（H）"而构成的繁文，"凡"与"鸟"相合则为"鳳"的字形。关于"风"之义，在古文、籀文中，"鸟"的部分被替换成了表示蛇之意的"虫"，"风"的字形就此分化了。究竟为何用"虫"来替换"鸟"，其原委不明。

释义 1. 风。刮风。
2. 凤凰。司风之神。
3. 人名。见于甲骨文第一期。

例文

己亥卜庚子有大延不風

(《小屯南地甲骨》4349)

己亥这一日进行占卜：到庚子日，风会持续并且更强吗？风会停息吗？

己亥日的第二天即庚子日。这条卜辞同时列出正反两方面的内容，是"对贞"的形式，占卜内容是询问强风是否会持续到第二天这件事。

观（觀，観）

教汉 六画(二十五画,十八画)　又部(見部)
[日]四年级汉字

构成 象形字、会意字→形声字（亦声）。其字形像鸟的头顶上有冠羽（生长在鸟的头部的长羽毛）之姿。添加"口"之形"凵"这一构件而形成的会意字，对应于"藋"这一部分，表示冠羽的部分则逐渐发展为近于"艹"之形。在篆书中，在原有基础上追加义符"見"而构成了繁文，"観"是其省略形，是俗字。另外，虽然"藋"被认为是"鹳"的初文，但由于鹳并无显眼的冠羽，所以最初可能是鹭鸶或朱鹮等其他种类的鸟的象形。

释义 1.看。观察。视察。
2.祭祀名。

解说 关于"藋"可以表示看之义这一点，加藤常贤认为"藋"与表示循环、环绕之义的"圜"相通，表示广阔地远望之义；藤堂明保认为"藋"的原义是众口一致、齐声鸣叫的水鸟，表示使个体等一致而进行远眺之义；白川静则认为鸟占的仪礼是"藋"的字源；上述观点均缺乏依据。甲骨文中缺乏可以探明其原委的记述，推想可能是因为古人认为鸟类的视力出众的缘故，由此而引申出看的意思。

例文

庚子卜贞王其觀耤更往十二月
　　　　　　　　　（《甲骨文合集》9500）

庚子这一日进行贞卜：王应去视察农耕吗？时在十二月。

"耤"是耕作之意。"十二月"是以合文形式记录的。占卜内容是询问王是否应当前去视察农耕这件事。

集

教汉 十二画　隹部　[日]三年级汉字

构成 会意字。"雧"字，像将鸟（隹）集中在一处而将其捕捉之形。关于"又"的意义众说纷纭，请参照"再（冓，详见第十章）"字。异体字"𣠽"是从飞鸟之形、从"木（木）"的会意字，其构形理据则与上述观点不同。

释义 集中。征集。

解说 "𣠽"的字形仅有一例，见于一残片，想探明其字义实为困难，但是因为"雧"是一个表示"集中"之义的及物动词，所以从"鸟集结于树上"这一情形出发，"𣠽"应该是表示"聚集"之义的不及物动词吧。此外，到了周代，无论表示哪一种意思，其字形均表记为从隹从木。

例文

己丑卜其集眾告于父丁一牛
　　　　　　　　　（《甲骨文合集》31995）

己丑这一日占卜：将众人集中起来、向父丁举行告祭时，使用一头牛吗？

"众"是众人之义。"告"是报告的仪礼。"父丁"可能是先王武丁。

龟部

"龟（龜。𪚧）"是龟这种动物的象形字。

上边的部分是头部，左侧的部分是龟足，右侧的部分表示龟的甲壳之形。旧字体"龜"较好地保留了其甲骨文的形体，还能看出甲骨文原型中左侧的两对龟足及右侧的龟甲；而新字体是由旧字体简省字形而来，难以窥见最初的字形。

秋

_{教汉} 九画　禾部　[日]二年级汉字

_{构成} 象形字、会意字。"秋（𪚥）"字所表现的是秋天生的危害谷物的害虫。按常理昆虫有三对足，但在甲骨文中被简略化为两只足或者一只足。它的一些字形表现出了翅膀。从字源上看，表昆虫义的"秋（𪚥）"与爬虫类的"龟（𪚥）"并非同源，但考虑到二者的甲骨文形相似，便利起见，本书将"秋"字编入龟部，此为通例。由于人们会在收获谷物之后将害虫连同稻秆一起焚烧，故而在籀文中，人们在原有基础上追加"禾"与"火"，从而构成了"穐"的字体（"𪚥"同化为"龜"。又将"火"置于文字的下部，作"灬"）。后来在篆书中，人们将"龜"这一部分删去，遂出现了"秋"字，与其最初的形体相差甚远。另外，在甲骨文中已有在其原来基础上添加"火（灬，参照第五章）"的会意字存在。

_{释义} 1.秋季。在殷代，只区分了春（𣎵，见本章）季与秋季两季，秋即指一年的后半部分。

2.祭祀名。

_{例文}

𠦝申卜出貞今歲秋不至茲商二月

庚申卜出貞今歲秋不至茲商二月

（《甲骨文合集》24225，见附图）

庚申这一日进行占卜，由出来贞：今年，秋不会到这商地来吗？时在二月。

"今岁"是今年之义，"商"是殷代的都城②。在春天的阶段，就对秋（这里有可能指其原义"害虫"）是否会来到这件事进行占卜。图中上下两条线是区分段落的记号。

虫部

虽然在后世"虫（𧈧）"在表示昆虫类、贝类等的名称的文字中作为部首使用，但在甲骨文中，该字是蛇的象形，上边的部分是蛇头，下边的部分是长长的身体。

楷书中的"蛇"是其繁文，一个形声字，其义符是"虫"，声符是"它"（"它"是从"虫"派生出来的同源字，在"蛇"字中是亦声的部分）。

另外，由于后世也使用分化出来的"巳"字，因此在楷书中，其也会变化作"巳"或者与其相近的字形。

虫（蟲）

_{教汉} 六画（十八画） 虫部 ［日］一年级汉字

_{构成} 会意字。将表示蛇之形的"虫"字并列，来表示相对较小之物。楷书中采用三"虫"并列的"蟲"的字形，而新字体将其简省为1个"虫"，结果表示蛇之意的"虫"之形就形成了。另外，最初楷书中的"虫"可以指蝮蛇，此时其汉音为"キ（ki）"。

_{释义} 1.神名。甲骨文中"虫"被神化并成为祭祀对象。

2.地名。

_{例文}

壬辰卜翌甲午燎于蟲羊侑豕

（《甲骨文合集》14703）

壬辰这一日进行占卜：下一个甲午日，要向虫神献上羊以行燎祭、献上猪以行侑祭吗？

壬辰日过后是癸巳日，癸巳日过后是甲午日，这里甲午日是壬辰日的两日后。"燎"是将牺牲烧死的祭祀仪礼。"虫"是神名。"侑"是祭祀的泛称。"豕"指猪。

改（改）

_{教汉} 七画 己部（攴部）［日］四年级汉字

_{构成} 会意字→形声字。表示手中持棒（攴）将蛇（巳）叩杀。小点是蛇四溅的血液。最初其字形为"攺"，但在篆书中，"巳"这部分被声符"己"代替，从而造出了新的字形"改"，在楷书中继承了新字形。

_{释义} 1.祭祀名。可能是将牺牲敲打而杀死的仪礼。

2.对敌对势力发动攻击。

_{例文}

己亥卜賓改三十牛

（《甲骨文合集》17163）

己亥这一日进行占卜，宾问：要用三十头牛举行改祭吗？

"三十"是采用合文的形式（将3个"十"并列而成）进行记录的。占卜内容是询问是否用三十头牛举行"改"祭这件事。

鱼部

"鱼（魚。_图）"，像鱼之姿，表现出了鱼鳞及鱼鳍。考虑到中国早期的王朝均建都于内陆，"鱼"字应该是淡水鱼的象形吧。

在楷书的字形"魚"中，"田"这部分是鱼鳞之形，而下方的四点"灬"则是由鱼的尾鳍变化而来（背鳍与腹鳍的部分在籀文以后的文字形体中被简省了）。

在甲骨文中，"鱼"在与鱼或捕鱼等相关的文字中充当部首。

鱼（魚）

_{教汉} 八画（十一画） 鱼部（魚部）

［日］二年级汉字

_{构成} 象形字。参照前文。

_{释义} 1.鱼。

2.捕鱼。

3.祭祀名。

4."甫鱼（𩵋）"，地名。

例文

甲申卜不其網魚

（《甲骨文合集》16203）

甲申这一日进行贞卜:不用网捕捉鱼吗?

占卜内容是关于以网捕鱼这件事。也有可能是王公贵族所施行的仪礼性的行为。

渔（漁）

教汉 十一画（十四画） 氵部（水部）

[日]四年级汉字

构成 会意字(亦声)。在甲骨文中被释为"渔"的字，关于其发展脉络有两套系统。其一是"𩵋"系，表现以"手（又）"持"网（网）"来抓"鱼（魚）"之形，表示捕鱼之义；其二是"漁"系，表现"鱼（魚）"在流水（水）中遨游之形，不表示捕鱼之义，其字形是由"水（氵）"与"魚"构成的"漁"。表示捕鱼之义的"𩵋"，其异体字有表现许多条鱼在水里游之形的；该异体字的字形被后世沿用，又在籀文中简化作"漁"。"魚"是也表示发音的亦声部分。

释义 1.捕鱼（"𩵋"系的字形）。

2."子渔（子漁）"，人名（"漁"系的字形）。见于甲骨文第一期。

例文

貞翌乙卯呼子漁侑于父乙

（《甲骨文合集》2977）

贞卜:下一个乙卯日，要叫子渔去向父乙举行侑祭吗?

"侑"是祭祀的泛称。"父乙"可能是先王小乙。

萬部

"萬（萬）"是蝎子的象形。有人认为是"蛋（蠆）"的初文。在楷书中，"艹"这部分是由像蝎子的一对螯之形的部分变化而来。

甲骨文中，"万（萬）"字并不表其原义，而是以假借的用法表示数字"万"之义，或者作为专有名词使用,仅表示这些意思。

万（萬）

教汉 十二画（十二画） 一部（艹部）

[日]二年级汉字

构成 象形字（假借）。参照前文。尽管今天作为新字体而使用的"万"字在构形理据上与"萬"字相异，但是从古代起"万"就作为"萬"的略字在使用了。

释义 1.数字"万"。比数字"千"高一位的位数。

2.地名。

3.人名。见于甲骨文第一期。

例文

辛巳卜殼貞登妇好三千登旅一万呼伐……

《英国所藏甲骨集》140，见附图，右行

辛巳这一日进行占卜，由殼来贞:要征集妇好的三千人、军队的一万人，命令他们向……展开攻击吗?

"登"是征兵之义。"妇好"是人名(地方领主)。"三千"是采用合文的形式记录的。"旅"是军队之义。"一万"是"万"

和"一"的合文。"伐"是攻击之义。总计征兵一万三千人,这在甲骨文的记述中是军事力量最大的(通常人员数量为三千或五千)。但也有可能并非实际人数,而只是号称的人数。

角部

甲骨文中释为"角"的文字有两套系统。其一,字形作"㕜",是牛角的象形;其二,字形作"丮",是一种酒器的象形(上图中的酒器即是用青铜铸造的角,但据说最初的角是由动物的角制成)。"㕜"的字形为后世所继承使用。

角（角）

㕜 㕜 㕜 㕜 丮 丮

[教汉] 七画　角部　[日]二年级汉字
[构成] 象形字。参照前文。
[释义] 1.人名("㕜"这一系统的字形)。见于甲骨文第一期至第一、第二期之间。是地方领主,曾与商朝敌对。
2.祭祀名("丮"这一系统的字形)。
3.地名("丮"系的字形)。

[例文]

十▪卜闬㕜㟍禾匕盉
甲午卜贞角往来亡禍
《小屯南地甲骨》2688)

甲午这一日进行占卜,贞问:角此行往返,不会有灾厄吧?
"角"是人名。"往来"是往返之义。

解（解）

觧

[教汉] 十三画　角部(刀部)　[日]五年级汉字
[构成] 会意字。该字表示牛被剖开、分解,其字形为双手(ヨ彐)将牛(屮,见本章)的角(㕜)摘下。在古文、籀文中,表示双手的部分,变为剖解时所用的刀,于是就形成了"解"这一字形。
[释义] 剖解动物。
[例文]

……彐屮……屮彎……
……酉卜……羊解……

(《甲骨文合集》18388)

第六章　以动植物或其一部分为原型的文字　119

……酉这一日进行占卜：……将羊解体……

虽然是残片，无法明了本条卜辞的完整内容，但笔者认为其应该是占卜将羊剖解之事。可能是一种仪礼。

羽部

"羽（羽）"是鸟的羽毛的象形字。也有人认为是像鸟翼之形，但考虑到后文我们会看到"羽"也可用以形容雪之貌，故本书认为像羽毛之形的观点较为合理。

表示鸟之翼的字当为"翌（昇）"。由于"翌"被假借去用作翌日之意，于是在古文、籀文中造出了以"羽"为义符、以"異"为声符的形声字"翼"。

羽（羽）

教汉 六画　羽部（羽部）[日]二年级汉字
构成 象形字。参照前文。
释义 1.祭祀名。
2.地名。
3.人名。见于甲骨文第一期至第一、第二期之间。

例文

辛丑卜賓貞更羽令以戈人伐舌方弋十三月
（《英国所藏甲骨集》564）

辛丑这一日进行占卜，由宾来贞：命令羽率戈地之人去征伐舌方，能够获得战功吗？时在十三月。

"羽"在这里是人名。"戈"是地名。"舌方"是敌对势力之名。"弋"指获得战果。"十三月"以合文的形式记录，是记时部分。

习（習，習）

教汉 三画（十一画）　乙部（羽部）
[日]三年级汉字
构成 会意字。由"羽（羽）"与"日（日，参照第五章）"组合成的文字，其表义不明。直到籀文为止，其字形皆为从日；而在篆书中，将"日"误作"白"，遂成字形"習"。
释义 表示占卜被采用。也说"習龜（習龜）"，"龜"是亡佚字。
解说 许慎将"習"字解释为"数飞也"[3]，即鸟练习飞行之义，加藤常贤、藤堂明保从之。但"習"的甲骨文是从羽毛之形，而非鸟翼。至于其他诸家所言，也是以篆书等当中的新字形为依据而加以解说，故均属缺乏意义的臆测。

例文

5……習二卜習三卜習三卜
己……習二卜習三卜習四卜
（《甲骨文合集》31674）

己这一日……应该采用第二次的占卜吗？应该采用第三次的占卜吗？应该采用第四次的占卜吗？

在多次占卜之后，这次占卜的是"究竟应当采用哪一次的占卜"。

雪（雪）

教汉 十一画　雨部　[日]二年级汉字

[构成] 会意字→形声字。"雨（☰，见第五章）"表示从天空降下，"羽（彡）"形容雪花之貌。二者相合，表示"从天而降的羽毛状之物"的意思。在一些异体字中，"雨"这一部分会被简化为表示水滴的小点。在现存的西周金文及籀文中未见到"雪"字；在篆书中，"羽"这一部分被表示发音的"彗"所替换，成为了形声字，后来字形又被简化为"雪"。

[释义] 1.雪。降雪。
2.雪神。祭祀对象。
3.祭祀名。
4.人名。见于甲骨文第一期至第一、第二期之间。可能与"羽（彡）"是同一人物。

[例文]

其燎于雪有大雨
（《英国所藏甲骨集》2366）

向雪神举行燎祭，会天降大雨吗？
"燎"是祭祀名。这里雪神是祭祀对象。

翌（翌）

[教汉] 十一画　羽部（羽部）[日]六年级汉字
[构成] 象形字（假借）、形声字。参照前文。在甲骨文阶段，即有了在翼的象形字的基础上加上声符"立（亚，参照第三章）"而成的异体字。在篆书中，翼之形变为"羽"，从而形成了"翊"字；后来在楷书中，构件的排列发生了变化，字形遂作"翌"。

[释义] 1.指短期内的将来。多用以指第二天，不过一旬之内，也可使用"翌"之语。

也说"翌日（☷）"。若指距现在较远的日期则用"来（氺，见本章）"。
2.祭祀名。对先王举行的五祀之一。在用作祭祀名时，也说"翌日（☷）"。关于五祀，详情请参照"祭（△，见第九章）"字条的解释。

[解说] 虽然许慎认为"翌"字"从羽,立声"，但"立"与"翌"发音完全不一样，白川静则认为其发音应为"位"（"位"与"立"同源）。此外，也有说法认为"翌"是表示"振翅飞上天空之意"的会意字。

[例文]

丁酉卜行贞翌戊戌翌日于大戊亡𡆥在四月
（《甲骨文合集》22822）

丁酉这一日进行占卜，由行来贞：下一个戊戌日，向先王大戊举行翌日之祭，不会有神灵作祟吗？时在四月。

丁酉日的次日即是戊戌日。"翌"在这段卜辞中出现了两次，第二处的"翌日"是祭祀名（采用合文的方式表记）。作为祭祀对象的先王"大戊"在这里也是以合文记录。"𡆥"是作祟之义。

贝部

"貝（贝。⊖）"是货贝④的象形。这种贝壳采于南方的海滨；在殷王朝，人们在交易等活动中使用货贝。上图即是殷墟遗迹中出土的货贝，贝壳的背面有被凿出的孔，这是为了方便人们将绳线穿过孔而把货贝连成串。

人们在殷代的墓葬中发现了死者的口中含贝，由此可见贝壳在丧葬仪礼中应当是具有巫术意义的。

贝壳在殷代是一种贵重物品，因此在甲骨文中，"貝"作为部首，除了直接用于与贝壳有关的文字以外，也用于与财货相关的文字。

另外，在殷代，贝也被称为"贝货"，尽管当时还没有"通货"等相关概念，但贝无疑是作为贵重物品而被用于赐与以及流通中。

贝（貝）

教汉 四画（七画） 贝部（貝部）
[日]一年级汉字

构成 象形字。参照前文。

释义 1.贝类。"子安贝（货贝）"等种类的贝壳。
2.祭祀名。

例文

庚戌……贞赐多女有贝朋
（《甲骨文合集》11438）

庚戌这一日进行占卜，由……来贞：要将贝朋赏赐给诸位公主吗？

"多"是表示多数形的前缀。"女"可能指的是下嫁的王的女儿。"朋"是一串贝壳的象形，"贝朋"指的是用绳线贯穿货贝上的洞而将其连成贝壳串。

得

教汉 十一画 彳部 [日]四年级汉字

构成 会意字、形声字（亦声）。以手（又）取贝（⊖）之形，表示获得财货之义。在甲骨文中，已经有了在原有基础上添加象征行进的"彳（彳）"而构成的繁文字形，表现了为获得财货而前往远方。在篆书中手之形变为"寸"，在隶书中"貝"变为"旦"。

释义 得到。获得。

解说 在甲骨文中，"得"字后面不接宾语的例子很多。换言之，这种情况也可能不是省略宾语，而是笼统地表示"进展顺利"的意思。

例文

得四羌在秉十二月
（《甲骨文合集》519）

捕获了四名羌人。在秉地。时在十二月。

这段例文是卜辞的验辞和记时部分。"羌"是居住在殷的西北方的民族，这条验辞记载了捕获四名羌人这件事。"秉"是地名。"十二月"是以合文的形式记录的。

败（敗）

教汉 八画（十一画） 贝部（支部）
[日]四年级汉字

构成 会意字（亦声）。手持棍棒（攴）将子安贝（货贝）的壳（⊖）敲碎之形。表示手持棍棒的这部分字形，相当于楷书中的"攵"。"贝"是兼表发音的亦声部分。

由破坏财物，而表"破坏，损坏"义，又进一步引申出"败北"义。在现存的甲骨文中，"败"字仅见于一例短文之中，故难以确定其是本义还是引申义。

[释义] 破坏（也可能是"败北"之义）。

[例文]

贞亡败

（《甲骨文合集》17318）

贞卜：不会失败吧？

贮（貯）

[教汉] 八画（十二画） 贝部（貝部）

[日]四年级汉字

[构成] 会意字（亦声）。由"宁（㞢）"与"贝（⻉）"构成。"宁"表示的是储藏库，"贮"的字形表示的就是将财货收藏进储藏库中。同时，"宁"也是表发音的亦声部分。

[释义] 1. 人名。见于甲骨文第一期。

2. "师贮（⻉㞢）"，人名。见于甲骨文第三期。

[例文]

贮入七十

（《甲骨文合集》671）

贮纳入了七十枚龟甲。

这段例文是记事刻辞，记载了纳入七十枚占卜用的龟甲这件事情。"七十"是以合文的形式记录的。

买（買）

[教汉] 六画（十二画） 一部（貝部）

[日]二年级汉字

[构成] 会意字。以網（⺲）捕贝（⻉）之形。"網"的初文是"网"，在楷书中字形演变作横置的"目"（⺲）。

[释义] 动词。行动内容具体为何则不详。

[解说] 在后世，随着货币经济的发展，"买"被用作"购买"，但是早在殷代，并不存在货币经济之类的相关概念。

[例文]

戊寅……内呼雀买

（《甲骨文合集》10776）

戊寅这一日……由内来贞卜：要叫雀去买吗？

"内"是贞人，即主持此次占卜仪式的人。"雀"是人名。"买"具体是何行为暂且不详。

积（積）〈責〉

[教汉] 十画（十六画） 禾部 [日]四年级汉字

[构成] 形声字→形声字（亦声）。以"貝（⻉）"为义符、以一种武器"朿（朿）"为声符而构成的形声字，表示聚积财货之意。其初文是"責"，"朿"对应于"龶"这一部分。由于"責"逐渐被用于表示斥责或者职责之意，故而在籀文中，在原有基础上新添表示谷物（作为聚积之物）的义符"禾"，而造出了繁文"積"。

[释义] 聚积财货。

[例文]

癸巳卜今夕卄積杞

（《甲骨文合集》22214）

第六章 以动植物或其一部分为原型的文字

癸巳这日占卜：今天夜间，要在杞地征集财货吗？

"丰"是征收之意。"杞"是地名。占卜内容是有关财货的征收与聚积之事。

中部

"屮（丫）"是草的象形，上边的部分表示草的叶片。

两个草之形"丫"并列则为"艸"，简化后为"艹（艹，草字头）"。

草（草）
丫

[教汉] 九画（十画） 艹部（艸部）
　　　　[日]一年级汉字

[构] 象形字→形声字。参照前文。在籀文时期，人们在"艹"的基础上添加声符"早"，从而构成了形声字"草"，这样繁文就出现了。

[释义] 祭祀名。

[例文]

十人草
（《小屯南地甲骨》591）

要用十个人举行草祭吗？

"十人"是以合文的形式记录的。"草"是祭祀名，其内容不明。

生
ㄓ

[教汉] 五画　生部　[日]一年级汉字
[构] 指事字。该字在"草（丫）"的下方添加一横线（指事符号，代表地面），表示小草发出芽来、正在生长之貌，进而被转用作"出生，产生"之义。

[释义] 1.新诞生的生命。
2.祭祀名。
3."生月（ㄓD）"，下个月之义。
4."多生（多ㄓ）"，集团、群体的称呼。这种情况也说"甥"或"姓"，但是考虑到在殷代婚姻制度中的"姓"尚未成立，所以应该是甥之意。然而，该群体内的成员之间究竟是有着实际的血缘关系还是拟制血亲的关系，暂且不明。

[解说] 在西周时代，人们以月之盈亏来表现生死，在西周金文中有"既生霸"（月渐满的时间段）、"既死霸"（月渐缺的时间段）⑤这样的记时之语。甲骨文中的"生月"应该也可用来表示"新生的月"之意。

[例文]

辛未卜争贞王于生七月入于商
（《甲骨文合集》7777，见附图，右行）

辛未这一日进行占卜，由争来贞：王在下一个七月，会返回都城商吗？

"生七月"指下一个七月，"七月"是采用合文的形式记录的。"商"是殷都。

占卜内容是询问王是否可以在下个七月返回都城这件事。

木部

"木（木）"是直立的树木的象形，上部代表着树枝，下部则表示树根。

在甲骨文中，"木"在充当部首时，被用来表现树木的常规的样态。

木

教汉 四画　木部　[日]一年级汉字
构成 象形字。参照前文。
释义 1.地名。
2.人名。见于甲骨文第一期至第一、二期之间。
3."木月（木月）"，神名。详情不明。
例文
　　王令木其福告
　　　　　　（《甲骨文合集》33193）
王要命令木这个人举行福祭与告祭吗？
"木"在这里用作人名。"福""告"皆是祭祀仪礼。

未

教汉 五画　一部（木部）　[日]四年级汉字
构成 象形字。表现树（木）枝向外伸展之貌。在甲骨文中，"未"专门用来表示十二地支中的第八位。
释义 十二地支中的第八位。

例文
　　旬又二日辛未婦嫊允娩嘉在主
　　　　　　（《甲骨文合集》14017）
第十二天即辛未日，妇嫊确实分娩，产下一名男婴。时在主地。

"旬又二日"是第十二日之义。"妇嫊"是女性之名。"娩"是分娩之义。"嘉"指诞下男孩。"主"是地名。这是一条记载了在第十二天辛未日，有一位男婴诞生之事的验辞。

果

教汉 八画　丨部（木部）　[日]四年级汉字
构成 象形字。像树（木）上结果之貌。在原有基础上添加"艹"则构成繁文"菓"，其意义不变。在中国，"菓子"是水果之意⑥。
释义 地名。
例文
　　侑于五山在果
　　　　　　（《甲骨文合集》34167）
要向五山举行侑祭吗？时在果地。
"侑"是祭祀的泛称。"五山"是祭祀对象。"在果"是记时部分，表示此次占卜举行于果地。

株

教汉 十画　木部　[日]六年级汉字
构成 指事字→形声字（亦声）。在树（木）干部分添加作为指事符号的一点后构成的字形。初文是"朱"，但由于后

第六章　以动植物或其一部分为原型的文字　125

来"朱"逐渐被假借去用作颜料的意思，故而人们在"朱"字的基础上新添义符"木"，而造出繁文"株"字。

[释义] 地名。

[例文]

戊午卜贞王田株往来亡灾

（《甲骨文合集》37363）

戊午这一日进行贞卜：王前往株地狩猎，往返路上不会有灾厄吧？

"田"是狩猎之义。"往来"是往返之义。

主（主）

[教汉] 五画　丶部（一部）　[日]三年级汉字

[构] 会意字。在"木（ ）"上添加"火（ ）参照第五章）"或者"火"的省略形从而构成的汉字。虽说许慎认为"主"像烛台之形⑦，但考虑到其甲骨文形的下部是"木"，所以本书认为应是像火炬之形。籀文之后，下部逐渐演变作"王"。

[释义] 1.地名。
2.祭祀名。

[解说] 关于"主"字后来逐渐被用作"主人"之义的理据，加藤常贤认为，在家中支配火的人才是一家之中掌权的人，藤堂明保认为这是由"不停地燃烧"而产生的引申义，白川静认为是执圣火者的意思，不过诸家所言皆缺乏依据，因此具体原因暂且不明。

[例文]

逐主鹿

（《甲骨文合集》10953）

去追逐主地的鹿吗？

"逐"指在狩猎中追赶猎物。"主"是地名。

林

[教汉] 八画　木部　[日]一年级汉字

[构] 会意字。将两个"木（ ）"并列组合，表示树木众多之貌。

[释义] 1.地名。殷代晚期与殷王朝敌对的势力，被称作"林方（ ）"。
2.祭祀名。

[例文]

己丑贞于林夕酒

（《甲骨文合集》34544，见附图，右行）

己丑这一日进行贞卜：在林地，要在夜间举行酒祭吗？

"林"是地名。"夕"是夜间之义。"酒"是祭祀仪礼。

森

[教汉] 十二画　木部　[日]一年级汉字

[构成] 会意字。由三个"木(木)"组合而成。在甲骨文中用例极少。

[释义] "千森(𣎵𣎴)",祭祀对象。

[例文]
……𣎵曰𣎴𣎵犬𣎴豕八犬八𣎴
……有曰千森王𢦦于之八犬八豕
(《英国所藏甲骨集》1288)

……有祭祀对象唤作千森。王在向他举行𢦦祭时,以八条狗、八头猪为牺牲吗?

前半部分缺损。"𢦦"是亡佚字,可能是祭祀名。"之"在这里用作第三人称代词。"豕"指猪。

乘(乘)

[教汉] 十画(九画) 禾部(丿部)
[日]三年级汉字

[构成] 会意字。在"木(木)"上添加像人正面之形的"大(大,见第三章)"而构成其字形,表示人乘坐在树上之貌。后来产生了着重突出人脚的字形,"乘"字中的"北"即是由表示人脚之形的部分演变而来。日本新字体的"乘"是俗字形。

[释义] "望乘(𣎵乘)",人名。见于甲骨文第一期至第一、二期之间。在文中出现时,多被征召参加军事行动。

[例文]
𣎵王从望乘伐
貞王從望乘伐
(《甲骨文合集》6583)

贞卜:王要率领望乘去发动攻击吗?"伐"是攻击之义。

者(者)

[教汉] 八画(九画) 耂部(老部)
[日]三年级汉字

[构成] 会意字(假借)、象形字(假借)。在"木"(像树木枝条伸展之形)的基础上添加"口"(器物之形)从而构成的会意字。也有异体字仅保留"木"这部分。在甲骨文中,"者"主要用作表示时间的助词,可能是假借的用法。像树枝伸展之形的部分后来发生了形变,最终演变作"耂"(老字头)。后来,表示器物之形的部分又被"白"所替代,与"耂"一同构成了字形"者"。今天的新字体"者"中,下部为"日",不过这一字形已经见于古文、籀文中。

[释义] 1.时间助词。"今者(今者)"指现在,"昔者(昔者)"指过去,"来者(来者)"指将来。
2.地名。

[解说] 用"者"表示时间的用法在后世的汉语言文字中依然可以见到,有"今者""古者"等用语。

[例文]
貞今者妾來牛五月
貞今者妾來牛五月
(《甲骨文合集》9178)

贞卜:如今,妾将牛作为贡品献上吗?时在五月。

"妾"是人名。"来"是纳贡之义。

枚

[教汉] 八画 木部 [日]六年级汉字

第六章 以动植物或其一部分为原型的文字

[构成] 会意字。字形表现了手持工具刈割木（木）、草（屮，见本章）之貌。
[释义] 1.地名。
2.人名。见于甲骨文第一、二期之间。
[解说] 在周代，"枚"被用来表示割取下的树枝、木片，由此派生出作为表示计数之意的动词或者量词的用法。
[例文]

……勿从枚舟

（《甲骨文合集》32555）

……不让枚陪同一起乘舟出行吗？

"枚"在这里用作人名。"舟"指乘舟出行。

散

[教汉] 十二画　攵部（支部）［日］四年级汉字
[构成] 会意字。字形表现了手持工具将树（木）叶及草（屮）叶砍落之貌，也有字形在原有基础上添加了小点以表示被砍落的叶片。"散"的构形理据与"枚(见本章)"颇为相似。在西周金文中，其字形变为竹叶被砍落之貌，后又进一步演变成"散"的字形（"艹"的部分由竹之形演变而来，"月"的部分则对应于竹叶之形）。
[释义] 地名。
[例文]

……卜賓貞王往散

（《甲骨文合集》8183）

……进行占卜，由宾来贞：王要去散

地吗？

乐（樂，楽）

[教汉] 五画（十五画，十三画）丿部（木部）
［日］二年级汉字
[构成] 会意字。字形由"木（木）"与两个"8"（象丝束之形）构成。在甲骨文中已经产生了在原有基础上添加"白（日，参照第十章）"而构成的字形。关于这个字，许慎认为是鼓鼙（ふりだいこ［近似拨浪鼓］）之形[⑧]，加藤常贤与藤堂明保则采用了其为"櫟"的初文之说，白川静则认为该字形是一种具有木柄的、在铃上有丝饰的乐器。还有说法认为是弦乐器之形。但"樂"在甲骨文中只用作地名，因此难以断定其构形理据究竟为何。
[释义] 地名。
[解说] 在周代，"樂"被用作音乐之义（此时其读为ガク［gaku］）。又因为音乐能使人快乐，所以"快乐的"的意思也用"樂"字来记录（此时其读音为ラク［raku］）。
[例文]

丙午卜在商貞今日步于樂亡災

（《甲骨文合集》36501）

丙午这一日进行占卜，在都城商，贞问道：今日，前往乐地，不会有灾厄吧？

"商"即殷都。

春

教汉 九画　日部　[日]二年级汉字

构成 会意字（亦声）、象形字。由"木（木）"与"屯（屯）"构成；甲骨文中，在其基础上添加"日（日，见第五章）"而成的字形也已经出现了。"屯"是树芽的象形，字形表现了春天阳光日益强烈，树的嫩芽也随着伸展发育之貌。考虑到"屯"的古音近似于"チュン（cyun）"，因此它可能是兼表发音的亦声部分（也有学者认为"屯"纯粹是声符）。甲骨文的"春"字中，也存在仅有"屯"这一部分的字形，在这种情况下它即是象形字。在楷书中，"夫"这一部分是由两个"木"之形演变成的"艸"，与"屯"结合所成的字形。

释义 春季。在殷代，只有春与秋（秋，见本章）两种季节之分，因此一年的前半部分即是春季。

例文

丁酉卜爭貞今春王勿黍

（《甲骨文合集》9518）

丁酉这一日进行占卜，由争来贞：今年的春季，王要禁止播种黍谷吗？

"黍"指播种黍子。黍是夏季作物，在春季（一年中的前半部分）播种并无矛盾之处。

野

教汉 十一画　里部　[日]二年级汉字

构成 会意字→形声字。由两个"木（木）"与"土"的异体字（土，见第五章）构成，表现原野之貌。初文作"埜"，后来演化成为了一个以"田""土"为义符（之后二者相合，而变为"里"之形）、以"予"为声符的形声字。但是在今天的日语里，表示地名或姓名时还有作"埜"的情况。

释义 动词。具体指何种行为暂且不详。

例文

叀呼爵野勿于圃

（《甲骨文合集》30173）

要让叀命令爵去野，不要到田地来吗？

"叀"与"爵"是人名，其中"叀"是亡佚字。"野"是动词。"圃"是耕地之义。

禾部

"禾（禾）"是稻谷结出籽实的象形字，表现谷穗下垂之貌。

在甲骨文中，"禾"在与谷物或者收获作物相关的字中充当部首。

年

教汉 六画　丿部　[日]一年级汉字

构成 会意字。由"人（亻，见第三章）"高举"禾（禾）"这一字形会意，表示收获谷物之义。在西周金文中，下边的部分演变为"千"，其字形则作"秊"。在隶书中，"禾"与"千"混合，构成了字形"秊"。加藤常贤认为，"年"

与以"人"为声符、表示妊娠之意的"身"相通,表示谷物成熟、膨胀之意,但在甲骨文阶段,"身(㠯,见第三章)"字仅仅表示腹部之义。此外,白川静将"禾"这部分理解为禾形的帽子,认为"年"字表示农耕仪礼中的舞蹈,但在甲骨文中"年"字并没有作为祭祀仪礼的用例。

[释义] 谷物成熟。谷物收获。

[解说] 由于谷物一年一收,因此在周代,"年"是表示年数的文字;但在殷代,人们用"岁(歲)"或"祀(禩)"来表示一年之意,而不用"年"。

[例文]

辛丑卜大贞今歲受年二月

(《甲骨文合集》24429)

辛丑这一日进行占卜,由大来贞:今年能收获谷物吗?时在二月。

"今岁"是今年之意。"年"指收获谷物。占卜内容是在春季时询问今年能否收获谷物这件事。

季

[教汉] 八画 禾部(子部) [日]四年级汉字

[构成] 会意字。由"禾(𥝌)"与"子(㝕,见第三章)"构成。

[释义] 神名。虽然有学者认为季神即是《史记·殷本纪》等文献中所记载的远祖"冥",但冥是在殷代灭亡后才被追加入谱系中的神话人物。也有学者认为季神即是谷物精灵(根据赤塚忠的学说),本书认为这种观点较为妥当。

[解说] "季"字在西周被用来指末子(属于假借的用法)。由此,人们逐渐用"季"来指春夏秋冬四个季节的最后一个月(例如,农历三月又可称"季春"),后来"季"又被用来表示"季节"之义("节"则由二十四节气之义引申而来)。

[例文]

貞侑犬于季

(《甲骨文合集》14716)

贞卜:向季神举行侑祭时,献祭犬吗?

"侑"是祭祀的泛称。"犬"是祭祀时的牺牲。

历(歷,曆)

[教汉] 四画(十六画,十四画) 厂部(止部) [日]四年级汉字

[构成] 会意字(亦声)。旧字形"歷",从秝从止:"秝(𣎳)"是将两个"禾(𥝌)"并列之形,"止(㞢,见第四章)"是足之形。表现保持相等的间隔而种下谷物之貌。其中"秝"是亦声部分。初文是"秝"之形,西周时在其基础上添加"厂(厂字头)",遂成"歷"的字形。"曆"的字形是将两个"禾"均简化作"木",而在甲骨文中偶然有了从"木(㳄,见本章)"的异体字。

[释义] 1.将贡品按次序摆放。
2.人名。见于第一、第二期之间的甲骨文中的贞人之名。

[解说] 由于"歷"有间距相等之意,后世由此而引申出表示日、月的运行之义(在这一意思下,派生出"曆"字)。

例文

癸未歷貞旬亡禍

（《甲骨文合集》32821）

癸未这日由历来贞卜：下一旬不会有灾厄吧？

这是占卜下一旬吉凶的"卜旬"。"历"在这里是贞人之名。

来部

"来"是麦的象形字。曲线部分代表着麦叶，而直线的上部即是麦穗。

在甲骨文中，"来"单独使用时只见到假借的用法，但是作为部首时，"来"被用于与麦子相关的文字中。

来（來）

教汉 七画（八画） 一部（木部）

[日] 二年级汉字

构成 象形字（假借）。参照前文。也有异体字凸显了麦穗这一部分。今天的新字体是将上边的部分简略化后的字体。

释义 1.来。到来。既可以是人到来，也可以是灾害来临。

2.归来。也说"来归"。

3.带来。贡纳财货。

4.指将来的某段时间。如"来岁""来春"等。

5.地名。

6."往来"，往返之义。

7."来媸"，外敌来袭。也可以单说"媸"。

解说 指将来的某个日期时也可用"翌"之语，"翌"多用来指距离现在较近的将来某段时间，而"来"则多用于指距离现在较远的将来某段时间。

例文

乙亥卜大貞來丁亥易日十一月

（《甲骨文合集》25971）

乙亥这一日占卜，由大来贞：下一个丁亥日，会是阴天吗？时在十一月。

乙亥日过后的第十二天即是丁亥日。"易日"是阴天之义。"十一月"是采用合文的形式记录的。

麦（麥）

教汉 七画（十一画） 麦部（麥部）

[日] 二年级汉字

构成 会意字、象形字。在象麦之形的"来"的基础上，添加一个朝向下方的足之形"夂"，从而构成了与表示来之义的"来"相区别的繁文。今天的新字体是省略形。在甲骨文中，也有像麦穗结出籽实之形的字形存在。关于添加的构件"夂"的含义，藤堂明保认为它表示从远方携带而来之义，白川静则认为是踏麦苗之义⑨，这两种说法在逻辑上都没有矛盾之处，很难判断孰是孰非。此外，加藤常贤认为"夂"音同"各"，是"麦"的声符，这就有些牵强附会了。

释义 1.小麦。

2.地名。

第六章 以动植物或其一部分为原型的文字 131

3.人名。见于甲骨文第一期。

例文

庚子卜賓翌辛丑有告麦

（《甲骨文合集》9620）

庚子这一日，由宾来占卜：下一个辛丑日，会有与小麦相关的报告吗？

庚子日的第二天即是辛丑日。占卜内容是询问有没有与小麦有关的报告这件事。

求部

关于"求"这个字，有观点认为其本义是"裘"（毛皮之意），加藤常贤、藤堂明保、白川静均从之。但是在甲骨文中，"裘"的字形作"㚔"，是在表示衣服的"衣（见第八章）"的基础上添加表示毛的线条而构成的。后来产生了以"衣"为义符、以"求"为声符的繁文"裘"，而在甲骨文阶段，"裘"与"求"的构形理据完全不同。《说文解字》"裘"字下，以其为一种假借的用法，而举出其古文"求"字⑩，人们的误解由此产生。

"求"像祭祀中所使用的器物之形，"奏（见本章）"则表示以双手将求捧之貌。此外，由于"奉"表示以双手将求植入土（见第五章）中之貌，故本书据此认为"求"是植物的象形，其根部被凸显出来。

另外，也有说法将这个字释为"祈"，但考虑到西周金文中的"求"、战国籀文中的"求"的字体，与甲骨文的字形基本相同，故本书采用"求"之说。

求

教汉 七画　一部（水部）[日]四年级汉字

构成 象形字。参照前文。也有与"来（见本章）"相似的异体字形，此可能是像麦子之形并对根部加以凸显的象形字。

释义 寻求。向自然神或祖先神祈求佑助的祭祀仪礼。

例文

己卯卜求雨于上甲

（《小屯南地甲骨》4362）

己卯这一日占卜：向上甲祈求降雨吗？"上甲"是殷的神话中的先祖。

奏

教汉 九画　一部（大部）[日]六年级汉字

构成 会意字。双手捧持祭祀用具"求"之形，表示祭祀之貌。后来"奏"逐渐被用来表示演奏音乐之义，有人认为这是由在神灵面前献上音乐而来的引申义，也有人认为"奏"表示奏乐之义是种假借的用法。

释义 祭祀名。向神灵献上供品或者牺牲。

例文

甲午卜𣪘貞王奏兹玉成弗左

（《甲骨文合集》6653，见附图，右行）

甲午这一日占卜，由𣪘来贞问：王使用这件玉器来向成举行奏祭，不会无法获得神佑吧？

"玉"是玉器。"成"是殷的建国者

大乙的名字。"左"与"右（佑）"相反，指无法获得神的佑助。图中位于"成"字之下的"二"是纪卜之数，而非占卜内容。

米部

"米（ ::: ）"表现谷物的穗上结有籽实之状，横线是谷穗，小点则是籽实。

在日本，"米"被用来特指稻的籽实，但在中国，"米"可以指各种谷物。

米

教汉 六画　米部　［日］二年级汉字
构成 象形字。参照前文。
释义 1.谷物的籽实。
　　2.祭祀名。是在祭祀时将谷物的籽实献给神明吧。
例文

　　　癸卯贞米于祖乙
　　　　　　　　（《甲骨文合集》32540）

癸卯这一日进行贞卜：向祖乙举行米祭吗？

"祖乙"是殷的先王，这里采用合文的形式表记。

注释

① 许慎："牛，大牲也。牛，件也。件，事理也。象角头三、封尾之形。凡牛之属皆从牛。"（《说文解字》，第22—23页）
② 编按：据王国维《说自契至于成汤八迁》，商朝成汤以前凡八次迁都，其中契自亳迁于蕃，昭明迁于砥石，又迁于商，为前三迁。（《观堂集林》，中华书局，1959年，第515页）
③ 许慎："习，数飞也。从羽，从白。凡习之属皆从习。"（《说文解字》，第69页）
④ 货贝，小型海螺的一种，广泛分布于太平洋和印度洋的暖水区。日语中称其为"子安贝"（コヤスガイ）。
⑤ 编按：关于"既生霸""既死霸"的含义，各家的解释不同。"月相四分说"中，大致以"既生霸"为从上弦月到满月的这一段时间，"既死霸"为从下弦月到晦

第六章　以动植物或其一部分为原型的文字　133

月的这一段时间。如王国维《生霸死霸考》言古者一月之日四分，曰初吉、既生霸、既望、既死霸。"既生霸，谓自八九日以降至十四五日也。四曰既死霸，谓自二十三日以后至于晦也。八九日以降，月虽未满而未盛之明则生已久。二十三日以降，月虽未晦，然始生之明固已死矣。"（详参《观堂集林》，第19—26页）

⑥ 在日语中，"菓子"指的是点心、糕点，或者糖果，故而作者有此说。

⑦ 许慎："主，镫中火主也。"（《说文解字》，第100页）

⑧ 许慎："樂，五声八音总名。象鼓鞞。木，虡也。"（《说文解字》，第119页）

⑨ 编按：关于踏麦苗这种劳动，日本人民在早春时节，即小麦"起身拔节期"，人为地踩踏麦芽，这是为了抑制麦子的根部活力，使麦子不要旺长，以防止结起霜柱等，而影响收成。

⑩ 许慎："裘，皮衣也。从衣，求声。一曰象形，与衰同意。凡裘之属皆从裘（巨鸠切）。求，古文省衣。"（《说文解字》，第171页）

第七章

以武器、礼器为原型的文字

刀部

"刀（𠃌）"是单刃武器的象形，表示刀。

尽管藤堂明保与白川静将字形的下部看作是刀刃，但是在后文中观察了"分（𠔁）"的字形之后我们会发现，以刀对对象进行切分的是字形的上部。此外，"刃（𠃌）"字也是将表示刃部的指事符号标记在了字形的上部。因此，可以认定字形上部是刀刃，下部是刀柄，下部斜出的那根线条则应是镡（即刀剑的护手）一类的配件。

在甲骨文中，"刀"在与刀具或者斩切行为相关的文字中作为部首使用。在楷书中，构成汉字偏旁的"刀"多变为"刂（利刀旁）"之形。

刀
𠃌

[教汉] 二画　刀部　[日]二年级汉字
[构成] 象形字。参照前文。
[释义] 1.刀具。
2.地名。可能就是召（𠮦）地。

[例文]

辛巳卜貞夢亞雀捍余刀諾

（《甲骨文合集》21623）

辛巳这一日进行占卜，贞问：我梦见了亚雀持盾防御而我持刀这样的场景，会得到神的承诺吗？

这条卜辞的内容是占梦。"亚雀"是殷的一名位高权重的人物。"捍"是表示以手持盾之形的会意字。"余"可能是殷王武丁。所描述的梦境中究竟是一种仪礼行为还是战斗行为暂且不明。

分
𠔁

[教汉] 四画　八部（刀部）[日]二年级汉字
[构成] 指事字。在表示刀(𠃌)的刃的部分那里，添加了代表被切断之物的指事符号"八（儿，见第九章）"，表示切分之义。
[释义] 地名。
[例文]

貞分女呼于敦

（《甲骨文合集》7852）

第七章　以武器、礼器为原型的文字　137

贞卜：要叫分地领主的女儿去敦地吗？

"分女"是分地的领主的女儿吧。"敦"在这里是地名。

初
㓞

[教汉] 七画　衤部（刀部）　[日]四年级汉字

[构成] 会意字。从"衣（衤，见第八章）"，从"刀（𠂊）"。关于"初"字可以表示初始之义这一点，有人认为该义由缝制衣服时首先要剪裁布料这一点而来（据许慎所言①），本书赞同这种说法。但是"初"的甲骨文，仅在一块残片上见到一例，因此其在殷代的字义暂且不明。在楷书中，"衣"演变作"衤（衣字旁）"，而"刀"则保持原形。

[释义] 不明。

[例文]
……十……𠂊㓞
……甲……䘒初
　　　　　　（《甲骨文合集》31801）

……甲……䘒初。

"䘒"是亡佚字，有作为人名或地名的用例。"初"的字义不明。

利

[教汉] 七画　禾部（刀部）　[日]四年级汉字

[构成] 会意字。由像谷物结实之形的"禾（𥝌，见第六章）"与用来收割麦穗的"刀（𠂊）"所构成，小点则表示谷物的籽实。"利"是表示收获谷物之貌的文字，由收获之意出发，转而表示利益之义。当时，人们在收获作物时会使用石制的刀，下图即是从殷墟中发掘出的石刀的临摹以及截面图。

[释义] 1.顺利。事情进展顺遂。
2.地名。
3.人名。见于甲骨文第一期。
4.祭祀名。

[例文]

其伐先利不利
　　　　　　（《甲骨文合集》36536）

讨伐先这个地方，会顺利吗？不会顺利吗？

"先"是地名。"利"指事情进展顺利。这是一条同时列出正反两方面内容的"对贞"形式的卜辞。

断（斷）

[教汉] 十一画（十八画）　斤部
[日]五年级汉字

[构成] 会意字。表示用刀（𠂊）将丝线束（𢇍）纵向切断之貌。在篆书中，表示被切断的丝线的部分演变作"𢇍"之形（此即"绝"的古字形），后来又演变作"䜌"。另外，刀的部分则演变作表示斧之意的"斤"。今天的新字体是形体省略了的俗字。

[释义] 地名。

[例文] ᙏ

贞呼宅斷丘

（《甲骨文合集》8119）

贞卜：要叫宅前往断之地的丘陵吗？
"宅"是人名。"丘"是丘陵之义。

戈部

"戈（千）"是戈的象形。所谓戈，是一种古代的武器，在它的长柄的末梢处，安装有一把与柄身垂直的利刃，用来刺杀敌人。上图即是殷代的戈，在青铜铸造的刃的部分有木制的柄，其木柄今天只残留有一小部分。

"戈"作为甲骨文的部首，多被用作战斗行为的象征。

武

[教汉] 八画　止部　[日]五年级汉字

[构成] 会意字。由"戈（千）"与象足之形的"止（ ，见第四章）"构成。在《春秋左氏传》宣公十二年中有"止戈为武"这样的记述，认为"武"的本义是指将军事力量作为威慑力量以抑止战事。但在甲骨文中，象足之形的"止"字是"行进"的象征，据此可知，"武"的本义实际上应是"手持武器前进"。在隶书中，"戈"这一部分字形有些许变化。

[释义] 1.殷王的谥号用字。如"武乙"等。
2.人名。见于甲骨文第一期。
3.祭祀名。

[例文]

丁巳卜贞王宾武丁翌日亡尤

（《甲骨文合集》35812）

丁巳这一日进行占卜，贞问：参加向先王武丁举行的翌日这种祭祀时，不会有灾厄吧？

"宾"指参加祭祀。"武丁"是先王之名，在这里是采用合文的形式记录的。"翌日"是祭祀名。"尤"是灾厄之义。

戉部

"戉（ ）"是一种武器——钺（鉞）的象形。从构造上看，与戈这种武器颇为相似，不过戉在长柄上安装的刃的幅面更宽，是一种以砍劈为目的的武器。

另外，"鉞"是在与戉字同源的"戊"的基础上添加义符"金"而构成的繁文，是形声字（亦声），字形仅作"戉"时也可表示"宽刃钺、阔钺"之义。

我

[教汉] 七画　丿部（戈部）　[日]六年级汉字
[构成] 象形字（假借）。"我"字象锯之形，

第七章　以武器、礼器为原型的文字　139

而非像钺之形，左侧是刃部（即锯齿）。由于甲骨文的"我（𢆉）"与"戌（𢍺）"在字形上颇为相似，故按照本书的体例将"我"字编入了戌部之下（"我"也有异体字形"𢆉"，近似于"戈〔𢍿〕"）。

[释义] 1.第一人称。可以用在主格、所有格、宾格的位置上。这是一种假借的用法。
2.人名。见于甲骨文第一期。
3.地名。

[例文]

壬辰卜王我獲鹿允獲八豕

（《甲骨文合集》10951）

壬辰这一日进行占卜，由王来贞：我会捕获鹿吗？的确，捕获了八头猪。

"王"在这次占卜中充当贞人，命辞中的"我"即是王以之指称自己的第一人称代词。占卜的内容是关于鹿的狩猎，但在验辞部分却记载着这次行动最终捕获了豕（猪）。由于实际结果与占卜内容之间存在着些许出入，这里可能有一种像"由于有所斩获，因而这次占卜不算失败"这样的狡辩心理存在。

成（戌）

[教汉] 六画（七画） 戈部 〔日〕四年级汉字
[构成] 会意字。在"戌（𢍺）"的基础上添加"丁（口，见第十章）"而构成。也有将"丁"替换为象口之形的"凵"或是一根短竖线的异体字。白川静认为"口"是添加到武器上的具有巫术意义的装饰物，但"口"在甲骨文中并没有作为装饰物的用例。在甲骨文中，"口"多被用来表现城墙之貌，因此"成"理应表示用武器来守备城市之意。另外，因为"丁""成"发音相近，所以"丁"可能是亦声部分。后世继承了将"丁"替换为一根短竖线的异体字的字形，于是有了由"戌"与"丨"构成的"成"的字形。

[释义] 1.殷代开国者大乙的名字（此时其字形作"𢍺""𢍺"）。
2.地名（此时其字形作"𢍿""𢍺"）。
3."成戊（𢍺𢍿）"，神名。被认为就是《尚书》中的太甲之臣"巫咸"（"成"与"咸"是同源字）。

[例文]

贞今日侑于成三牛

（《甲骨文合集》2953）

贞卜：今天，向成举行侑祭时献上三头牛吗？

"侑"是祭祀的泛称。"成"是大乙之名。

王部

"王（太）"是钺的刃这部分的象形。虽然从字形上看与"立（太，见第三章）"相似，但二者的构形理据完全不同。

上图所示即是用青铜铸造的钺的刃。钺是一种在祭祀仪礼中使用的道具，其上有装饰。

王

太 太 玉 玉 王 王

[教汉] 四画　王部（玉部）[日]一年级汉字

[构成] 象形字。参照前文。

[释义] 1. 君王。殷的统治者。
2. "王族（太阝）"，王的军队。
3. "王亥（太丁）"，神名。在一段时间内也曾被编入殷王的谱系中。
4. "王恒（太囱）"，神名。
5. "小王（小太）"，祭祀对象。可能是一位地位仅次于王的人物。

[解说] 关于以钺的刃来表示"王"的意思，有观点认为，这是因为钺既是处决犯人的刑具，又是斩杀牺牲的礼器，故钺象征着君王所持有的权力。

[例文]

癸卯卜王曰贞获

（《甲骨文合集》24448）

癸卯这一日进行占卜，王说："贞：会获得吗？"

"获"的对象被省略了。按照惯例，"贞"应当属于前辞部分，但实际上，从"贞"字开始，就是在占卜时要宣读出的内容，在这条例文中"曰"字之下就有"贞"字。

斤部

"斤（丂）"是斧的象形。"斤"在甲骨文中作为部首时，用来表示武器之义，又由斧出发而用作砍伐之义。

另外，"斧"是在"斤"的基础上添加声符"父（乂，见第四章）"而构成的繁文，在甲骨文中也可见到"斧"的字体。

兵

[教汉] 七画　八部　[日]四年级汉字

[构成] 会意字。关于"兵"的字形，在楷书中虽然是由"丘"与"八"构成，但最初本是由"斤（丂）"和持之的双手之形"廾（𠬞）"会意，表示兵器之意。斧子是人类所使用的最原始的武器之一。在甲骨文中，由兵器出发，"兵"转而也被用作士兵之意。

[释义] 1. 兵器。
2. 士兵。

[例文]

甲子卜贞出兵诺

（《甲骨文合集》7204）

甲子这一日贞卜：士兵出征，会获得神佑吗？

"出"是出发之义。"兵"是士兵。"诺"是神的佑助之义。

折

[教汉] 七画　扌部（斤部，手部）

[日]四年级汉字

第七章　以武器、礼器为原型的文字

【构成】会意字。其字从"斤（𣂒）"和"木（朩，见第六章）"被分为两段之形，表现用斧子将树砍断之貌。也有以手（又）持斧之形的异体字存在。在篆书中，出现了误将折断之木写作"手（提手旁）"的字形，这便是楷书中的"折"的原型。

【释义】地名。

【例文】

己酉卜勿侑折豕

（《甲骨文合集》15004）

己酉这一日占卜：禁止用折地的猪来举行侑祭吗？

"侑"是祭祀的泛称。"折"是地名。"豕"是猪之义。

新（新）

【教汉】十三画　斤部　[日]二年级汉字

【构成】形声字（假借）。以像斧之形的"斤（𣂒）"为义符，以"辛（𨐌）"为声符。一部分字形从"朩"，这是"木（朩，参照第六章）"与"辛（𨐌）"的合文，与楷书的"亲"这部分相对应。本义是以斧砍得的树木，也就是薪，但由于"新"被假借用去表示崭新之义，所以为了表示"薪"之义，籀文以降，在原有基础上新添"艹"从而构成了繁文"薪"。此外，也有人认为"新的"之义是由砍伐小树以获取木柴引申而来，但是，用作木柴的未必就得是小树，故此说稍显牵强附会。

【释义】1.新的，崭新的。

2.祭祀名。

3.地名。

4."新星（𣂒晶）"，新出现的星星。可能是彗星或超新星。

【例文】

丁未卜贞今日王宅新室

（《甲骨文合集》13563）

丁未这一日贞卜：今日，王要在新建的宫室里住宿吗？

"宅"是一个表示住宿之意的动词。"室"是宫室之义。这条卜辞询问的是王是否应当在新建成的宫室里住宿。

弓部

"弓（）"是弓的象形。左边的部分是弓的主体，而右部是弦。也有异体字将弦的部分省去了，即为"弓"之形，该字形便是后世楷书字形的原型。

在甲骨文中，"弓"用作与弓箭或射击等相关的文字的部首。

弓

【教汉】三画　弓部　[日]二年级汉字

【构成】象形字。参照前文。

【释义】1.弓。

2.人名。见于甲骨文第一期。

3.祭祀名。

【例文】

弓歸

（《甲骨文合集》21659）

弓回去了吗？

"弓"在这里是人名。

引

[教汉] 四画　弓部　［日］二年级汉字

[构成] 会意字。从像人正面站立之形的"大（大，参照第三章）"，从"弓（弓）"，表现人引弓之姿。"弓"是其略体，这一字形为后世所继承。另外，与"引"同源的文字有"弘"。

[释义] 1.祭祀名。

2.人名。见于甲骨文第一期。

3.地名。

4."引吉（弓吉）"，与"大吉（大吉）"意思相同，也释为"弘吉"。

[例文]

　　贞其先帝甲告其引二牛

（《英国所藏甲骨集》2347）

贞卜：先向帝甲举行告祭，再用两头牛来举行引祭吗？

"帝甲"是先王祖甲的别称。"告"是报告的仪礼。"引"在这里是祭祀名。

射

[教汉] 十画　身部（寸部）　［日］六年级汉字

[构成] 会意字。引弓（弓）射矢（矢，见本章）之貌。在西周金文中，有字形添加了射箭的手之形。在楷书中，表示弓与箭的部分演变作"身"之形，而添加的手之形则演变作"寸"。

[释义] 1.射击。在狩猎中向猎物射击。

2.射击手。负责射击的人。由射击手组成的部队被称为"多射（多射）"或"三百射（三百射）"。

3.祭祀名。

4.地名。

[例文]

　　……古贞呼多射鸢获

（《甲骨文合集》5740）

……由古来贞：要传令多射，命其捕鸢吗？

"多射"是由射击手们所组成的部队。"鸢"是一种猛禽。这是一次关于狩猎的占卜，不过可能也兼有军事训练的意图。

发（發，発）

[教汉] 五画（十二画，九画）　又部（癶部）　［日］三年级汉字

[构成] 会意字、象形字→形声字。表现以手（又）引弓（弓），将箭射出去之后的状态，是会意字。用虚线来表示弓弦的部分是为了表现弓箭射出之后弓弦振动之貌。也有仅剩表现弓这一部分的异体字，此时是一个象形字。西周金文中并没有这个字，但在籀文中则出现了以"弓"为义符、以"癶"为声符的形声字。今天的繁体字是"發"，而异体字"発"（日本的新字体）是将下部简略化后的字形。

[释义] 1.祭祀名。可能是将牺牲射杀的仪礼。

2.人名。见于甲骨文第一期。也称"子发（子发）"。

3."象侯发（象侯发）"，人名。见于甲骨文第五期。

[例文]

　　其發二十人

（《甲骨文合集》27017）

第七章　以武器、礼器为原型的文字　143

用那二十人来举行发祭吗?

"发"在这里是祭祀名。"二十"是采用合文的形式记录的。这是一条关于将活人献祭的占卜。

矢部

"矢（↑）"是箭矢的象形。上边的部分表示箭镞，下边的部分则是箭羽。

矢

[教汉] 五画　矢部　[日]二年级汉字
[构成] 象形字。参照前文。
[释义] 1.箭。用弓射出的武器。
2.祭祀名。
3.十二地支中的第三位。此时相当于"寅"。

[例文]

丁巳卜行贞小丁岁眔矢岁酒

（《甲骨文合集》23053）

丁巳这一日举行占卜，由行来贞：向先王小丁举行岁祭，要举行矢祭、岁祭、酒祭吗？

"小丁"是先王武丁的别称。"眔"是表示并列的助词。"矢""岁""酒"均是祭祀名。

至

[教汉] 六画　至部　[日]六年级汉字
[构成] 指事字。将"矢（↑）"朝下，在字形下方添加一条充当指事符号的横线，表示箭矢到达地面的状态。

[释义] 1.到达。到来。抵达。
2.到……为止，直到。表示时间或空间等的终点的助词。
3."迄至（三↓）"，指一段时间过去了。

[例文]

甲戌卜宾贞自今至于戊寅雨

（《甲骨文合集》12313，见附图）

甲戌这一日进行占卜，由宾来贞：从今天开始至戊寅日为止，会降雨吗？

甲戌日过后的第四天即是戊寅日，这条卜辞占卜的是期间是否会降雨。

效（効）

[教汉] 十画（八画）　攵部（攴部，力部）
[日]五年级汉字

[构] 会意字→形声字。许慎认为这是一个以"攴(攵)"②为义符、以"交"为声符的形声字,加藤常贤从之。另外,藤堂明保认为其字形表现了将两件物品交叉而比对之貌。然而正如白川静所指出的,在甲骨文阶段,其字形是由矢(𠂌)和手持工具之形(𠂆)所构成,表现了制作箭矢之貌。在西周金文中,矢这一部分逐渐演变作表示发音的"交":在西周,表示矢的部分继承了"𠂌"的字形,于是被误解作与"𠂌"字形相近的"交(𠆢,见第三章)"。而"攵"这一部分又演变作"力",遂形成了俗字,日本的新字体就采用了俗字形,完全丧失了最初的字形。

[释] 人名。见于甲骨文第一期至第一、二期之间。也称"子效(𠂌𦫳)"。

[例]

癸巳贞子效先步在尤一月

（《甲骨文合集》32782）

癸巳这一日进行贞卜:子效已经先行一步了吗? 时在尤地。时在一月。

"子效"是人名。"尤"在这里是地名。

㫃部

"㫃（🏳）"是军旗的象形,左侧的部分是旗杆,上部则表现旗帜迎风招展之貌。

在甲骨文中,"㫃"在与军队相关的文字中充当部首。

另外,虽然在楷书中,"🏳"字形的一部分与"方"同化,但"㫃"与"方(𠀤,

见第十章)"的构形理据完全不同。

旗

[教汉] 十四画　方部　[日]四年级汉字
[构] 象形字→形声字。参照前文。初文是"㫃"这部分,是表"旗帜"义的文字;在篆书中添加声符"其",从而造出了繁文"旗"。

[释] 1.旗帜。军旗。

2.人名。见于甲骨文第一期。

3."翼旗（𦏵🏳）",狩猎之义（也可能是军事训练之义）。"翼"是一个亡佚字。

[例]

勿其立旗

（《甲骨文合集》28207）

不要竖立起旗帜吗?

这次占卜的内容是关于军事行动还是仪礼行为尚不明确。

族

[教汉] 十一画　方部　[日]三年级汉字
[构] 会意字。由表示军旗的"㫃(🏳)"与"矢(𠂌,见本章)"构成,表示军队之义。

[释] 1.军队。

2."王族（𤣩𣎵）",王的军队。

3."多子族（𠭴𣎵）",此时"子"是称号,而"多子族"则指一支由众多的子所组成的军队。

[解] 在甲骨文中有动员"王族"去参战的相关记载,所以有说法认为这意

第七章　以武器、礼器为原型的文字　145

味着以前王的亲族要参与到战争当中。但是在甲骨文阶段，"族"并没有亲族之意，"王族"应当理解为"王的军队"。

例文

庚辰卜争贞呼王族先

（《甲骨文合集》14919）

庚辰这一日进行占卜，由争来贞：要传令王的军队来担任先锋部队吗？

"王族"指王的军队。"先"指先行。

旅（旅）

教汉 十画　方部　[日]三年级汉字
构成 会意字。字形表现了在军旗（𣃔）下聚集众人（亻，见第三章）之貌。这个字也表示军队之义，但从用例来看多指远征的军队。后来，由军队行进之义，"旅"逐渐也被用作"旅行"之义。
释义 1.军队。
2.人名。见于第二期甲骨文的贞人之名。

例文

丙子卜贞翌日丁丑王其遘旅延㳥不遘大雨

（《甲骨文合集》38177）

丙子这一日进行贞卜：明日丁丑日，王与那支军队会合后，继续训练军队时，不会天降大雨吧？

丁丑是丙子的第二日。"延"指继续进行。"㳥"是军事训练之义。这条例文旨在占卜与军队会合后是否继续执行军事训练这件事。

中部

"中（𣃔）"，在甲骨文中已有"中师"的用法（参照右，第四章）。从而其字形中的四方形表示布好阵势的军队，而在阵型的中央有一面竖起的旗帜（𣃔，见本章）。由此出发，"中"字转而被用来表示中央或中间之意。

中〈仲〉

教汉 四画　丨部　[日]一年级汉字
构成 象形字。参照前文。
释义 1.在军队的中央竖立的军旗。
2.中央。中间。
3.人名。见于甲骨文第一期至第一、二期之间。也称"小臣中（𣃔）"。
4.人名。见于甲骨文第二期的贞人之名。
5.地名。
6.祭祀名。
7."中日（𣃔日）"，正午前后的时间段。
8."中丁（中口）"，殷的先王。在谱系上处于中位。
9."中子（中子）"，次子及晚其出生的儿子，介于"大子（大子）"与"小子（小子）"之间。周代之后，人们使用与"中"同源的"仲"字来表示这个意义。

例文

丙子其立中亡風八月

（《甲骨文合集》7369，见附图）

丙子这一日，将军阵中央的军旗立起，不会起风吧？时在八月。

"中"在这里用作本义，即军队中央竖立的旗帜。

单部

关于"单（單，丫）"这个字，藤堂明保认为像掸子之形，白川静认为像盾牌之形，加藤常贤认为是种武器。本书认同加藤常贤的观点，"单"应当是一种近似钢叉的武器的象形字。

人们在狩猎时会使用单来捕捉猎物，甲骨文的"狩（犭）"字，初文是"兽（獸，獣）"之形，是一个从打猎时所使用的单（丫）和犬（犭，见第六章）的会意字。

单（單，単）

丫　丫　丫　丫

[教汉] 八画（十二画，九画）丷部（口部，丷部）[日] 四年级汉字

[构成] 象形字。参照前文。这个字在后世逐渐被假借用作单一、单独之义，但在殷代并无该用法。

[释义] 1.地名。

2.设施名。有诸如"东单（東單）""南单（南單）"这样的记载，具体是什么样的设施暂且不明。

[例文]

己卯卜于南單立岳雨

《小屯南地甲骨》4362

己卯这一日进行贞卜：在南单向山岳之神举行立祭时，会降雨吗？

"南单"在这里是设施名。"立"是祭祀名。"岳"是山岳之神。

干

丫

[教汉] 三画　干部　[日] 六年级汉字

[构成] 象形字。字形由"单（丫）"简略化而来。

[释义] 表示某种职能。被动员参加军事行动。具体不明。

[解说] "干"这个字，在后世与表示盾之义的"戋"（甲骨文为"戋"）混同。在"干戈相交"这类语境中，"干"是盾牌之义，"戈"是武器之义。

[例文]

勿令戍干衛其……

《甲骨文合集》28059

命令军队和干去防御，在此基础上不要……吗？

这条卜辞部分缺损。"戍"是军队之义。"干"之义不详。

凵部

"凵（凵）"是器物的象形。"凵"体现的是器物的一般形象，并非指特定种

第七章　以武器、礼器为原型的文字　　147

类的器物。在甲骨文中，"凵"作为部首，多用来表示祭祀用器。

在甲骨文中，"凵"的字形与"口（凵，见第四章）"完全相同。最初可能写作他形，但在甲骨文阶段二字的形体同化，因此很难从字形上识别两者。

另外，"凵"这一字形，除了表现器物或者口之外，还被用作祭祀的象征，或者表示土台、抽象事物等之义。

合

〖教汉〗六画　人部（口部）［日］二年级汉字

〖构成〗会意字。在器物（凵）上合上盖子（△）之貌。也有异体字是将两器物（同类）相合之貌。

〖释义〗1.合在一起。统合。
2.祭祀名。
3.地名。

〖例文〗
……王其以众合右旅……旅插于舊

（《小屯南地甲骨》2350）

……王要率众人、命右旅与……旅合兵一处，向旧地展开攻击吗？

"众"即众人。"……旅"可能是"左旅"。"右旅""左旅"是对部队进行区分的名称。"插"是攻击之义。"旧"是地名。

品

〖教汉〗九画　口部　［日］三年级汉字

〖构成〗会意字。象器物（凵）并列之形，可能是表现祭祀之貌。也有异体字象

用器物装载两件四边形的物体之形，即"凹"，虽然构形理据不同，但这个由两个四边形和"凵"所构成的字形最终也被释作了"品"。

〖释义〗1.祭祀名（此时字体作"品""凹"）。
2.人名。见于甲骨文第一期的贞人之名（此时作"凹"的字体）。

〖例文〗
甲申卜叀辛卯酒品

（《甲骨文合集》34524）

甲申这一日进行占卜：要在辛卯日举行酒祭与品祭吗？

甲申日过后的第七天即是辛卯日。"酒""品"均是祭祀名。

区（區）

〖教汉〗四画（十一画）　匸部（匚部）
［日］三年级汉字

〖构成〗会意字。表示将器物（凵）放置在一起，再将这些器物与其他事物分隔开来的情形。今天的新字体是略字形。

〖释义〗地名。

〖例文〗
贞王其狩區

（《甲骨文合集》685）

贞卜：王要去区那个地方狩猎吗？

古

〖教汉〗五画　十部（口部）［日］二年级汉字

〖构成〗会意字。许慎认为由"十"和"口"

构成③，加藤常贤认为像兜鍪之形，藤堂明保认为是干枯的头盖骨之形，本书认为这些观点都是错误的。白川静认为，这个字的上部是表示盾牌之意的"昕（重）"的略体。虽然甲骨文中"古"字的一部分字体（即"㞢"）其上部与中（重，见本章）的略体（中）同形，但是二者的构形理据是不同的。

[释义] 人名。见于甲骨文第一期的贞人之名。

[解说] 白川静认为这个字是用盾牌守护被放入祭器中的祝词之义，由于祝词被视为先例、典故，故由此出发，"古"逐渐被用作先古、古代之义。虽说该解释不存在逻辑上的矛盾，但由于在甲骨文中仅见到"古"字用作人名的例子，所以白川静的说法难以得到确证。

[例文]

十屮丨㞢冏㞢古
甲戌卜古贞其有出
（《甲骨文合集》3830）

甲戌这一日进行占卜，由古来贞：……出去了吗？

此处"出"的主语被省略了。

告（告）

㞢 㞢 㞢 㞢 㞢

[教汉] 七画 口部 ［日］四年级汉字

[构成] 会意字。关于这个字的构形理据，许慎认为从"牛（牛，见第六章）"从"口（口）"④，藤堂明保从许慎之说。此外，加藤常贤认为从"生（生，见第六章）"从"口（口）"，而白川静则认为是由祭器（口）和将其悬挂在树木上之形（屮）这两部分构成。考虑到甲骨文中"㞢"的字形最为多见，或许白川静的说法是正确的。但是，倘若将统计范围缩小，只限于那些记录着占卜时出现裂纹状况的兆辞，那么字形写作"㞢"的情况是很多的，所以可能连殷人自己也没有正确理解"告"字的构形理据。

[释义] 1.告诉。报告。公告。
2.祭祀名。一种向神灵或祖先进行报告的仪礼。
3."二告（＝㞢）"，兆辞的一种。
4."小告（小㞢）"，兆辞的一种。

[例文]

冏㞢吊屮干 甲
贞告舌方于上甲
（《甲骨文合集》6134）

贞卜：要向上甲就舌方一事举行告祭吗？

"舌方"是一支与殷保持敌对关系的势力。"上甲"是神话里殷的始祖。这是一条将与舌方的战事向上甲报告，祈求佑助的占卜。

皿部

"皿（Ｙ）"是器物的象形，并非指特定种类的器物，而是体现那些广口的器皿的一般形象。在篆书中，作"皿"形，强调了器皿的下部。

"皿"在甲骨文中充当部首时，多被用于表示盛放液体的容器。

皿

Ｙ Ｙ Ｙ

[教汉] 五画 皿部 ［日］三年级汉字

象形字。参照前文。

第七章　以武器、礼器为原型的文字　149

[释义] 1.地名。
2.祭祀名。

[例文]

……多射廾人于皿

（《甲骨文合集》5742）

……射击部队要从皿地征募兵力吗？

"多射"指由众多射手组成的射击部队。"廾人"是征募人员之义。"皿"是地名。

血

[教汉] 六画　血部　[日]三年级汉字

[构成] 指事字。由在器皿（ㅂ）中加上代表血液的指事符号（或是一点，或是一个椭圆）构成。在殷代，祭祀时会使用牺牲的血。也有人将点或椭圆视为"血液的象形"，而认为"血"是会意字。

[释义] 1.地名。
2.祭祀名。

[例文]

庚午卜贞王宾血岁亡尤

（《甲骨文合集》38633）

庚午这一日进行占卜，贞问：王参加血祭、岁祭时，不会有灾厄吧？

"宾"是表示参加祭祀之义的动词。"血""岁"均是祭祀名。"尤"是灾厄之义。

盟

[教汉] 十三画　皿部　[日]六年级汉字

[构成] 形声字、指事字。由"囧"与"皿"（ㅂ）构成。关于该字形将"囧"包含在里面这一点，藤堂明保、白川静认为这是向神明起誓之义，但是甲骨文的"囧"字，单独使用时指窗户，并无神明之义。加藤常贤认为"囧"是形声字的声符，本书认为该说是妥当的（"囧"在"明[明]，见第五章"字中也表示发音）。"盟"字指一种饮用牺牲之血的仪礼，甲骨文中也有异体字是以表示血的指事符号（椭圆形）来替代"囧"。另外，加藤常贤认为"囧"也有"饮用"之义，这就有些牵强附会了。在西周金文中，出现了将声符"囧"变成"明（朙）"的字形，该字形为后世继承下来了。

[释义] 1.祭祀名。一种饮用牺牲之血的祭祀。亦称"盟子"。
2."盟室"，设施名。可能是举行盟祭的房屋。

[解说] 在春秋时代，诸侯之间缔结盟约之际，据说会在起誓时饮用牺牲之血。有人认为，"盟"字因此而逐渐被用作盟约之义。

[例文]

丙寅卜即贞其改羊盟子

（《甲骨文合集》22857）

丙寅这一日进行占卜，由即来贞：要献上羊来举行改祭和盟子祭吗？

"改""盟子"均是祭祀名。

益（益）

[教汉] 十画　皿部　[日]五年级汉字

[构成] 会意字。表现出往器皿（ㅂ）中增益液体之状。也有异体字表现的是将液体

从一个器皿转移到另一个器皿中之形。

[释义] 1.祭祀名。
2.地名。

[例文]

贞益豭百九月

（《甲骨文合集》15827）

贞卜：要用一百头公猪来举行益祭吗？时在九月。

"益"是祭祀名。"豭"是公猪。

温（溫）

𝌑 𝌒 𝌓 𝌔 𝌕

[教汉] 十二画（十三画）　氵部

[日]三年级汉字

[构成] 会意字。字形表现的是人（亻）在沐浴之貌，"皿（丩）"是浴缸，小点表示水。有异体字在原有基础上添加了"日（日，见第五章）"，但不明其究竟是为了表示白天在屋外沐浴，还是为了表示水温高。这个字不见于西周金文及古文、籀文中，而在篆书中，变成了从"囚"之形的文字，这一字形变迁的过程暂且不详；也有说法认为"𥁕"是"浴"的初文。另外，今天的新字形是将"囚"变为"日"的俗字形，不过从结果上来看，这反而再现了甲骨文时该文字的一部分字形。

[释义] 1.沐浴。
2.祭祀名。

[例文]

贞祖丁诺小子温

（《甲骨文合集》6653）

贞卜：王的幼子要进行沐浴，祖丁会允诺吗？

"祖丁"是殷商的先王。"诺"是承诺之义。"小子"可能是王最幼的儿子。"温"是沐浴之义。这可能是一种为小孩子所举行的如诞生礼、成人礼一类有固定仪式的仪礼。

鼎部

"鼎（鼎）"是一种烹饪食物的器物，由三根立腿支撑着一个圆形的鼎身。下图即是祭祀仪礼中所使用的青铜制的鼎。鼎足的部分也有纹饰，这些纹饰对应于甲骨文"鼎"的下部旁出的短横线。

另外，在甲骨文中使用频率最高的"贞（鼎，貝）"字，其实是假借了"鼎"的略体来表示其他含义。

圆（圓，円）〈員〉

𩇶 𩇷 𩇸

[教汉] 十画（十三画，四画）　口部（冂部）
[日]一年级汉字

[构成] 指事字→形声字(亦声)。在"鼎(鼎)"或者其略体"贞(鼎)"的基础上，

第七章　以武器、礼器为原型的文字　151

添加指事符号（一个圆形），由鼎口呈圆形，故而该字表示"圆"之义（由于甲骨文需要便于雕刻，因此指事符号圆形遂变作四边形）。"圆"的初文是"員"，其中"貝"这部分是由鼎变化而来的。后来，又在"員"的外侧添加作为义符的圆形，遂有繁文"圓"（在楷书中，圆形的部分全部变作"口"之形）。今天的日本，采用了"圓"的简略字形"円"。

[释义] 地名。

[例文]

田于圓

《甲骨文合集》10978）

要在圆地狩猎吗？

"田"是狩猎之意。

具（具）

[教汉] 八画　八部　[日]三年级汉字

[构成] 会意字。表现以双手（𠬪）敬献祭器鼎（鼎）之貌，表示"供上，进献"之意以及"器具"之意。在楷书中，"鼎"这一部分逐渐演化作近似"目"之形。

[释义] 人名。见于甲骨文第一期。

[例文]

具伐不

《甲骨文合集》22153）

具要不要讨伐？

"具"是人名。伐的对象被省略了。这条例文旨在占卜发动攻击是否正确。

豆部

"豆（豆）"是盛食物的器皿——豆的象形，上图即是殷代陶制的豆。

表现在豆中盛放谷物之形的是"皀（皀）"，这个字在下文所述的"登"字的别体（登）以及"食（食），见第九章"等文字中充当部件。

"豆"在后世逐渐也被用作植物的果实、种子之义，但在殷代没有出现过这种用例。

豆

[教汉] 七画　豆部　[日]三年级汉字

[构成] 象形字。参照前文。

[释义] 1.地名。

2.人名。见于甲骨文第一、二期之间。

[例文]

乙巳卜更豆令

《小屯南地甲骨》740）

乙巳这一日进行贞卜：要命令豆……吗？

"豆"是人名。"令"与"豆"语序倒置。命令的内容在这里被省略了。

登

| 教汉 | 十二画　癶部　[日]三年级汉字 |
| 构成 | 形声字、会意字。在甲骨文中，释为"登"的文字可分为两套系统。其一，将"登"视作一个形声字，以二足（癶）并列之形的"癶"为义符，以"豆（豆）"或"烝（烝）"为声符，表示"升，登上"之义。其二，视之为会意字，其形为两手（𠬞）捧举"豆中盛满食物之形"的𠷎（𠷎），表示"端上"之义。楷书中"登"的字形是由第一种系统发展而来，但同时也继承了第二种系统中的意义（第二种系统也可释作"登"字）。

[释义] 1. 人名（登系的字体为此义）。见于甲骨文第一期。
2. 在战争时征召人员（登系的字体）。
3. 地名（登系的字体）。
4. 祭祀名（两系的字体中均有此用例）。

[解说] 关于"登"的字形，白川静将"豆（豆）"这一部分看作是踏台，认为"登"是一个表示"双足登上踏台"之义的会意字，但是在甲骨文中并没有"豆"表示台阶的用例。

[例文]

己未卜𣪊贞王登三千人呼伐妻方𢦏

（《甲骨文合集》6641，见附图，右行）

己未这一日进行贞卜，由𣪊来贞：王招募兵勇三千人，率军攻伐妻方时，会胜利吗？

"登"是征集人员之义。"三千"是采用合文的形式记录的。"妻方"是敌对势力之名。"𢦏"指获得战果。

烝（蒸）

| 教汉 | 十三画（十四画）　卄部（艹部）[日]六年级汉字 |
| 构成 | 会意字→形声字。字形表现的是将蒸熟的稻米（米，见第五章）用豆（豆）盛放，双手（𠬞）将之捧起之貌。在一些字形中将表示米的部分省略了。另外，也有异体字在原有基础上添加了象征着祭祀仪礼的"示（丅，见第八章）"。在篆书中，字形演变为一个以"火"为义符、以"丞"为声符的形声字"烝"⑤（"火"在文字下部时作"灬"），又添加上"卄"（楷书中将"烝"字也保留下来了）。

[释义] 祭祀名。一种将蒸熟的谷物献上的仪礼。

[解说] 在周代，烝祭是只在冬季举行的祭祀，而殷人在初夏时也会举行烝祭。可能在冬季举行的烝祭会献上夏季作物，而在初夏时举行的烝祭则会献上冬季作物吧。

第七章　以武器、礼器为原型的文字　153

例文

辛丑卜于一月辛酉酒穧蒸十二月

（《甲骨文合集》21221）

辛丑这一日进行占卜：在一月的辛酉日，要举行酒祭，又用谷物的籽实来举行蒸祭吗？时在十二月。

辛丑日过后的第二十天即是辛酉日。"酒"是祭祀名。"穧"指谷物的籽实。记时部分的"十二月"是采用合文的形式记录的。

且部

"且（𠁿）"是用于摆放供物的俎的象形，"且"是"俎"的初文。在甲骨文中，"且"可以单独使用，作为祭祀对象——祖先的象征。

在甲骨文中，已经产生了繁文"俎（𠁿）"，表现的是在且（𠁿）上将肉（⊂，见第九章）排列摆放之形。且、俎的同源字也有"宜"。

祖（祖）

教汉 九画（十画） 礻部（示部）

[日]五年级汉字

构成 象形字→形声字（亦声）。参照前文。在后世，"且"逐渐被用作表示重复的助词，至于原本的"祖先"之义，在古文、籀文中，添加了义符"示"，从而造出了繁文"祖"字。

释义 1.祖先。自祖父以上的男性祖先。也被用于先王的名称。

2."高祖（𠁿）"，远祖之义。

解说 在甲骨文中，对两代以上的男性，称呼其为"祖"，而且多不计其辈行的区别（殷王除外）。在女性祖先方面，对自祖母以上的长辈在称呼上区别辈分的情形也极为罕见，而均称为"妣"。

例文

贞告于祖乙

（《甲骨文合集》938）

贞卜：要向祖乙举行告祭吗？

"告"是一种向神灵或祖先进行报告的仪礼。"祖乙"是殷的先王。

酉部

"酉（𠀁）"是一个内盛酒或水的樽的象形。古人在"酉"的基础上添加以手持之形体，从而构成了"尊"字，作为古代中国的器物之名而使用。上图即是殷代的青铜制的尊，表面有着华美的装饰。

饮（飲，飮）

[教汉] 七画（十二画，十三画）饣部（食部，欠部）[日]三年级汉字

[构成] 会意字、形声字。字形表现的是人(亻，见第三章)伸长脖子，低头从樽（𠙴）中饮水或者酒的样子；有些字形还表现出了从人的口中伸出舌头（㕣，见第四章）之貌。其异体字中，也有以"酉（𠙴）"为义符、"今（𠆢，见第九章）"为声符的"酓（𠆢）"之形。在西周金文中，出现了将以上两种字形合并而成的"歙"之形；到了隶书中，"酓"这一部分演变作"食"，整个字形即为"飲"。

[释义] 1.喝。饮酒或水。
2.祭祀名。

[例文]

昃亦有出虹自北飲于河

（《甲骨文合集》10405）

午后又有虹出现自北方，从黄河中饮水。

这条例文是验辞的一部分。"昃"指午后的时间段。"虹"是双头蛇的象形字，殷人认为虹即是双头蛇。"饮于河"，即是将彩虹悬于黄河之上的景象看作是蛇正在从黄河中饮水的样子。

酒

[教汉] 十画 氵部（酉部）[日]三年级汉字

[构成] 会意字、象形字、形声字。有的字形是会意字，由像樽之形的"酉（𠙴）"与往樽中注入的酒滴之形构成（也有说法认为并非是从酒滴之形，而是从表示酒香的"彡[彡]"）。在甲骨文中，也有仅用"𠙴"来表示酒之义的用例，此时即为象形字。另外，关于"𣳦"的字体，其表示河川名，"水（𣳦，见第五章）"是义符，"酉"是声符，是一个形声字；虽然构形理据与前述不同，但是"𣳦"是由"水"和"酉"所构成，结果也被释为"酒"（"水"作偏旁时则作"氵"）。

[释义] 1.祭祀名。将酒献上的仪礼。
2.河流名（此时作"𣳦"的字体）。

[例文]

辛丑貞酒俎亡𡆥

（《甲骨文合集》34520）

辛丑这一日进行贞卜：举行酒祭与俎祭时，不会招致鬼神作祟吧？

"酒""俎"均是祭祀名。"𡆥"是作祟之意。

配

[教汉] 十画 酉部 [日]三年级汉字

[构成] 会意字。表现在跪坐之人（卩）的面前配给酒樽（𠙴）之形，表示祭祀之貌。初文是"酑"之形，在篆书中"卩"被置换为"己"。

[释义] 分配，分给。给予。

[例文]

庚寅卜王余燎于其配

（《英国所藏甲骨集》1864）

庚寅这一日进行占卜：我举行燎祭

第七章 以武器、礼器为原型的文字 155

时，要将烤熟的牺牲的肉分给众人吗？

"余"是第一人称代词。"燎"是将牺牲烧杀的祭祀。"配"是指将那些在燎祭中被烤熟的牺牲的肉分给众人吧。

福（福）

[教汉] 十三画（十四画） 礻部（示部）

[日]三年级汉字

[构成] 会意字（亦声）、象形字。配有注入口（即嘴儿部）的樽之形（ ），加上表示与祭祀有关之事的"示（ ，见第八章）"而构成的文字。也有字形是在原有基础上添加了捧持着樽的两手之形（ ）。" "与"畐"这一部分相对应，是兼表发音的亦声部分。也有仅仅保留"畐"这一部分的异体字，此时即是一个象形字。

[释义] 祭祀名。

[例文]

癸亥卜贞王賓夕福亡禍

（《甲骨文合集》25528）

癸亥这一日进行占卜，贞问：王参加夜间的福祭时，不会有灾厄吧？

"宾"指参加祭祀。"夕"指夜间。

复（復）

[教汉] 九画（十二画） 夂部（彳部）

[日]五年级汉字

[构成] 会意字→形声字（亦声）。由像樽之形的" "与表现足朝下之形的"夂（ ）"所构成。在第一、二期之间的甲骨文中，使用了上部变作"皀（ ）"的异体字。"復"的初文是" "这部分，在西周金文中，又添加上象征着行进的义符"彳"。

[释义] 1.回归，归来。也说"来复（ ）"。

2.祭祀名。

3.人名。见于甲骨文第一期至第一、二期之间。

4.地名。

[解说] 由于足之形象征着步行，可知朝向下方的足即表示归途。关于象樽之形的这一部分，加藤常贤认为是"良"字，充当声符，但是与甲骨文的"良（ ，见第五章）"字形体不同。藤堂明保也认为这一部分的字形充当声符，但是应是"畐"；不过其与甲骨文"畐（ ）"的字形并不相同。白川静认为是将器物颠倒之形，但是并没有将樽之形上下倒置的甲骨文。因此，现阶段"復"的原义还不明。本书认为有可能是将献给神的酒等供品撤下的意思。

[例文]

壬子卜㱿贞王呼雀復諾

（《甲骨文合集》6904）

壬子这一日进行占卜，由㱿来贞：王命令雀返回，神会应允吗？

"雀"是殷王朝的一位有权势者。"復"是归还之义。"诺"指得到了神的承诺。

尊（尊）

[教汉] 十二画（十二画） 寸部 [日]六年级汉字

[构成] 会意字。两手（ ）捧持着樽（ ）

之形。也有在其基础上添加了象征上升的梯子之形"阜（𨸏）"而构成的字形。在籀文中，出现了将两手之形变为像单手之形的"寸"的异体字，这即是后世楷书字形的原型。

[释义] 祭祀名。

[例文]

己亥卜行貞翌庚子其尊于兄庚叀羊

（《甲骨文合集》23506）

己亥这一日进行占卜，由行来贞：下一个庚子日，在向兄庚举行尊祭时，要献上羊吗？

己亥日过后即是庚子日。"兄庚"可能是先王祖庚，在这里采用合文的形式进行记录。

壴部

"壴（𝄞）"是大鼓的象形。上图即是模仿大鼓之形的殷商青铜器，器物上部的装饰物在甲骨文中也得到了表现。

另外，在"壴"的基础上添加手持鼓槌之形"攴"，即为"鼓"，甲骨文中已经有"鼓"这一字形存在了。

喜

[教汉] 十二画　士部（口部）[日] 四年级汉字

[构成] 会意字。在土台（口）上放置着大鼓（壴）之形，有观点认为该字形表示人听到音乐而满怀欣喜之貌。白川静将"喜"解释为使神灵欢喜之义，这可能即是"喜"的原义。此外，加藤常贤认为"壴"是声符，其发音变化的轨迹为"チュ→シ→キ"(cyu→si→ki)，但这有牵强附会之嫌。藤堂明保认为字形的上部是盛满食物的器物之形，但是考虑到甲骨文中是用"皀（𣅀）"来表示这一意思的，所以本书认为藤堂明保的判断也是错误的。

[释义] 1.人名。见于甲骨文第一期。也被称作"妇喜"。

2.人名。见于甲骨文第二期的贞人之名。

3.人名。见于甲骨文第五期。攸地的领主，被称作"攸侯喜"。

4.祭祀名。

5.地名。

[例文]

甲午王卜貞作余酒……余步從侯喜征人方

（《甲骨文合集》36483）

甲午这一日由王来进行占卜，贞问：我举行酒祭，……我要亲自前往并令侯喜随行，去征讨那人方吗？

这条卜辞缺损了一部分。"余"是第一人称代词。"酒"是祭祀名。"侯喜"是人名（即攸侯喜）。"征"是攻击之意。"人方"是与殷敌对的势力。

第七章　以武器、礼器为原型的文字

豐（豊）〈礼（禮）〉

豐 豐 豐 豐 豐 豐

教汉 十八画（十三画） 一部（豆部）
[日] 五年级汉字

构成 形声字。加藤常贤、藤堂明保与白川静都认为此字以"豆（豆，见本章）"为部首，但是甲骨文的字形是从"壴（豈）"，而非从"豆"。"豐"是一个形声字，其义符是"壴"，其声符是表示为"穿过子安贝这种贝壳上的孔而将其串成束"之形的"朋（拜）"。异体字中，有用"亡（亾，见第三章）"替代"朋"充当声符的字形，也有将声符这部分简略化了的字形。"豊"也是略字形，不过该形体作为"礼（禮）"或者"体（體）"等字的右旁，自古代起就在使用。

释义 1. 祭祀名。
2. 供品之名。有人认为是"醴（即甜酒、醪糟）"。
3. 设施名。
4. 地名。
5. 人名。见于甲骨文第一期。也称作"妇豐（豐）"。

解说 "豐"在甲骨文中被用作祭祀或设施等的名称，而在西周金文中则被用作仪礼的泛称。后来，"豐"的字义引申，又增加了"丰富、丰裕"的含义，因此，在其表示仪礼的意义下，在原有的字形"豐"上添加了表示与祭祀有关之事的"示"，遂分化出来繁文的"禮"。"礼（禮）"与"豐"是同源字。

例文

辛未卜其酒品豐其求于多妣
（《小屯南地甲骨》2292）

辛未这一日进行占卜：要举行酒祭、品祭与豐祭，向诸位女性先祖祈求福祉吗？"酒""品""豐"均是祭祀名。"多"是表示多数形的前缀。"妣"指祖母以上的女性祖先。

注释

① 许慎："初，始也。从刀从衣，裁衣之始也。"（《说文解字》，第85页）
② 许慎："效，象也。从攴，交声。"（《说文解字》，第62页）
③ 许慎："古，故也。从十、口。识前言者也。凡古之属皆从古。"（《说文解字》，第45页）
④ 许慎："牛触人，角箸横木，所以告人也。从口从牛，《易》曰：'僮牛之告。'凡告之属皆从告。"（《说文解字》，第24页）
⑤ 许慎："烝，火气上行也。从火，丞声。"（《说文解字》，第206页）

第八章

以武器、礼器以外的器具为原型的文字

车部

"车(車,▦)"是马车(战车)的象形(字形反映的是除马以外的部分)。在古代中国,由马拉的马车也被古人当成一种兵器来使用。

上图即是自殷墟出土的马车,马匹和驭者都被杀死,一起埋葬。这些可能是贵族下葬之际的殉葬品。

在甲骨文中,"车"字有很多异体字。在"▦"这个字形中,在其上部中可以看到有用来绑马的车衡(车辕前端的横木),还有连接车身与车衡的车辕(车前部用于驾牲畜的直木),下部中则可看到车轴与两个车轮(只有车轮这一部分反映的是从侧面所见之形)。供人乘坐的部分即车舆则被省略了。有异体字形作"▦",其中"∧"这部分所表现的是用于将马首固定在车衡上的车轭。还有异体字"▦",省略了车衡、车辕的部分,而人乘坐的车舆部分则得到了体现。至于其他的字形,还有只反映车轴与车轮的字形"▦",等等。

车(車)

▦ ▦ ▦ ▦ ▦

[教汉] 四画(七画) 车部(車部)
[日]一年级汉字

[构成] 象形字。参照前文。在西周金文中,有一部分"车"字形体被简略化,仅表现一个车轮之貌,这便是后世楷书的"車"字的原型("車"中的"田"这部分字形即是车轮)。

[释义] 1.车。马车。也称作"车马(▦▦)"。
2.地名。

第八章 以武器、礼器以外的器具为原型的文字

例文

甲午王往逐兕小臣戴車馬硪爲王車子央亦墜

（《甲骨文合集》10405）

甲午这一日，王去捕猎兕这种动物。小臣驾驭马车，王所乘坐的马车发生了倾斜，子央也坠车了。

这段例文是卜辞的验辞部分。"逐"是狩猎之义。"兕"，有说是水牛，也有说是犀牛。"小臣"是王的臣下。"戴"可能是指担负驾驭马车之责。"硪"是一个亡佚字，"硪为（爲）"被认为指倾斜、歪倒。"子央"是人名。"坠"指坠落。"车"在这一段卜辞中出现了两次，后者的字形仅表现了马车的后部之貌，因此，可能正是这一部分（车舆及车轮）发生了倾斜。

舟部

"舟（𦨶）"是箱形的船的象形。下图是出土于山东省的独木舟，其所属年代约为公元前两千年；与甲骨文的字形一样，这只独木舟也没有船头。

"舟"在甲骨文中充当部首，用作船之义；及至楷书，在这一过程中字形已发生了一些变化。

受〈授〉

教汉 八画 又部 ［日］三年级汉字

构成 会意字（亦声）。在"舟（𦨶）"的上下各添加一只"手（又）"而构成其字形，表示在水上授受（交接）舟船。在甲骨文阶段，"受""授"之义用一个"受"字即可两表，后来发生了分化。"舟"是兼表发音的亦声部分。篆书以后，舟之形被简化作"冖"。

释义 1. 承接。接受，领取。
2. 给与。授与。
3. 祭祀名。

解说 加藤常贤与藤堂明保认为该字是一个形声字，但"受"字的构造为在一上一下两只手之间夹有某物体，这与作为会意字的"争（ ）见第四章""援（ ）"等字相同，故可知"受"也当为会意字。此外，白川静认为"𦨶"是盘子的象形，但其形体与象

盘子之形的"凡（ 𠙴 ）"不同，而应该是舟之形。

[例文]

貞弗其受有擒

（《甲骨文合集》6387）

贞卜：不要收取那被擒之物吗？

"弗"是表示否定的副词(助词)。"擒"指战争中的俘虏或是狩猎时捕获的猎物。

阜部

在甲骨文中，与"阜"对应的字形有两套系统：其一是梯子的象形（ 𨸏 ， 阝 ），其二是将山丘（ 丘 ）竖立之形（ 阝 ， 阝 ）。

虽说这两个系统的字形在后世被混同使用，但在甲骨文中是被区分开来的。前者被用来表示梯子或是象征着上升，后者则被用于与丘陵相关的文字当中。

在楷书中，"阜"被用作偏旁时，写成"阝（左耳刀）"之形。

降（降，降）

[教汉] 八画（九画，十画）　阝部（阜部）

[日]六年级汉字

[构成] 会意字。由梯子之形" 𨸏 "与足向下之形" 夂（ 𠂊 ）"组成，表示沿着梯子下来之貌。

[释义] 1.下赐。降下福祉或是灾厄。

2.下降。向下方移动。

3.祭祀名。

[解说] 许慎认为"夅"的部分是声符，"降"是一个形声字，但"夅"是"降"的略体，是一个在篆书中才出现的文字。考虑到"夅"这部分在甲骨文阶段中并不作为一个独立的文字来使用，所以从构形理据看，"降"应该是一个会意字。

[例文]

貞卯帝弗其降禍十月

（《甲骨文合集》14176）

贞卜：帝在卯日不会降下灾厄吗？时在十月。

"卯"表示日期，是十二地支中的第四位。"帝"是神名。记时部分的"十月"在这里是采用合文的形式记录的。

阳（陽）

[教汉] 六画（十二画）　阝部（阜部）

[日]三年级汉字

[构成] 形声字（亦声）、会意字（亦声）。"阳"中所包含的"昜（ 昜 ）"，是由太阳（ 日 ，见第五章）与表示太阳上升的"示（ T ，见本章）"所组成，在"阳"中充当亦声部分。在西周金文中，也有将"示"的部分变为"豕"的异体字存在，而且该字形被后世所继承。在甲骨文的"陽"中，既有从"𨸏（象梯子之形）"的字形，也有从"阝（象丘陵之形）"的字形。虽说二者都有作为地名的用例，但前者（ 𨸏昜 ）是在"昜"的基础上添加象征上升的梯子之形（ 𨸏 ）从而构成的繁文，后者（ 阝昜 ）则表示的是"山丘向阳的部分"之义。后世二者的字形、字义皆混同了。

[释义] 1.地名（此时作" 𨸏昜 "的字体）。

2."南阳（ 南阝昜 ）"，地名。

例文

……𢓱𨸏

……衛陽

（《甲骨文合集》948）

要守卫……阳之地吗？

爿部

"爿（𠁣）"是有支撑足的台的象形。"爿"在甲骨文中用作部首时，被用来表示摆放供物的祭台或者床之义。关于其原义，后世在"爿"上添加义符"木"而构成了繁文"牀"，以之来表示台。

梦（夢，夢）

𦺌 𦺌 𦺌 𦺌 𦺌 𦺌

[教汉] 十一画（十三画，十四画） 艹部（夕部）
[日] 五年级汉字

[构成] 会意字（亦声）→形声字。字形表现了在床（𠁣）上睡觉的人（亻，见第三章）在梦中受惊醒而将目（𦝄，见第四章）睁开之貌。表示眼睛大睁之人的字形"莧"是兼表发音的亦声部分。有异体字是在原有基础上添加了将人扶起的手的字形，也有异体字表现的则是惊醒之人大张开口之形。在西周金文中，出现了以"夕"为义符、以"莧"为声符的字形"夢"，但在这一文字阶段表示的则是"昏暗"之义。在篆书中，表示"睡梦"之意的文字，是由"宀""爿""夢"所构成的"寱"，后来"夢"这部分字体被单独使用，表示"睡梦"之义。

[释义] 做梦。梦见。

例文

辛丑卜𣪘貞王夢旂惟祐

辛丑卜𣪘貞王夢旂惟祐

（《甲骨文合集》6948，见附图）

辛丑这一日进行占卜，由𣪘来贞：王梦到了军旗，会获得神灵的庇佑吗？

"旂"指军旗。"祐"指神灵的佑助。下图中的"一"与"二"是纪卜之数，并非占卜内容。

将（將，将）

将 将 将 将

[教汉] 九画（十一画，十画） 爿部（寸部）
[日] 六年级汉字

[构成] 会意字（亦声）。由摆放供物的台，即"爿（𠁣）"，再加上"手（又）"而构成其字形，表示祭祀之貌；"爿"是兼表发音的亦声部分。也有异体字表现的是在台上摆设用于供奉的肉（𠕋，见第九章）之形。在籀文中，出现了将这两种字形相合而成

的字形"将"("肉"与"月[肉月旁]"这部分对应,"手"对应于"寸"的部分)。今天的新字体是简化后的字形。

[释义] 1.祭祀名。

2.带领,率领。统率军队。

[解说] 关于"将"也可以用作率领军队之意的原因,藤堂明保采用了一种说法,即认为该义乃由人手上最长的肉,即中指,被称为"将指"而来,白川静则认为这是因为携带祭肉的人是将帅,但是,其甲骨文的字形中未必均含有"肉"这一部分。"将"表示率领之义可能是假借的用法。

[例文]

癸巳卜将兄丁凡父乙

(《甲骨文合集》32730)

癸巳这一日进行占卜:要向兄丁与父乙举行将祭吗?

"将"是祭祀名。虽然"兄丁"与"父乙"可见于第一、二期之间的甲骨文中,但其并不应该被编入殷王的谱系之中;这篇卜辞的内容属于殷王以外的祖先祭祀。

示部

"示(丅)"是祭祀神的几案的象形。在甲骨文中多使用"示"字的引申义,象征作为祭祀对象的祖先神。

"示"在甲骨文中充当部首时也会被用来象征"上升",例如"昜(旲)"表示太阳(日)升起,而"泉(原,见第九章)"表现的则是水涌出貌。此外,在"祝(兄)"字中,表现的则是"丅"被跪坐之人持于手中之形。因此,可以更严密地推定,"示"应该是一种可以手持而上举的小型几案。

示

[教汉] 五画　示部　[日]五年级汉字

[构成] 象形字。参照前文。有异体字在原有基础上添加了小点,有人认为这表示祭祀时倒的酒,也有人认为这表示从祭肉上飞溅出的血滴。

[释义] 1.祖先神。

2.计算祖先神的数目的量词。如"五示(区丅)""十示(丨丅)"等。

3.祖先神的分类。如"大示(大丅)""小示(小丅)""元示(元丅)"等。

4."伊示(𣂈丅)",殷代的神伊尹的别称。也被称作"黄示(黄丅)"。

5.将占卜用的龟甲及牛骨作为贡品进献。

6.祭祀名。

7.地名。

8.人名。见于甲骨文第一期至第一、二期之间。

[例文]

丙申卜宾贞示左王

(《甲骨文合集》14888)

丙申这一日进行占卜,由宾来贞:祖先神会降灾于王吗?

"示"在这里是祖先神。"左"是"右"(被假借去用作"佑助"之义)的反义词。

第八章　以武器、礼器以外的器具为原型的文字　165

午部

关于"午"字所像之形,有丝束说和杵之说,加藤常贤、藤堂明保与白川静均以为是后者。但倘若考虑到会意字的用法等方面的问题,我们就会明白它应该是丝束的象形。

"午"之形作为甲骨文的部首,被用作丝或者纽之义。在楷书中,除了"午"以外,这个字还演化作"糸"及其略体"幺""玄"等字形。

午

[教汉] 四画 丿部(十部) [日]二年级汉字
[构成] 象形字。参照前文。
[释义] 1. 十二地支中的第七位。在甲骨文中通常用作此义。
2. 黑色。在这种情形中其繁文是"玄"。
(3. 祭祀名。"禦"的略体)
[解说] 十二地支在殷代只被用来表示日期,但是到了后世也转用于表示年份、时间(月、日、时等)、方位等。今天有正午、上午等用语,这是因为用作时间的"午"字,相当于太阳南中前后。
[例文]
　　甲午卜乙启
　　　　(《甲骨文合集》33969)
甲午这一日进行占卜:乙(未)日会是晴天吗?

"午"有一部分缺刻,遂成"十(丨)"之形。"乙"在这里可能指甲午日的翌日即乙未日。"启"是晴天之义。

束

[教汉] 七画 一部(木部) [日]四年级汉字
[构成] 象形字。"" ""等是丝线被拧成一束,而呈纽状之形,而""则是木材被捆成一束之形,虽说二者构形理据不一样,但均为"束"字之形。西周金文中继承了""与""的字形,后来字形统一了。
[释义] 1. 人名。见于甲骨文第一期。也称"子束"。
2. 祭祀名。
[例文]
　　……勿于祖丁酒子束
　　　　(《甲骨文合集》1866)
……向祖丁举行的酒祭,不要由子束来负责吗?

"祖丁"是殷的先王。"酒"是祭祀名。这条卜辞可能是在通过占卜来挑选负责此次祭祀的人。

丝(絲,絲,糸)

[教汉] 五画(十二画,六画) 一部(糸部) [日]一年级汉字
[构成] 会意字。两个"束"并列之形,表示相对较细之物。日本的新字体采用了一个"糸"的字形。但是,起初"絲"与"糸"是两个不同的文字,"糸"(指细丝)的汉音读作"ベキ(beki)",而"絲"的汉音则是"シ(shi)"。
[释义] "上丝",人名。见于甲骨文第一期和第二期之间~第二期。地方

领主之名。

[例文]

⊕⊟⊢⋔𦥑≡ヿ𦥑㠯ゐ㑒……囲
余其曰多尹其令二侯上丝眔酓侯其……周

（《甲骨文合集》23560）

我对多尹说，向上丝与酓侯两位领主传令，命其对周地进行……吗？

这段例文是命辞部分。"余"是第一人称代词。"尹"指王的臣下。"侯"是地方领主，这里的"二侯"指的就是"上丝"和"酓侯"这两位。"酓"是亡佚字。"周"是地名。

率（率）

[教汉] 十一画 亠部（玄部）[日]五年级汉字

[构成] 象形字（假借）。在丝束（ ）的基础上添加小点而构成其字形。有人认为是麻线之形，本书认为该观点较有说服力；关于字形里的小点，加藤常贤与藤堂明保认为其表示的是麻线中的纤维，白川静则认为是在制作麻线的工序中挤出来的水分。甲骨文中，"率"字被假借去用作率领之义。在从籀文发展到篆书的过程中，对丝束上、下两端露出的两条短竖线这一部分加以强调，而演变成了"率"这一字形。

[释义] 1.率领。
2.领导者。
3.祭祀名。

[例文]

丙子卜𢖪贞今来羌率用

（《甲骨文合集》248）

丙子这一日进行占卜，由𢖪来贞：现在羌族的首领被献上，要拿他来当祭品吗？

"羌"是居住在殷之西北方的民族，"羌率"即是其领袖。"来"是进献、献上之义。这篇卜辞是在占卜能否将羌族的首领用作祭祀的牺牲之事。

绝（絕，絕，絕）

[教汉] 九画（十二画） 纟（糸部，糸部）
[日]五年级汉字

[构成] 指事字→形声字。在系在一起的丝束（ ）上添加切断线，表示将其切断之貌。初文为"𢇍"之形；而到了篆书阶段，在象丝线之形的"糸"和将其切断的"刀"上添加了声符"卩"，造出了一个形声字。在楷书中"卩"演化作"巴"之形，后来在新字体中刀之形也发生了变化（变为"夕"）。

[释义] 占卜用语。不祥、凶之义。

[例文]

丁亥卜内贞子商亡絕在禍

（《甲骨文合集》2940）

丁亥这一日进行占卜，由内来贞：子商不会遇到灾厄吧？时在祸地。

"子商"是人名。"绝"是凶之义。"祸"在这里是地名。

系（系）

[教汉] 七画 丿部（糸部）[日]六年级汉字

[构成] 会意字。表现用手（ ， ）将系绑

在一起的丝束（⛾）提起之貌。在籀文中，手之形被简化作一条线，数个"糸（⛾）"也被简化作一个"糸"，这一字形在篆书以降的字体中被继承下来。

[释义] 1.祭祀名。

2.人名。见于甲骨文第一期。

3.人名。见于甲骨文第三期。

4.安宁之义。"祸（囚）"的反义词。

[解说]"系"在后世被用作"联结、系缚"之义。究其原因，是因为"系"在发音上与"係""繋"相通；也有人认为是由于丝线是相连接着、系在一起的。

[例文]

口西卜王贞其有祸不系在四月

丁酉卜王贞其有祸不系在四月
（《甲骨文合集》24769，见附图，右行）

丁酉这一日进行占卜，由王来贞：将会招致灾厄、不得安宁吗？时在四月。

"系"是安宁无事之义。图中上下的横线是区分段落的符号。

编（编，編，編）

[教汉] 十二画（十五画）　纟部（糸部，糸部）
［日］五年级汉字

[构成] 会意字→形声字(亦声)。由"束(⛾)"与"册（冊，见本章）"所构成，表现的是作成册（册是一种进行记录的介质、载体。中国古代将文字记录于木简或竹简上，再用丝线之属将多片简牍编连起来，即是册）之貌。这个字不见于西周金文及籀文等当中，直至篆书中，才出现了由"糸"与"扁"（表示木札、木牍之意）构成的字形，"扁"是亦声部分。

[释义] 祭祀名。

[例文]

口巳卜出……今日益编衣之日允……衣
（《甲骨文合集》26801）

丁巳这一日进行占卜：……今天要举行益祭、编祭与衣祭吗？这一日确实举行了……衣祭。

"益""编""衣"均是祭祀名。

冬部

"冬（∧）"是丝线与其两端的结的象形，由丝线的终端出发，后转而表示终了、结束之义。

考虑到"绝（绝，见本章）"是一个在丝束之上加上切断线的指事字，且其字形中含有"∧"的形体，因此也有人认为"∧"即是被切断的丝束之形。

其初文的字形是"冬"这部分，后来，

人们逐渐用"夂"字来表示一年的终了，即冬季之义，篆书中在其基础上添加了表示冰之意的"冫（两点水）"。（殷人将季节只区分为春、秋两种，未有夏季与冬季）

而为了表示原初的"结束"之义，籀文中在"夂"旁添加义符"糸"，从而造出了繁文，该字形在篆书中又进一步演变为"終"之形。

终（終，絲）〈冬（冬）〉

教汉 八画（十一画） 纟部（糹部，糸部）
[日]三年级汉字

构成 象形字→形声字（亦声）。参照前文。古时"冬"与"终"同音，"冬"也在"柊""疼"等字中充当声符。另外在甲骨文中，"⌒"这一字形也作为"廩（廪。亩，仓库之意）"的异体字来使用。此时"⌒"即是仓库的象形，上部是屋顶，左右两边的部分表示的是厚实的墙壁。

释义 1.结束。终了。

2."终日（⌒曰）"，一整天。从日出开始到日落为止。

3."终夕（⌒夕）"，一整夜。从日落开始到第二天日出为止。

（4.仓库。此时作为"廩[亩]"的异体字。）

例文

丙辰卜殼貞帝惟其終兹邑

（《甲骨文合集》14209）

丙辰这一日进行占卜，由殼来贞：帝会让这座城邑灭亡吗？

"帝"是神名。"邑"是城邑、都市之义。

这条例文是在占卜帝是否会将城邑毁灭这件事。

衣部

"衣（衣）"是衣服的象形，下边的部分是衣服前襟左右相交（即交领）之貌，上边的部分则表现了衣领的内侧部分。

在甲骨文中，"衣"在与衣服相关的文字中作为部首使用。

衣

教汉 六画 衣部 [日]四年级汉字

构成 象形字。参照前文。也有异体字在原有基础上添加了线条，表示衣服由细丝（纤维）而织成状。

释义 1.祭祀名。

2.地名。

解说 根据《论语·宪问》记载，孔子说过："微管仲，吾其被发左衽（披头散发，衣襟向左边开）矣。"这说明春秋时左衽被视为夷狄等族的习俗，而中原文明对此持轻视态度。对于服装殷人应该也有自己的规定，但是由于在甲骨文中左右反转的字形仍然表示同一意思，所以"衣"所表示的衣襟相掩的方向(是右掩还是左掩) 也混同在一起了。

例文

丁亥貞衣洹

（《甲骨文合集》13014）

丁亥这一日进行贞卜：要向洹水举行衣祭吗？

第八章 以武器、礼器以外的器具为原型的文字 169

"衣"是祭祀名。"洹"是流经殷都的洹水,当时被神格化而成为祭祀的对象。

卒

卒 卒 卒 卒

教汉 八画 ⼗部（十部）[日]四年级汉字

构成 会意字→象形字。由"衣（𧘇）"与笔之形"丨"构成,表示在衣服上用笔作记号之貌。在籀文中字形为"𧘇",是作上了记号的衣服的象形,这一字形为后世所继承（"卒"字下部的横线就是由记号演变而来,此外的部分是由"衣"演变而来）。

释义 祭祀名。

解说 关于究竟何人穿着有记号的衣服这一点,许慎认为是隶人之职②,加藤常贤从之。此外,藤堂明保理解为小兵、小卒,认为"卒"字的原义是士卒;而白川静则理解为死者之衣,认为"卒"的原义是卒去、亡故。但由于甲骨文中"卒"字只有作为祭祀名的用例,因此究竟谁的观点正确暂且不明。

例文

辛丑㠯网求于㫃……彡𧘇……
辛丑贞求于河……彡卒……

（《甲骨文合集》34238）

辛丑这一日进行贞卜:在向黄河之神祈求时,……举行彡祭与卒祭……

这条卜辞部分缺损。"河"即黄河之神。"彡""卒"均是祭祀名。

作

作 作 作 作 作

教汉 七画 亻部（人部）[日]二年级汉字

构成 象形字→形声字（亦声）。加藤常贤认为这是一个以刀斧之形为义符、以"卜"为声符的形声字,藤堂明保认为字形表现的是刀从缝隙中切入之貌,白川静则认为表示将树枝弯曲、折断,用以建造垣墙或栅栏等之义。但在甲骨文中,"作"字的形体中并没有包含"刀（刂,见第七章）"或"木（木,见第六章）",而是含有"衣（𧘇）"的下部,因此本书认为这个字是缝制衣服之形。其异体字中,也有表现出针脚之貌的字形。初文是"乍"这一部分,在篆书中演变成"作"的字形（在原先基础上添加了表示"人为、人工"之意的"亻"这一义符）。此外,在古文、籀文中,有字形在原有基础上添加了像手之形的"又",但后世并没有传承下来。

释义 1.造。完成,制作。营造,兴建。
2.做。行动。使发生。
3.人名。见于甲骨文第一期。

例文

令尹作大田

（《甲骨文合集》9472）

要命令臣下去开拓广阔的田地吗?
"尹"是王的臣下。"田"是耕地。

席部

"席（𥤢）"是席这种用来铺的东西的象形,其字形内部的条纹表现的是编织物的织眼。

席

[教汉] 十画　广部（巾部）［日］四年级汉字

[构成] 象形字→形声字。参照前文。在篆书阶段,其字形演变作从"庐"与"巾"。关于"庐"这一部分,许慎认为是"庶"的略体③（加藤常贤、藤堂明保从之）,白川静认为是房屋之形,笔者则认为实际上该字形是由"石（石,见第五章）"分化而来的（这个字形在"庶"字中是声符）。综上所述,"席"字应该是一个以"巾"（布之意）为义符、以"石"为声符的形声字。

[释义] 祭祀名。

[例文]

　　贞更席取于入酒

　　　　　《甲骨文合集》23715）

贞卜：要在屋内举行席祭、取祭及酒祭吗？

"席""取""酒"均是祭祀名。"入"字是屋顶的象形,在这里指屋内。

宿

[教汉] 十一画　宀部　［日］三年级汉字

[构成] 会意字。由"人（亻,见第三章。也有字形使用的是人跪坐之形卩）"与"席（因）"构成,表示人休息之貌。在甲骨文中已经存在添加了象建筑物之形的"宀（冖）"而构成的异体字。在楷书中,"人"写作"亻","席"演变作"百"。

[释义] 1.住宿。过夜。

2.指年代较远的祖先神接受年代较近

的祖先神的邀请、款待。此时与之相对的词语（邀请、招待之意）是"宾（宾）"。

[例文]

　　于呈宿亡灾

　　　　　《甲骨文合集》29351）

夜宿呈地,不会有灾厄吧？

"呈"是地名,该字的下部不是"壬",而是"王"。"宿"是夜宿之义。

东部

"东（東,東）"表现的是一个筒状的袋子两端被紧束之形。在甲骨文中,"东"的字形独立使用时,被假借用去表示方位；而在会意字中充当构件时,才被用来表示其原义（口袋被缚住两端之形）。

为了表示口袋之义,后人在"東"的基础上添加声符"石"而构成了繁文"橐",或者在"東"的基础上添加声符"襄"而构成繁文"囊"。

东（東）

[教汉] 五画（八画）　一部（木部）

　　［日］二年级汉字

[构成] 象形字（假借）。参照前文。

[释义] 1.东。东方。

2.东方的。东边的。

3.殷商的领地中,位于殷都以东的土地的总称。也称"东土（東○）"或"东方（東屮）"。

4.向东方前行。

5.司掌东方之神。也称作"东方（東屮）"。

第八章　以武器、礼器以外的器具为原型的文字　171

例文

㆘㆒㆗㆓㆔
更東方受禾

《小屯南地甲骨》423)

能够收获我东方的领土上的作物吗?

"东方"在这里指殷王朝的东部领域。"受禾"指收获谷物。

量

㆘㆒㆗㆓㆔㆕

教汉 十二画　日部（里部）[日]四年级汉字

构成 指事字。由"東"（象筒状的袋子两头被紧束之形）与一个四边形所构成。关于四边形所指何物，诸说纷纭。由于该字与"圆（圓）"字的初文，即表示鼎（䢎）之口的"員（䢎，见第七章）"字构造相通，故而本书采用了白川静的"表示在袋子的开口处称量谷物"的说法。后世继承了"量"这一字形，在古文、籀文中，在"東"的下方添加上"土"，字形的下部遂变作"里"之形。

释义 1.祭祀名。

2.地名。

例文

㆘㆒㆗㆓㆔㆕㆕㆕
壬寅卜禦量于父戊

《甲骨文合集》22094)

壬寅这一日进行占卜：要向父戊举行禦祭与量祭吗?

"禦""量"均是祭祀名。"父戊"是一位祖先神，但是并非殷王。

册部

在甲骨文中，与"册"对应的汉字有两套系统。

其一"冊"，象以丝线等物将木简或竹简穿联起来之形；在纸张普及之前，"册"一直被用作书面记录的介质。由于木头或竹子易腐烂，至今未发现殷代的"册"，但是根据这个字，我们可以窥知当时"册"已经存在。

其二是"冊"，即"栅"的初文，指防御用的栅栏。另外在金文的图像记号（为表明作器者的家世出身而铭刻的记号）中有以"冊"来表示牧场的围栏的用例。

由于二者字形相近，后世遂混作同一字形。事实上，早在甲骨文中便能看到若干二者混同的情形。

册（冊）

㆘㆒㆗㆓㆔㆕

教汉 五画　丿部（冂部）[日]六年级汉字

构成 象形字。参照前文。。

释义 1.册。用绳线将木简或竹简编连而成者名之为"册"（冊系的字体）。

2.祭祀名（冊系的字体）。

3.防御用的设施（冊系的字体）。此时即是"栅"的初文。

4.人名（冊系的字体）。见于甲骨文第一期。

例文

㆘㆒㆗㆓㆔㆕㆕㆕㆕㆕㆕
丁酉卜㱿貞沚馘再册王從六月

《甲骨文合集》7380，见附图)

丁酉这一日进行占卜，由㱿来贞：沚馘在修筑围栏时，要由王亲自统帅吗?

172　甲骨文小字典

时在六月。

"沚馘"是人名。"再栅"指的是修筑防御用的栅栏。王率领的究竟是沚馘还是其他人暂且不明。位于图中下部的"二"是纪卜之数,而非占卜内容。

于周祭,详情请参照"祭(ㅂㅂ),见第九章)"字。

3.祭祀名。

例文

癸巳卜泳贞王旬亡祸在六月甲午工典其幼

(《甲骨文合集》37867)

癸巳这一日进行占卜,由泳来贞:王在下一旬中不会有灾厄吧?时在六月。在甲午这一天,举行工典了,将举行幼祭。

这篇卜文的命辞是占卜下一旬吉凶的"卜旬","在六月"为记时部分。"工典"是为了制定祭祀计划而举行的仪礼。"幼"是祭祀名。验辞中的"甲午",即是举行占卜的癸巳日的后一日,因此在记时部分使用了表示将来之意的助词"其"。

典

𠔽 𠔽 𠔽 𠔽

教汉 八画　八部　[日]四年级汉字

构成 会意字。"典"在楷书中的字形看起来似乎是由"曲"与"八"组成,但该字最初是由作为记录的介质的"册(冊)"与象两手之形的"廾(𠬞)"所构成,表示两手捧持书简之形。此外,许慎立足于篆书的字形,认为该字是将书简置于几上之形④,加藤常贤、藤堂明保和白川静从之,但是在甲骨文阶段,字形的下部其实是手之形。

释义 1.在册上书写、记录。

2."工典(工𠔽)",一种在周祭之前举行的仪礼,目的是规划祭祀。关

聿部

"聿(⺻)"是一个会意字,由像笔之形的"丨"与"手(⺕)"构成,表示以手持笔之形。在楷书中,手之形演变作"彐"这一部分。

关于"丨",在甲骨文中并没有它作为一个文字而单独使用的例子,在楷书中也没有出现与之对应的字形,所以以"聿"为部首。

笔(筆)

⺻

教汉 十画(十二画)　竹部　[日]三年级汉字

构成 会意字→形声字(亦声)。参照前文。

由于古时笔的杆是由竹子制成,故

而在篆书中，人们在"聿"的基础上添加"⺮"，遂造出了繁文。

[释义] 1. 地名。

2. 祭祀名。

[例文]

……卜筆禦入乙

（《甲骨文合集》22063）

……进行占卜：要向入乙举行笔祭和禦祭吗？

"笔""禦"均是祭祀名。"入乙"是一位不属于殷王谱系的祖先神。

画（畫，画）

[教汉] 八画（十二画） 一部（田部）

[日]二年级汉字

[构成] 会意字。许慎认为该字表示划分田地之义⑤，但在甲骨文阶段，该字并非是从"田（囲，见第九章）"的。在甲骨文中，该字形是以笔（聿）绘画之貌，字形下部的"乂"表示所绘之画。在西周金文中，出现了下部变为"周（囲）"的字形，而且该部分后来在古文与籀文中又演变作"田"之形。今天的新字形即是其省略形。此外，藤堂明保、白川静都错误地以为其字形从"周"或从"田"，并由此出发来解释其原义。

[释义] 1. 地名。

2. 人名。见于甲骨文第一期~第一期与第二期之间。也称"子画（𢎥画）"。可能是画地的领主。

[解说] 表示"绘画"这一原义时其汉音读作"カイ（ka-i）"，表示"计划"这一引申义时其汉音则读作"カク（kaku）"。此外还有"区划""笔画数"等意思。原本人们用"划（劃）"字来表示这些意义，而在使用新字体后，人们代之以"画"字。

[例文]

貞于辛未令子畫步

（《英国所藏甲骨集》130）

贞卜：在辛未日，要令子画前去吗？

"子画"是人名。在这条例文中所要前往的目的地被省略了。

竹

[教汉] 六画 竹部 [日]一年级汉字

[构成] 象形字。竹子这种植物的象形，连垂下的竹叶也得到了体现。虽然其构形理据与"聿（聿）"不同，但由于甲骨文中以"竹"为部首的文字数量实在有限，因此，考虑到二者字形颇为相近，故按照本书的体例，将"竹"编入聿部下。

[释义] 1. 竹子，一种植物。

2. 祭祀名。

3. 人名。见于甲骨文第一期~第一期与第二期之间。

4. 地名。

[例文]

取竹芻于丘

（《甲骨文合集》108）

为了取来竹子，要到丘陵上采集吗？

"芻"是采集之义。这条卜辞是在占卜前往丘陵采集竹子这件事。

帚部

"帚（⼱）"是扫帚的象形。下边的部分是扫帚的柄，在楷书中与"巾"这一部分相对应。由于扫帚多由竹子制成，后世也有在原基础上添加"⺮"而构成的繁文"箒"。

由于持帚来扫除之事多由女性来做，因此在甲骨文中"帚"字多被用作夫人的象征。

妇（婦，婦）

⼱ ⼱ ⼱ ⼱

[教汉] 六画（十一画） 女部 [日] 五年级汉字
[构成] 象形字、形声字（亦声）。参照前文。

在甲骨文中，其字形只表现出今天所见到的"婦"字的"帚"这一部分，但是也已经可以见到在其基础上添加义符"女（⼥，见第三章）"而构成的繁文，是其异体字。

[释义] 1.夫人。在甲骨文中有"妇娭（⼱𡥆）""妇鼠（⼱鼠）"等记载，均是殷王的夫人之名。

2.称号。中央赐与地方势力的称号，在甲骨文中有"妇良（⼱良）""妇丰（⼱丰）"等。

[解说] "妇"作为称号的用法，是将上下级之间的统辖与隶属关系比拟作婚姻关系而来的引申义，在占卜用的甲骨的进贡者名字中，多见到表现其作为地方势力之身份的"妇"字。"妇好（⼱好）"与"妇井（⼱井）"这两例较为特殊，既有用作"殷王的夫人"的例子，也有作为"地方势力"的用例。本书认为，作为殷王的夫人的"妇好"与"妇井"，分别来自"好"地与"井"地，同时中央政权也将"妇"这一称号均赐予了好地与井地的地方势力。

[例文]

⼱⼱⼱⼱⼱⼱⼱⼱⼱
癸酉余卜贞黾妇有子

（《甲骨文合集》21796）

癸酉这一天，由我来进行占卜，贞：黾妇有身孕了吗？

作为贞人署名的"余"是第一人称代词。这条例文是在占卜妇女是否怀孕这件事，"妇"在这里表示夫人这一身份。考虑到这是一篇非王卜辞，主持之人并非殷王，因此推断"黾妇"可能并不是殷王的夫人。

归（歸，帰）

⼱ ⼱ ⼱ ⼱

[教汉] 五画（十八画，十画） 彐部（止部，刀部） [日] 二年级汉字

[构成] 会意字。"归"在后世可表示"出嫁"之意，也可表示"回归，归来"之意，以前认为前者才是"归"的原义，因此加藤常贤、藤堂明保认为这是一个形声字，其义符是"帚（⼱）"，声符是表示军队之意的"师（師）"的初文"自（⾃）"。但是在甲骨文中并没有"归"表示出嫁之意的用例——除了被用作专有名词以外，"归"字均用作归来之意，因此本书认为这是一个会意字，其字形表示完成军事任务后，回复夫人的生活。在古文与籀文中，使用的字形是在原有基础上添加"辵（其字形由'彳'

与'止'合成，象征着行进）"而构成的繁文；后来在篆书中，又去掉了"彳"这一部分，而作"歸"的字形。将左侧的部分简化为"刂（立刀旁）"，而成今天日本使用的省略形"帰"。

[释义] 1.回归。返回。
2.地名。该地曾与殷保持敌对的关系。
3.人名。见于甲骨文第三期。

[解说] 白川静将"帚"这一部分解作"寝（正殿之意）"字，释为祭祀仪礼。但在甲骨文中，在"帚"字之外，另有"寝（𡨄）"字（其初文为"㝱"之形），是两个不同的汉字，而并没有出现过将"帚"单独使用、表示"寝"之意的例子。

[例文]

辛卯卜争贞翌甲午王涉歸

（《甲骨文合集》5233）

辛卯这一日进行占卜，由争来贞：下一个甲午日，王会渡河归来吗？

辛卯日过后的第三天即是甲午日。"涉"是渡河之义。

工部

"工（𠕓）"是凿（鑿）子这一工具的象形。下部是刀口，上部则表示凿柄。

在甲骨文中，"工"字表示其引申义，被用来象征工匠或者手工业。

另外，甲骨文"鑿（𢇁）"是一个会意字，由象细凿之形的"𠂉"、手持锤以击打凿子之形的"𠂆"，以及被凿之物"口"这三部分构成；其初文是"斅"这一部分。下图即是殷商时的青铜制的细凿。

工

[教汉] 三画　工部　[日] 二年级汉字

[构成] 象形字。参照前文。其异体字中，有简略化了的字形，与十大天干之一的"壬（工）"同形。

[释义] 1.供职于王的匠人。匠人集团被称作"多工（𠕓𠕓）"或"百工（𠕓𠕓）"。
2.建造设施或制作器具。
3.纳贡，献上。此时即为"贡"的初文。
4.祭祀名。
5.人名。见于甲骨文第一期。
6."工典（工𠕓）"，一种在周祭之前举行的仪礼，以制定祭祀的计划。关于周祭，详情请参照"祭（𥘅，见第九章）"字。

[例文]

癸未卜有禍百工

（《小屯南地甲骨》2525）

癸未日进行占卜：百工会遭遇灾祸吗？"百工"指匠人团体。这里将"有祸"置于"百工"之前，是倒装句式。

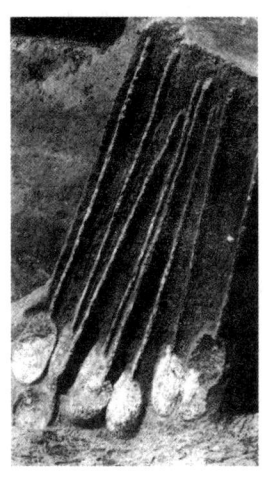

力部

许慎认为"力（𠃌）"是筋肉的象形⑥，加藤常贤、藤堂明保从之。但若考虑到其甲骨文的形体，则应该如白川静所言，"力"是锄头的象形。上图即是殷代的木制的锄。

殷时尚未发明牛耕，全凭人力使用锄头来耕作。可能正因如此人们才逐渐将"𠃌"用作象征"力量，力气"的文字。

"力"作为甲骨文的部首时，表示其原义，即锄头之义。

力

𠃌

[教汉] 二画　力部　[日]一年级汉字
[构成] 象形字。参照前文。
[释义] 女性分娩。
[解说] "力"之所以能够用来表示分娩之义，应该是因为分娩是女性最需要耗费力气的行为。顺带一提的是，在甲骨文中，生出男孩叫"嘉（㗊）"，其

初文是一个由"女（𠨘，见第三章）"与"力（𠃌）"所构成的会意字。

[例文]

戊午卜贞妇石力十月

（《甲骨文合集》22099）

戊午日进行占卜，贞问：妇石分娩了吗？时在十月。

"妇石"是女性之名。"十月"是以合文的形式记录的。

幼

[教汉] 五画　幺部（力部）[日]六年级汉字
[构成] 会意字（亦声）。由"力（𠃌）"与像丝束之形的"幺（𢆶）"构成，其中"幺"是亦声的部分。加藤常贤与藤堂明保误将"力"理解为筋肉的象形，因此他们认为"幼"字表示的是力气弱小的婴孩。此外，白川静认为"幼"是"拗"的初文，其字形表现的是将丝线挂在树枝上而拗之的情形。然而，考虑到"力"字在甲骨文中是锄头的象形，故而本书认为"幼"的原义当是农耕或与农耕相关的仪礼（表示幼小之意应该是假借的用法）。
[释义] 祭祀名。
[例文]

……古贞幼渔在……

（《甲骨文合集》52）

……由古来贞：要举行幼祭与渔祭吗？时在……

"幼"是祭祀名，"渔"应该也是一

第八章　以武器、礼器以外的器具为原型的文字　177

种仪礼性质的捕鱼活动。

辰部

关于"辰（🌀）"这个字，以前有一种被认为很有力的说法，即将它视为"蜃"的初文，认为其字形表示软体动物的肉身从贝壳中钻出之貌。然而，在后文所述的"農（🌀）"字之中，我们可以看到"辰"作为农具之形来使用。加藤常贤与白川静将两种观点折中，而认为"辰"是"蜃器"（以贝壳制成的农具）；但是"辰"的字形中所包含的"厂"，即是甲骨文"石（初文作'厂'）"，并未有用该字形表示贝壳之意的例子。综上所述，本书认为，"辰"所表示的应该是一种石制的农具。

农（農）

[教汉] 六画（十三画） 、部（辰部）
[日]三年级汉字
[构成] 会意字。其字形表现的是用辰（🌀），一种石制农具，参照前文）来伐木（🌀，见第六章）或刈草（🌀，见第六章）之貌。也有异体字在原有基础上添加了持农具的手之形。在西周金文中，字形上部被替换成表示耕地之意的"田"与双手之形"臼"；后来在隶书中，"田"与"臼"进一步融合，最终演化作"曲"之形。值得注意的是，该部分虽与"曲（🌀，见第十章）"同形，但二者的构形理据截然不同。
[释义] 1.地名。
2.祭祀名。

[例文] 🌀
壬戌卜殸貞呼多犬網鹿于農八月
《甲骨文合集》10976

壬戌日进行占卜，由殸来贞：要传令多犬，命他们在农地以网捕鹿吗？时在八月。

"犬"指负责照管犬的人，"多犬"是其多数形。"网"是一种用网捕获猎物的狩猎方法。"农"是地名。

凡部

关于"凡（🌀）"这个字，加藤常贤与白川静认为它是盘（一种浅底的器物）的象形，藤堂明保则认为应该是一种较宽的四边形板子。虽说在甲骨文中也有用"凡"表示盘之意的情形存在，但是在"箙（🌀）"与"南（🌀）"（前者表示的是盛矢的箭袋，后者则是下文所述的南这种打击乐器的象形）等字当中，也使用了类似的字形。综上所述，本书认为"凡"体现的是中空的容器的一般形象，并非专指某种特定的器物。

南

[教汉] 九画 十部 [日]二年级汉字
[构成] 象形字（假借）。加藤常贤与藤堂明保认为是建筑物或者帐篷之形，但是"南"的字形与表示建筑物的甲骨文"宀（🌀）"相异，其字形中包含有"凡（🌀）"之形。这个字应该如白川静所言，是一种打击乐器的

象形；在卜辞中经常作为贞人之名出现的"嗀（𣪘）"，其字形即是手持槌（𣪊）叩击"南（𣦼）"这种打击乐器而奏乐。在甲骨文中所见到的"南"字几乎都是以假借法而被用去表示方位之意。

释义 1.南。南方。

2.南方的。南面的。

3.位于殷都以南的殷的领地的总称。也被称作"南土（𣦼⊥）"或"南方（𣦼𠂇）"。

4.向南方前行。

5.司南方之神。也称作"南方（𣦼𠂇）"。

6.居住在殷商东南的族群。在甲骨文中有将南人当作祭祀的牺牲的记载。

7.打击乐器。这是其原义。

例文

𤆍三牛侑三南

贞燎三牛侑三南

（《甲骨文合集》15620）

贞：要用三头牛去举行燎祭、用三名南人去举行侑祭吗？

"燎"是一种将牺牲烧杀的祭祀。"侑"是祭祀的泛称。"南"是祭祀用的牺牲。

同

𠔼 𠔼

教汉 六画　冂部（口部）　[日]二年级汉字

构成 会意字。由"凡（𠘧）"与"口（𠙵，见第四章）"构成，"凡"与"口"所表示的意思不详（"口"可能是器物之形）。考虑到"同"与后文叙述的"兴（興）"的字形"𦥑"有类似之处，本书认为二者可能是同源字。

释义 祭祀名。

例文

𠔼※三𠂇𠂤三𣦼

壬辰卜同父乙旋剖

（《甲骨文合集》22202）

壬辰日进行占卜：要向父乙举行同祭，在旋地剖吗？

"父乙"是祭祀对象，在这里是以合文的方式记录的。"剖"是亡佚字，不见有其他的用例，故其字义不明。"旋"是地名。

兴（興）

𦥼 𦥼 𦥼 𦥼 𦥼 𦥼

教汉 六画（十六画）　八部（臼部）

[日]五年级汉字

构成 会意字。字形为以手（𠂇）持凡（𠘧）之形。考虑到其字形中有四只手这一点，这里想要体现的可能是两个人将一件器物抬起之貌；该字形上部的两只手与"臼"对应，下部的两只手则相当于"廾"。而且在其甲骨文中已经出现了在原基础上添加上"口（𠙵，见第四章）"的字形，此时"凡"与"口"所合成的字形就相当于"同"这一部分。在后世，"兴"由举起之意而引申出"兴起，立起，升起"之义。

释义 1.祭祀名。

2.地名。

解说 作为地名的"兴"，该地一度反叛了殷王朝，被称作"兴方（𦥑𠂇）"，但考虑到在甲骨文中没有与兴地打仗的记载，因此本书认为，兴地对中央政权的反抗并不是特别激烈。在下面这条例文中，我们也可以看到"兴方"曾经向殷王献上过战俘。

第八章　以武器、礼器以外的器具为原型的文字　179

例文

壬寅卜㱿貞興方以羌用自上甲至下乙

（《甲骨文合集》270）

壬寅日进行占卜，由㱿来贞：兴方进贡了羌族俘虏，要用这些俘虏来祭祀自上甲起直至下乙为止的祖先们吗？

"羌"是居住在殷西北的族群。"以"是纳贡之义。"上甲"是神话中的殷的始祖。"下乙"是先王祖乙的别称。这条卜辞是在占卜既然兴方进贡了羌族战俘，能否将这些战俘用于祭祀祖先神这件事。

注释

① 编按：日语「南中」，指天体运动中，通过子午线而到达中天。
② 许慎："卒，隶人给事者衣为卒。卒，衣有题识者。"（《说文解字》，第170页）
③ 许慎："席，籍也。《礼》：'天子、诸侯席有黼绣纯饰。'从巾，庶省。"（《说文解字》，第156页）
④ 许慎："典，五帝之书也。从册在丌上，尊阁之也。庄都说，典，大册也。"（《说文解字》，第94页）
⑤ 许慎："畫，界也。象田四界。聿，所以畫之。凡畫之属皆从畫。"（《说文解字》，第60页）
⑥ 许慎："力，筋也。象人筋之形。"（《说文解字》，第293页）

第九章

其他文字

宀部

"宀（∩）"是房屋的象形。上面的部分是屋顶，左右两侧的竖线表示墙壁。在甲骨文中，"宀"在与建筑物相关的文字中作为部首字使用。

六

[教汉] 四画　宀部（八部）[日]一年级汉字
[构成] 象形字（假借）。字形像房屋之形，特别是将屋顶的部分突出地体现出来。这个字在甲骨文中出现时，都是以假借的用法而表示数字"6"。
[释义] 1.六（数字）。
2.第六。
[例文]

貞不雨六月
　　　　（《甲骨文合集》12591）

贞：不会下雨吗？时在六月。

宫（宫）

[教汉] 九画（十画）　宀部　[日]三年级汉字
[构成] 会意字。字形由像房屋之形的"宀（∩）"与像房间之形的四边形构成，表示含有多个房间的建筑物之义。
[释义] 1.地名。距离殷都较近，王多赴此地狩猎。
2.人名。见于甲骨文第一期、第三期。可能是对宫地的领主的称呼。
3.祭祀名。
4."公宫（公宫）"，设施名。修建于殷都。
5."羌宫（羌宫）"，人名。见于甲骨文第一期。可能是一位服从于殷商的羌人。
[例文]

辛丑卜貞王田宮往來亡災
　　　　（《甲骨文合集》37608）

辛丑这一日进行占卜，贞问：王赴宫地狩猎，往来路上不会有灾厄吧？

"田"是狩猎之义。"宫"是地名。"往来"是往返之义。

第九章　其他文字　183

向

教汉 六画　口部　[日]三年级汉字

构成 会意字。从"宀(∩)"与口之形"凵"。许慎将"凵"这一部分解释为向北的窗户①，而且被认为是一个很有力的观点，但是"凵"在甲骨文中并无表示窗户之意的用例，因此难以判断该观点是否正确。"宀"这一部分在隶书中变化作"白"之形。此外，白川静误以为"宀"这一部分是窗户之形。

释义 地名。戋(军事训练)多举行于此地。

例文

甲午卜翌日乙王其戋于向亡灾

（《甲骨文合集》28950）

甲午日进行占卜：第二天乙未日，王赴向地操练军队，不会有灾厄吧？

"翌日乙"指甲午日的第二天乙未日。"戋"是指军事训练。

宗

教汉 八画　宀部　[日]六年级汉字

构成 会意字。由"宀(∩)"与象征祖先的"示(丁，见第八章)"构成，表示祭祀祖先的宗庙。先民在殷都修建了每位先王的宗庙，我们在甲骨文中能看到记载着祭祀"大乙宗"或"文武丁宗"等祖先的卜辞。

释义 1.宗庙。祭祀祖先的设施。

2."中宗祖乙"，先王祖乙的别称。

解说 在周代，"宗"由宗庙之意逐渐地转用作宗族（亲族的一个单位）之义。

例文

丁未贞叀今夕酒禦在父丁宗卜

（《甲骨文合集》32330，见附图）

丁未日贞卜：今夜，要举行酒祭和禦祭吗？占卜于父丁的宗庙之上。

"今夕"是今夜之义。"酒"与"禦"均是祭祀名。"父丁"是先王武丁。"在父丁宗卜"是记时部分，记载着此次占卜是在武丁的宗庙里举行的。

安

教汉 六画　宀部　[日]三年级汉字

构成 会意字。由"宀(∩)"与"女(見第三章)"所构成，字形表现了一位女性安静地居于房屋中之貌。也有在原来基础上添加了数个小点的字形（🖼），用于人名当中。

释义 1.平安。安宁。

2.地名。

3."子安（🖼）"，人名。见于甲骨文第一期。

例文

🖼

壬戌卜贞王其田安亡灾

（《甲骨文合集》33561）

壬戌日进行占卜，贞问：王赴安地狩猎，不会有灾厄吧？

"田"是狩猎之义。"安"是地名。

守

🖼

教汉 六画 宀部 ［日］三年级汉字

构成 会意字。由"宀（∩）"与"肘"的初文"寸（🖼）"所构成。"寸"像手臂之形，有学者认为"守"字表示守护房屋等建筑物之义。在甲骨文中，这个字的用例极少。

释义 守卫。守护。

例文

🖼

丙午贞丁未其守

（《甲骨文合集》33407）

丙午日进行贞卜：丁未日，要守护它吗？

丙午日过后即是丁未日。这里"守"的对象被省略了。

宣

教汉 九画 宀部 ［日］六年级汉字

构成 会意字（亦声）。从"宀（∩）"从"亘（🖼）"。"亘"是"垣"的初文，"宣"的原义是四周围以垣墙的建筑物。"亘"是亦声的部分。

释义 地名。暂时与殷商保持敌对关系，也被称作"宣方（🖼）"。

例文

🖼

勿宣方燎

（《甲骨文合集》28003）

不要为宣方之事而举行燎祭吗？

"燎"是祭祀名。应该是指由于宣方发动攻击而祈愿神明护佑的祭祀吧。

学（學）

🖼

教汉 八画（十六画） 子部 ［日］一年级汉字

构成 会意字→形声字（亦声）。是在象房屋之形的"∩"之上添加象两手之形的"臼（🖼）"与"爻（🖼）"而构成的会意字，表示学校之意。有观点认为"爻"是象征着教育设施的符号，而"臼"表示传授知识。初文作"🖼"，西周金文中添加了义符"子"，遂演变作"學"；今天的新字形将其上部简化了。

释义 1.学校。虽说在甲骨文中也可见到"大学（🖼）"之语，但无法判断其是否为后世所言的"大学（天子设立的学府）"。

2.祭祀名。

3."学戊（🖼）"，神名。也被称作"爻戊（🖼）"。关于学戊的神话并未流传下来。

4."学众（🖼）"，在甲骨文中表示

第九章 其他文字 185

征兵之义。此时，其中的"学"字意义为何暂且不明，可能是引申义，也可能是种假借用法。

[解说] 在后世，"臼"也在其他文字中充当声符，譬如"觉（覺）"等字。

[例文]

于大学寻

《小屯南地甲骨》60

要在大学举行寻（尋）祭吗？

"大学"是设施名。"寻"是祭祀名。

宝（寶）

[教汉] 八画（二十画） 宀部 ［日］六年级汉字

[构成] 会意字→形声字(亦声)。在"宀（∩）"里加上"贝（𣪘，见第六章）"与"玉（玨，见本章）"而构成的字形，表示将子安贝这种贝壳以及玉石这类贵重物品收藏入屋中之貌。西周金文中，在原有基础上添加声符"缶"，遂演变作形声字。今天的新字体是将"贝"与"缶"省略了的俗字。

[释义] "妇宝（𠂤寶）"，人名。见于甲骨文第一期。"妇"在这里用作称号。

[例文]

庚午婦寶示三屯掃

《甲骨文合集》17512，见附图，右行）

庚午日，妇宝交纳了牛骨三对，已经全部清理干净了。

这例甲骨文不是占卜之辞，而是一篇记录了交纳甲骨之事的记事刻辞。"示"是交纳之义。"屯"指牛的肩胛骨左右共一对，"三屯"即三对。"扫"应该是指交纳牛骨时已经将肩胛骨上的肉及油脂去除干净了。

家

[教汉] 十画 宀部 ［日］二年级汉字

[构成] 形声字、会意字。释为"家"的文字可以分成两套系统。其一，字形作"⦾"，是一个以象房屋之形的"宀（∩）"为义符、以公猪之义的"豭（𧰼）"为声符的形声字，指祭祀设施。其二，字形作"⦾"或"⦾"，是一个由象房屋之形的"宀（∩）"与表示猪之义的"豕（𧰼）"所构成的会意字，指家猪，或者是将之捕来以饲养的野猪。前者的字形被后世所继承，但是由于到了籀文时期"豭"逐渐演变作"豕"的形体，结果就与后者的字形一样了。至于家族及家庭的住房等意，则是后起的引申义。

[释义] 1.祭祀设施（此时其字形作"⦾"）。这类设施具有特定的祭祀对象，如"上甲家(⊞⦾)"等；"家"指的是与"宗（⦾，见本章）"相同的祭祀设施。不

过"家"也可能是"宗"的别称。

2.家猪，或者是将之捕获以作为家畜饲养的野猪（此时其字形作"𠂎""𠂏"）。

3.祭祀名。一种将家猪献祭的仪礼（此时其字形作"𠂎"）。

4.地名（此时其字形作"𠂎"）。

[例文]

己甘……⋈……于 田 𠂎
己酉……贞……于上甲家

（《甲骨文合集》13580）

己酉日……贞卜：要在上甲的宗庙……吗？

这条卜辞有一部分缺损了。"上甲家"是祭祀神话中的始祖上甲的设施。

宅

[教汉] 六画　宀部　[日]六年级汉字

[构成] 形声字。"宅"是一个以"宀（∩）"为义符、以"乇（ナ）"为声符的形声字。在甲骨文中，"乇"与"力（⌐，见第八章）"字形颇为相似，但二者并非同一文字，"乇"的原义不明。"宅"在甲骨文中是一个表示住宿之意的动词，在后世逐渐被转用于表示住宅或者所之义。

[释义] 1.住宿。

2.祭祀名。

3.人名。见于甲骨文第一期。

[例文]

癸巳卜賓更今二月宅東寢

（《甲骨文合集》13570）

癸巳日，由宾来进行占卜：这个二月，要住在东寝吗？

"宅"是住宿之义。"东寝"是王的一处寝殿。

宇

[教汉] 六画　宀部　[日]六年级汉字

[构成] 形声字。义符是"宀（∩）"，声符是"于（亏）"。在后世"宇"可以表示轩或屋顶之义，但该字在甲骨文中仅有下文这一例，其与后世的意思是否相同暂且不明。

[释义] 不详。

[例文]

宇口
宇口

（《甲骨文合集》20575）

宇口。

其文较短，故文意不详。

定

[教汉] 八画　宀部　[日]三年级汉字

[构成] 形声字。许慎认为"定"是一个会意字②，藤堂明保从之，而解释说，字形中的"足"表示人站立在屋中，一动不动之貌，但是在甲骨文时期，"正"是征伐之义，与房屋等建筑物并无关联。因此，本书认为"定"是一个以"宀（∩）"为义符、以"正（𤴓，参照第四章）"为声符的形声字。关于安定之义究竟是其原义还是引申义，暂且不明。

[释义] 地名。

第九章　其他文字　187

[例文]

癸丑卜在定贞王旬亡祸

（《甲骨文合集》36850）

癸丑日，在定地进行贞卜：王在下一旬不会遭遇灾厄吧？

本条卜辞中，记时的"在定"记录在前辞中。占卜的内容是对下一旬进行占卜的"卜旬"。

室

[教汉] 九画　宀部　[日]二年级汉字

[构成] 形声字。义符是"宀（∩）"，声符是"至（⊻，见第七章）"。"室"在甲骨文中可见于如"大室（大⊗）""盟室（⊗⊗）""中室（中⊗）""南室（南⊗）"等设施名当中。

[释义] 1. 房屋。房间之意。
2. 宫室。宫殿之意。

[解说] 从"室"字当中含有"至"出发，藤堂明保将"室"解释为一栋建筑物中位于最里面的房间，但是在甲骨文中，还有"中室""南室"等含有"室"字的用语，其表示的房间的位置是多样的，因这个观点并不正确。此外，白川静认为，古人在建造殡葬逝者的板屋等的时候，会通过射箭这样的占卜方式来决定其位置，因此，"室"字中含有表示箭矢触地之形的"至"；但至今为止，仍无法确认殷代究竟有无此种下葬习俗。

[例文]

乙酉卜兄贞更今夕告于南室

（《甲骨文合集》24939）

乙酉日进行占卜，由兄来贞：今夜，要在南室举行告祭吗？

本次占卜的贞人名为"兄"，但在卜辞中却用"祝"的字形（" "）表记。"今夕"是今夜之义。"告"是祭祀名。"南室"是设施名。

厅（廳, 庁）

[教汉] 四画（二十五画，五画）　厂部（广部）
[日]六年级汉字

[构成] 形声字（亦声）。义符是"宀（∩）"，声符是"聽（ ）"。也有将"口（ ，见第四章）"省去，只保留了"耳（ ，见第四章）"这一部分的略体字形。原义是用于听政的建筑物，声符"聽"是也表义的亦声部分。"宀"这一部分在西周金文中演变作"广"。日本新字体"庁"、中国简体字"厅"都采用了将声符"聽"这一部分替换为同音③的"丁"的俗字的形体。

[释义] 1. 设施名。
2. 人名。见于甲骨文第一期。

[解说] "聽（ ）"这个字，表示用耳朵聆听从口中说出的话语之貌。"聽"有添加了人之形"亻"而成的异体字" "，其初文是"聖"，后来"口"这一部分被表示发音的"悳"替代，遂演变成楷书的"聽"。

[例文]

甲午卜王其侑祖乙王饗于廳

（《小屯南地甲骨》2470）

甲午日进行占卜：王在向祖乙举行侑祭时，要在厅中举行饗宴吗？

"侑"是祭祀的泛称。"祖乙"是殷的先王。"飨（饗）"是飨宴之义。"厅"在这里是设施名。

丙部

"丙（丙）"是建筑物的入口的象形。在甲骨文中，"丙"的字形除了表示建筑物之形，也表示用于承载器物等的台座之之形。

内（內）

[教汉] 四画　丨部（冂部，入部）
[日] 二年级汉字

[构成] 象形字。"内"的字形与象建筑物的入口之形的"丙（丙）"颇为相似，其原义应该就是建筑物的内部。旧字体"內"是由"冂"与"入"构成，而新字体则是将"入"改为"人"的俗字形。

[释义] 1.人名。甲骨文第一期的贞人之名。
2."内乙（丙）"，祖先名。并不是殷的先王。

[例文]
丙寅卜内翌丁卯启丁启
　　　　　　　（《甲骨文合集》13110）

丙寅日，由内来主持占卜：下一个丁卯日，会是晴天吗？丁卯日是晴天。
"内"是贞人名。丙寅日过后即是丁卯日。"启"是晴天之义。"丁启"是验辞部分，记录了丁卯日确实是晴天这件事。

商〈赏（賞）〉

[教汉] 十一画　亠部（口部）[日] 三年级汉字

[构成] 会意字。在"丙（丙）"的上方添加"辛（辛）"或"辛（辛）"，或者像冠之形的"辛"等而构成其字形；此外，已经出现加上了口（口，见第四章）的字形。在甲骨文中，用作殷都之名。后世继承了从"辛"的字形，故而加藤常贤与白川静根据"商"这一形体来解释其原义。但是在甲骨文中，该字的早期字形多作"商"，到了中期"商"成为主流，而"商"这一字形则出现于甲骨文末期，因此，本书认为"商"才是能够反映"商"字的原义的字形。在甲骨文中，由于冠之形是尊贵的象征，因此"商"的原义应该是指王的宫殿。

[释义] 1.地名。殷代后期的都城。在甲骨文第五期中也称"大邑商（大邑商）"或"天邑商（天邑商）"。
2.赏赐。这是假借的用法，此时"商"是"赏"的初文。后世在原有基础上添加了表示贵重品之义的"贝"，而"商"又变作"尚"，这个字遂作"赏"。
3.祭祀名。
4.人名。见于甲骨文第一期。也称"子商（子商）"。
5."丘商（丘商）"，地名。可能是临近都城的高地。

[解说] "商"字在后世逐渐被用作"商业、买卖"之义，究其缘由，有说法认为这是因为没落了的殷商后裔从事经商的行为。而白川静则认为，在西周金

第九章　其他文字　189

文中"商"字也增加了"赔偿"这一字义，由"赏"或"偿（償）"可以引申出买卖之意，本书赞同该观点。顺带一提，殷商灭亡后，那些原本服从于殷王朝的人们以贵族的身份继续仕宦于西周王朝及其诸侯。

例文

丙戌卜爭貞在商亡禍

（《甲骨文合集》7814）

丙戌日进行占卜，由争来贞：身在殷都，不会有灾祸吧？

"商"是殷的都城。

入部

"入（∧）"是建筑物的屋顶部分的象形。在其字形中添上一条横线的"今（△）"，同样是屋顶的象形。

"入"在甲骨文中充当部首时，多用来表示屋顶之义。此外，"入"和"今"也都可以用作器物的盖子之义。

入

教汉 二画　入部　[日]一年级汉字

构成 象形字。参照前文。屋顶之形是其原义，但是"入"字后来被转用去表示房屋的内部，又引申出"进入"之义。

释义 1. 屋内。屋顶之下。
2. 进。进入。归来，返回。
3. 放入。交纳。送达。迎入。
4. 发生灾厄等。
5. 祭祀名。
6. "入乙（∧ ⒉）"，祖先名。并非殷的先王。
7. "入日（∧⊙）"，日落。夕阳。

例文

疾亡入

（《甲骨文合集》22392）

不会得病吧？

"疾"指疾病。以"疾入"来表现患病之义。

今（今）

△ △ △

教汉 四画　人部　[日]二年级汉字

构成 象形字（假借）。参照前文。"△"这一字形与楷书中的"△"这部分相对应。在甲骨文中，有在字形下部加上一条横线而构成的异体字"今"，该形体为后世所继承。在甲骨文中，"今"字全都是假借的用法，表示"现今"之义。

释义 现今。现在。也与时间助词"者（者，见第六章）"连用，而称"今者（△者）"。此外，"今"也与其他表示时间的汉字连用，如"今日（△⊙）""今夕（△夕）""今春（△春）"等语。

例文

貞自今至于庚戌不其雨

（《甲骨文合集》5111）

贞卜：从今日起直至庚戌日，不会下雨吧？

这条例文占卜的是在指定的时间段内是否会降雨。

京

㑒 㑒 㑒

[教汉] 八画　亠部　[日]二年级汉字

[构成] 象形字。加藤常贤与藤堂明保采用了该字为在山丘上有建筑物之形的说法，然而字形下部的形体与甲骨文"丘（M）"相差较大。白川静认为字形是在门的上面筑有小楼之形，但是字形的下部也不是"门（門，见本章）"。本书认为，从其甲骨文形来看，"京"与下一条目的"高（㑯）"一样，均表示高高的建筑物。但"京"具体的建筑形态暂且不明。

[释义] 1.高楼。很高的建筑物。
2.地名。该地多举行狩猎活动。
3.祭祀名。

[解说] 西周以后，"京"逐渐用作都城之意，西周王朝的都城即称"蒿京（文献记载中又作'镐京'）"。大概是因为高楼建筑被视为都城的象征吧。

[例文]

𠦪𠦪𠦪𠦪𠦪𠦪𠦪𠦪𠦪𠦪𠦪
贞翌辛亥呼妇姘俎于声京
《甲骨文合集》8035）

贞卜：下一个辛亥日，要令妇姘在声地的高楼中举行俎祭吗？

"妇姘"是人名。"俎"是祭祀名。"声"是地名。"京"在这里指高楼。

高

㑯 㑯 㑯 㑯 㑯

[教汉] 十画　高部　[日]二年级汉字

[构成] 会意字、象形字。在二层建筑物之形"㑒"的下部，加上口之形"口"而构成其字形。关于口之形，这一部分可能是指窗户或者入口，还有人认为是将器物收藏起来之意。此外也有将"口"这部分省略了的异体字存在。

[释义] 1.高楼。很高的建筑物。
2.地名。
3.许多代以前的祖先，即远祖。也称"高祖（㑯且）"或"高妣（㑯匕）"。
4."高祖乙（㑯且乙）"，先王祖乙的别称。

[解说] 在楷书中，"高"的异体字"髙"，较好地保留了原初的字形。毋宁说"高"是在籀文阶段分化出来的字体。

[例文]

𠦪𠦪𠦪𠦪𠦪𠦪𠦪𠦪𠦪
辛未贞求禾于高梁河
《小屯南地甲骨》916）

辛未日进行贞卜：要向远祖与黄河之神祈求五谷丰登吗？

"求"是祭祀名。"禾"即谷物。"高"在这里指远祖。"河"即黄河之神。

余

㑒 㑒 㑒

[教汉] 七画　人部　[日]五年级汉字

[构成] 象形字（假借）。关于其字形，加藤常贤认为表现的是伞形的亭子，藤堂明保认为是用铲子、锹一类的工具将土铺展、拓广之貌，白川静则认为是有把手的较细的手术刀。考虑到其甲骨文形的上部是象屋顶之形的"∧"，本书相对赞同加藤常贤的观点，但是"余"在甲骨文中只有假借作第一人称代词的用法，因此难以判定诸家之说孰是孰非。另

外，今天的新字体"余"也作为表示剩余之意的"餘"的略体来使用。

[释义] 第一人称代词。不限于王，也可以是王以外的人自称之辞。但是"余一人（佘－亻）"则是限定于王来使用的第一人称。

[例文]

癸未卜王貞畏夢余勿禦

（《甲骨文合集》17442，见附图）

癸未这一日进行占卜，由王来贞：梦到了手持凶器的厉鬼，我不该举行御祭吗？

这条卜辞的内容是君王占梦这件事。"畏"是鬼之义，其字形表现了手持武器或者刑具的鬼魂之姿。"畏梦"的语序倒置，将宾语"畏"置于"梦"前。"御"是一种祈求护佑的祭祀。

令（令）〈命〉

[教汉] 五画 人部 ［日］四年级汉字

[构成] 会意字。在象屋顶之形的"∧"之下加上"卩（⺈）"而构成其字形。"卩"是跪坐之人的象形，表示其被唤至权贵的住所接受命令之貌。此外，白川静认为字形的上部是礼冠，整个字为倾听神意的神职者之形，但"今（∧）"在甲骨文中并没有用作冠之意的例子（冠之形为"▽"）。另外，加藤常贤判断其为形声字，认为"∧"有キョウ（kyou）的发音，充当声符（"令"的吴音读作リョウ[ryou]），然而该观点是错误的，因为"∧"并无キョウ的发音。

[释义] 下令。命令别人做某事。

[解说] "命"是在"令"的基础上添加义符"口"而构成的繁文，始出现于西周金文中。"命"的原义同"令"一样，是命令之义，二者是同源字。

[例文]

癸巳卜古貞令師盤涉於河東

（《甲骨文合集》5566）

癸巳日进行占卜，由古来贞：要令师盤渡河，前往黄河的东岸吗？

"師盤"是人名。"涉"是渡河之意。"河东"即黄河的东岸。

食（食）

[教汉] 九画 食部 ［日］二年级汉字

[构成] 会意字。其字形为给皀（㑒）盖上盖子（∧），表示食物、饭食；其中"皀"是在"豆（荳，见第七章）"中盛满谷物之形。在隶书阶段，字形下部的"皀"演变作了"良"，但是"皀"与"良（㫃，见第五章）"的构形理据不同。

[释义] 1.进食。
2.赏赐饭食。
3.祭祀名。可能是献祭食物的仪礼。
4."大食(大食)",指上午这一时间段。也称"食日(食日)"或"食(食)"。
5."日有食(日出食)",日食之义。
6."月有食(月出食)",月食之义。

[解说] "上午"的时间段称作"大食",究其成因,有人认为这是因为殷人一日两餐,上午的那一餐人们通常吃得较多。

[例文]

辛亥卜翌日壬旦至食日不雨

（《小屯南地甲骨》624）

辛亥日进行占卜:下一个壬子日,自天明直到上午,期间不会下雨吧?

"壬"指壬子日,辛亥日的翌日。"旦"指天明。"食日"指上午。

会（會）

[教汉] 六画（十三画） 人部 [日]二年级汉字
[构成] 会意字。给甗合上盖子之形。有人认为"会"字表示会合、聚集之义,即是由甗与盖子相合引申而来。所谓"甗",是一种底部有空隙的炊具,在其下方放置盛水之器（鬲或镬等）来进行加热,以蒸汽将谷物等蒸熟。"曰"这一部分代表甗下的盛水器具,而甗这部分则由"曰"或"口"等略体来表示。在甗的下方加上一器物之形,即是"甗"的初文"曾（曽）",其略体再与象盖之形的"△（∧）"相结合,则成"會"字。将"會"

字的下部加以简化就形成了今天的新字形"会"。

[释义] 1.聚集,集合。聚会。
2.祭祀名。
3.地名。

[例文]

其會酒

（《甲骨文合集》30956）

要聚集众人、举行酒祭吗?

"会"在这里是聚集之义。"酒"是祭祀名。从语义上看,若将"会"解释为祭祀名的话也说得通。

仓（倉）

[教汉] 四画（十画） 人部（口部）
[日]四年级汉字
[构成] 会意字、形声字。加藤常贤认为这是一个以屋顶之形"△"为义符、以"启"为声符的形声字,但从其甲骨文的构形上看,本书认为屋顶之下的"户（月,见本章）"与口之形"口"是两个独立的构件。此外,藤堂明保认为该字是由"食"的略体与"口"所构成,但是笔者并不认为"倉"字从"食（食,见本章）",藤堂明保的看法应该是错误的。从其甲骨文形来看,正如白川静所言,"倉"是一个表现仓库的会意字,户这一部分是仓库的门扉,口之形则是仓库的台基。其异体字中,也有将"户"替换为声符"爿（爿）"而构成的形声字。

[释义] 1.地名。

2. "仓侯虎（☒☒☒）",人名。见于甲骨文第一期。仓地的领主。

例文

☒☒☒……☒☒☒☒☒☒☒☒☒☒

貞今者……從倉侯虎伐蒙方受有祐

（《甲骨文合集》6554）

贞卜：如今……率领仓侯虎去征讨蒙方，会获得神佑吗？

"仓侯虎"是仓地的领主。"蒙方"是一支与殷商敌对的势力。"祐"指神的佑助。

户部

"户（☒）"是单扇门的象形，后世由此引申出（家庭的）房屋之义，后又进一步产生家族单位（量词，家庭）之义。而在甲骨文中，"户"使用的是其原义，即门扉之义。

户（戶，户）

☒

[教汉] 四画　户部（戶部）[日] 二年级汉字
[构成] 象形字。参照前文。
[释义] 门。单开的门，单扇门。

例文

☒☒☒☒☒☒☒☒☒☒

己巳卜其啓廳西户祝于妣辛

（《甲骨文合集》27555）

己巳日进行占卜：要打开厅的西门，向妣辛举行祝祭吗？

"厅"是设施名，"西户"即其西侧的门。"启"在这里指打开（门）。"祝"是祭祀名。"妣辛"是一位女性祖先神，在这里以合文的方式进行记录。

门（門）

☒　☒

[教汉] 八画　门部（門部）[日] 二年级汉字
[构成] 会意字。"户（☒）"是单扇门，将两个"户"并列即构成"門"，表示两面开的门（双扇门）。
[释义] 1.门。在殷都有"甲门（十門）""乙门（☒門）""南门（☒門）"等门。
2.地名。
3.祭祀名。

例文

☒☒☒☒☒☒☒☒☒☒

辛亥卜㱿貞于乙門令

（《甲骨文合集》12814）

辛亥日进行占卜，由㱿来贞：要在乙门向其下命令吗？

"乙门"是门之名。"令"的对象被省略了。

一部

"冖（☒）"，在下文将谈到的"泉（☒）"字中被用来表示将泉源围起来，在"牢（☒）"字中则表示将家畜围起来饲养，在分娩之意的"娩（☒）"字中表现了妇女的子宫。综上所述，本书认为"冖"并非指某一特定的物体，而是体现了包围、环绕这一类结构的一般形象。

泉

☒　☒　☒　☒　☒

[教汉] 九画　白部（水部）[日] 六年级汉字

[构成] 会意字。字形由包围了泉源的"冖（冂）"、表现水涌出之貌的"示（丅，见第八章）"，和表示水滴的小点构成。也有一部分异体字，或省去了水滴之形，或省去了"示"之形。将泉源围起之物究竟是自然的岩石还是人工之物不明。后世继承了将代表水滴的部分略去的字形（冂）；在隶书中，字形的上部演变作"白"，下部演变作"水"。

[释义] 泉水。水源。

[例文]

屮出冈囟米于呂氕冈大三宰且宰

戊子贞其燎于亘水泉大三牢俎牢

（《甲骨文合集》34165，见附图）

戊子日进行贞卜：要用大三牢向亘水的水源举行燎祭、用牢向其举行俎祭吗？

"亘水"指流经殷都的洹（洹水），"泉"即洹水之源，在这里作为祭祀的对象。"牢"指在家中饲养的牛，也有人认为指牛、羊、猪三牲。"燎""俎"均是祭祀名。图中右下的"三"是纪卜之数，而非占卜内容。图中右端的线条则是区分段落的符号。

田部

"田（田）"是被整齐地划分成多块四边形区域的耕地的象形。在日语中，"田"指水田，"畑"指旱田（"畑"是日本自创的汉字），但在汉语中则无此区别。在中国，黄河流域主要耕种旱田，但在甲骨文中耕地被称作"田"。

田

田

[教汉] 五画　田部　[日]一年级汉字
[构成] 象形字。参照前文。在甲骨文中，"田"表示猎场，也转用作狩猎之义的动词。

[释义] 1.耕地。
2.职业名。从事农耕者。
3.狩猎地，猎场。
4.狩猎。

[例文]

笋告曰土方侵我田十人

（《甲骨文合集》6057）

笋报告说："土方掳掠了我国的农民十人。"

这段例文是验辞的一部分。"笋"是人名。"土方"是一支与殷敌对的势力。"侵"是侵略、掠夺之义。"田十人"应该是指十位农民。

周（周）

囲 畕 囲 甼 田 甪

[教汉] 八画　冂部（口部）[日]四年级汉字
[构成] 象形字。在表示耕地的"田（田）"里加上数点，表现种植谷物等之貌。

也有异体字仅保留了"田"这一部分，不过"田"的形体发生了一些改变。在西周金文中，出现了在字形的下部加上"口"而构成的文字。

[释义] 1.地名。曾一度与殷商敌对，被称作"周方（田ヤ）"，后来臣服于中央政权。
2.人名。见于甲骨文第一期至第一期与第二期之间。可能是周地的领主。
3.祭祀名。

[解说] 周原本只是臣服于殷商的势力之一，而到了商朝末期，周将与殷王敌对的诸多势力都拉拢到自己一方，壮大了军事实力，最终灭亡了商，建立了一个新王朝。

[例文]

丙辰卜賓貞王叀周方征

（《甲骨文合集》6657）

丙辰日进行占卜，由宾来贞：王要征讨周方吗？

这条卜辞占卜于周与商王朝敌对的时期当中。"征"是及物动词，置于句末，是倒装句型。

男

[教汉] 七画　田部　[日]一年级汉字
[构成] 会意字。由"田（田）"与象锄头之形的"力（丿，见第八章）"构成，表示用锄头耕作田地之貌。
[释义] 1.耕作，耕种。
2.祭祀名。
[解说] "男"在后世逐渐被用作职务名称或者称号，后来又成为男性的泛称。

[例文]

……卜骰翌甲申侑上甲男……

（《甲骨文合集》3453）

……由骰进行占卜：下一个甲申日，在向上甲举行侑祭时，要举行男祭……吗？

"上甲"是神话中的始祖。"侑"是祭祀的泛称。"男"在这里是祭祀名。

彳部

"行（ ）"是四条道路相交叉的街头的象形，"彳（彳）"是"行"简略化了的字形。彳作为甲骨文的部首，被用作步行或前进的象征。

"行"本身也可作为部首使用，这种情况下，其在楷书中作"彳亍（行字旁④）"。此外，在"彳"的基础上添加象足之形的"止（止，见第四章）"而成的"辵"，在楷书中作"辶（走之旁）"。再者，"廴（建之旁）"也与"彳"同源，是后来分化出来的部首。

行

[教汉] 六画　彳部（行部）[日]二年级汉字
[构成] 象形字。参照前文。
[释义] 1.去。前行。
2.地名。
3.人名。见于甲骨文第一期。
4.人名。见于甲骨文第二期的贞人之名。

[例文]

辛未卜行貞其呼泳行有遘

（《甲骨文合集》23671）

辛未日进行占卜，由行来贞：派泳这个人前去的话，会遭遇到什么吗？

"行"在这段卜辞中出现了两次，第一次出现的"行"是贞人之名，第二次出现的"行"是表示前去之意的动词。"泳"是人名。"遘"是遭遇之义，遭遇的对象未被记载下来。

延（延）

教汉 六画（七画）廴部 ［日］六年级汉字

构成 会意字。由表示行进之义的"彳（亻）"与象足之形的"止（⺌，见第四章）"构成，表示继续前进之义。初文是"征"之形，也有异体字从"行（ㄔ）"。西周金文以降，"彳"这一部分形体改变而作"廴（建之旁）"；发展到篆书阶段，又在"止"上添加"丿"而成"㢟"（有观点认为添加的"丿"是延长之意）。

释义 1. 继续前进。空间上的延长、扩展。
2. 连续。时间上的延长。
3. 祭祀名。
4. 人名。见于甲骨文第一期。

例文

辛酉卜㱿翌壬戌不雨之日夕雨不延
（《甲骨文合集》12973）

辛酉日，由㱿进行占卜："下一个壬戌日，不会下雨吗？"壬戌这日，夜雨没有持续下去。

辛酉日过后即是壬戌日。"夕"指夜间。"之日"以下是验辞，"不延"记载了夜间的雨没有连续不断地下。在殷代，人们将日落视为前一日结束、第二日开始的日期变更点，故而辛酉的夜间即是壬戌日，那么事实就与占卜的结果相反了；因此，虽然按理说壬戌日是有降雨的，但验辞部分却说"夜雨没有持续下到白天，所以占卜结果是没有问题的"，这可能是种狡辩之辞吧。

卫（衛，衞）

教汉 三画（十五画，十六画）卩部（行部，行部）［日］五年级汉字

构成 会意字。在表示前行之义的"行（ㄔ）"的中间，加上表示城墙的四边形"口"和象征着士兵在城墙周围巡察的足之形"⺌"而构成其字形，表示防卫之义。考虑到其字从"行"，本书认为其原义是派遣军队去保卫城市。也有异体字将表示城墙的部分替换为表示地方之义的"方（ㄓ，见第十章）"，旧字形"衛"中的"帀"这一部分就是由"方"演变而来的。

释义 1. 保护，守卫。护卫。防卫。
2. 职务名。负责护卫工作。
3. 祭祀名。

例文

癸丑卜㱿贞师往衛亡禍
（《甲骨文合集》7888）

癸丑日进行占卜，由㱿来贞：军队前去防卫，不会有灾祸吧？

"师"是军队之义。"卫"在这里是动词，其对象被省略了。

第九章 其他文字 197

泳〈永〉

𣱵 𣱳 𣱶 𠂢 𠂢 𣱳

教汉 八画　氵部（水部）　[日] 三年级汉字

构成 会意字→形声字（亦声）。加藤常贤、藤堂明保与白川静均认为字形表示从河水的干流分出支流之貌，但如果从其甲骨文形来看，其形体为在"人（亻，见第三章）"的基础上加上表示水的小点和象征着前行的"彳（亻）"，从而表示人在水中游泳之貌。也有异体字将小点省略，但其义不变。初文为"永"之形，后世在其基础上又添加了"水（充当偏旁时作'氵'之形）"而造出了繁文"泳"。但是，考虑到该字在甲骨文中并无表示其原义的用例，所以我们亦可将该字释作"永"。在隶书中，"彳"这一部分演化作"丶"与"フ"之形，"亻"这一部分则演化作"丁"。

释义 1.安稳，平稳。没有灾祸的太平景况。该义是引申义或者假借的用法。
2.地名。
3.人名。见于甲骨文第一期至第五期。可能泳地领主的称呼代代袭用同一名字。
4.治下的小城市或村落。也称"鄙泳（𠭰𠂢）"。该义是引申义或者假借用法。

例文

太固曰吉泳

王占曰吉泳

（《甲骨文合集》3753，见附图）

王占卜道："吉。一定太平。"

这条例文是占辞的一部分。"泳"是平稳之义。

德（德）

𢔌 𢔌

教汉 十五画（十四画）　彳部
[日] 五年级汉字

构成 会意字（亦声）→形声字（亦声）。在"直（屮，见第四章）"的基础上添加义符"彳（亻）"而构成其字形。初文作"徝"之形，"直"是亦声部分。在甲骨文中，"直"由直视而引申出察看之义，再加上象征着行进的"彳"则表示巡察之义。在周代，这个字逐渐被用于表示有德行之义，因此在西周金文中，其字形在原有基础上添加了"心"。在楷书中，其字形作"德"，是一个以"悳（惪）"为声符的形声字。日本的新字形是将"德"字中的一横减去的省略形。

释义 1.巡察。
2.祭祀名。

例文

用申卜争贞王德土方

庚申卜争贞王德土方

（《甲骨文合集》6390）

庚申日进行占卜，由争来贞：王要去巡察土方吗？

"德"是巡察之义。"土方"是一支与殷商敌对的势力。

远（遠，逺）

教汉 七画（十三画，十四画） 辶部（辵部）
[日]二年级汉字

构成 形声字。义符是"彳（亻）"，声符是"衣（衤，见第八章）"。在甲骨文中，已经有了在"衣"中添加一圆形的字形，遂具有了"衣"与圆形两个声符，因为当时"远""衣""圆"发音相近。此外，也有字形使用的是同样表示行进之义的足之形"止"，而非"彳"。在西周金文中，其偏旁足之形、圆形与衣之形合起来而演变作"袁"之形（足之形"止"演化作"土"这部分，圆形演化作"口"的部分）；与此同时，人们给左侧的偏旁"彳"也加上一个足之形，而成"辵"之形（楷书中作"辶"）。

释义 地名。

解说 在甲骨文中，"远"只见到用作固有地名的例子，因此"遥远"之义究竟是原义还是引申义暂且不明。

例文

王其田遠湄日亡災

（《小屯南地甲骨》3759）

王赴远这个地方狩猎，那一整天不会有灾厄吧？

"田"是狩猎之义。"远"是地名。"湄日"与"终日"意思相同。

通（通）

教汉 十画（十一画） 辶部（辵部）
[日]二年级汉字

构成 形声字。义符是"彳（亻）"，声符是"用（甪，见第十章）"，初文是"俑"之形。在甲骨文中已经出现了在原有基础上添加足之形（"止"）的字形，此时作"逇"。在西周金文中，"用"这一部分变作异体字"甬"。

释义 1.地名。该势力与殷商保持敌对关系。
2.祭祀名。

解说 与"远"一样，"通"在甲骨文中也未见到表示原义的用例，因此"通过"之意可能是引申义。

例文

丁酉卜生十月王敦通

（《甲骨文合集》20512）

丁酉日进行占卜：下一个月即十月，王要对通地展开攻击吗？

"生月"是下个月之义。"十月"在这里采用合文的方式进行记录。"敦"是攻击之义。"通"是一支与殷商敌对的势力。

律

教汉 九画 彳部 [日]六年级汉字

构成 形声字。义符是"彳（亻）"，声符是"聿（肀）"。有异体字在原有基础上添加了足之形"止"，此时字形作"逮"。由于这个字在甲骨文中只见于残片或短文中，故它在甲骨文中究竟表示何义暂且不详。

释义 不详。

例文

王弜……　　……册冊
王勿……律其……弗悔

（《甲骨文合集》28953）

王不能……律……不会后悔吗？
"律"是何意不详。

金部

"金（🇰）"字，最初表示铜这种金属之意，象经压延的铜棒放置在一起之形。

金
🇰

[教汉] 八画　金部　［日］一年级汉字
[构成] 象形字→形声字。参照前文。初文是"金"的字形中下部的两点，在西周金文中才添加了"全"之形；"全"这部分由"土"与声符"今（△）"构成，"土"这一部分表示"金"之物产自土石之中。另外，在西周金文中，"金"有从"王"的字形，即"🇰"，此时"王"这一部分可能意味着王所拥有的经济力量。
[释义] 铜块。
[解说] 从二里头文化一直到春秋时代，在这约一千五百年之间，人们所使用的金属器物几乎都由铜（青铜）铸造。青铜生锈后颜色会变青，但原本是淡金色的；它不仅用于铸造武器及工具，也用作装饰品的最高级的原料。到了战国中期以降，随着铁及金银加工技术的普及，"金"既可以作为金属的总称，也可以专指黄金这一种贵重金属。另外，由于在战国时期青铜货币也普及开来，故而"金"也可以用作金钱之义。

[例文]
🇰🇰🇰🇰🇰🇰🇰🇰
丁亥卜亘贞呼取金
（《甲骨文合集》6567）

丁亥日进行占卜，由亘来贞：要令某人来领受铜块吗？

"金"指铜块。这条例文是在占卜赏赐铜块这件事。赏赐的对象这里没有记载下来。

玉部

"玉（丰）"是系成串的玉饰的象形（字形中的3条短线表示玉）。"玉"是宝石的总称，自新石器时代起便作为贵重品而用于交易当中。下图即是殷代的玉饰，呈圆筒形，中空，可以用线串起。

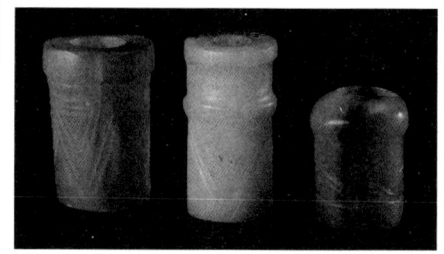

玉
丰　丰　羊　羊　𤣩　𤣩

[教汉] 五画　玉部　［日］一年级汉字
[构成] 象形字。参照前文。有异体字作"𤣩"，可能是起源于南方的玉琮之象形。下图即是从良渚文化（位于长江下游流域）遗址中发掘出来的玉琮，这件玉器外部是四方柱之状，内部呈圆形，中空。
[释义] 1.宝石的总称。

2.祭祀名。

3."帝五玉臣（采⊠丰月）"，帝（神名）的臣下"帝臣（采月）"之别称。详情不明。

例文

凶太祎王夕曰
貞王夢玉惟禍
（《甲骨文合集》6033）

贞卜：王梦到了玉石，会有灾祸吗？

"玉"指宝石。这条卜辞的内容是占梦。

冎部

"冎（呂）"是肩胛骨的象形。在中国，人们从新石器时代起就使用哺乳动物的肩胛骨来进行占卜活动了。因此本书认为，"冎"在最开始表示骨之意时可能是有选择性地专指肩胛骨。

骨（骨）

呂 呂 呂 呂 ㄨ

教汉 九画（十画） 骨部（骨部）

[日]六年级汉字

构成 象形字→形声字（亦声）。参照前文。有异体字作"ㄨ"，可能指的是手骨、足骨，而不是肩胛骨。在籀文中，人们在原有基础上新添了意谓"与身体相关"的"肉"，到了楷书中"肉"演化作"月（肉月旁）"之形。

释义 1.骨头。

（2.灾祸。此时"骨"即"祸[禍。呂，曰]"的略体）

例文

囗一屮貝出甴甴月甴丨
壬午卜賓貞畢骨盤有疾一月
（《甲骨文合集》13880）

壬午日进行占卜，由宾来贞：毕的骨盘有疾病吗？时在一月。

"毕（畢）"是殷商的一位有权势者之名。"骨盘（盤）"可能是指腰骨。"疾"是疾病之义。

肉部

"肉（囗）"象被切下的肉块之形。在甲骨文中充当部首时，主要被用来表示在祭祀活动中献上的祭肉之义。由于字形与"月（囗，见第五章）"颇为相近，"肉"在楷书中的字形多同化作"月"或者"夕"。

肉

囗

教汉 六画 肉部 [日]二年级汉字

构成 象形字。参照前文。

释义 祭祀名。可能是将肉献上的仪礼。

例文

乙丑卜贞妇爵肉子亡疾

（《甲骨文合集》22324）

乙丑日进行占卜，贞问：妇爵举行肉祭，其子不会有疾病吧？

这是一条非王卜辞。"妇爵"是一位女性的名字。"肉"是祭祀名，该祭祀旨在祈愿孩子无病无灾。

多

教汉 六画　夕部　[日]二年级汉字

构成 会意字。许慎将"夕"这一部分当作象月亮之形的"夕"来解释⑤，加藤常贤从之，但根据甲骨文形来看，"多"字应是许多祭肉（⊃）并置之貌，因此本书认为许慎与加藤常贤的观点有误。到了后世，肉之形同化作"夕"。

释义 1.众多。前缀，置于名词之前，表示多数形。

2.祭祀名。

3.人名。见于甲骨文第一期。也称"妇多（ ）"。

例文

勿侑多父

（《甲骨文合集》2192）

不向多父举行侑祭吗？

"侑"是祭祀的泛称。"父"并非仅用来指父亲，也指与父亲同辈的男性。

祭

教汉 十一画　示部　[日]三年级汉字

构成 会意字。手（又）持祭肉（⊃）、将其献上之形。有很多异体字添加了数个小点，表示滴落的血液。在殷代，"祭"并不是祭祀的泛称，而是一种特定的祭祀的名称。到了西周金文中，人们在原有基础上添加了象摆放供品的几案之形的"示"。肉对应于"月（肉月旁）"这部分，与手之形"又"、几案之形"示"相合，而成为"祭"的字形。

释义 1.祭祀名。向先王举行的五祀之一。

2.地名。是殷的敌对势力，也称"祭方（ ）"。

解说 五祀，即"祭、䄟、侑、彡与翌"5种，是以先王为对象而举行的祭祀。在甲骨文第二期与第五期中可以看到举行"周祭"（成体系地举行五祀）的记载。所谓周祭，就是依照先王的即位顺序轮番向其举行五祀，遍祭祖先；具体到每位祖先来说，即在与祖先名字中的天干相同之日对其举行祭祀，首先是将祭、䄟与侑三祀一起举行，然后是彡祭，最后举行翌祭。由于整个周祭的完成需要一年的时间，故而在甲骨文第五期中，人们将一年称作"祀"。

例文

丙子卜行贞翌丁丑祭于大丁亡𡆥

（《甲骨文合集》22767）

丙子日进行占卜，由行来贞：下一个丁丑日，对大丁举行"祭"之祀时，不会有神作祟吧？

丙子日的翌日即是丁丑日。"祭"在这里是祭祀名，五祀之一。"大丁"是殷的先王，在这里采用合文的方式记录。"㞢"是作祟之义。

𠂤部

"𠂤（𠂤）"在甲骨文中表示军队之义，繁文是"師"。

在篆书中，由于该字与"阜"形体近似，故许慎将其解释为小丘⑥，众多学者从之。但是如白川静所指出，在甲骨文阶段，该字形与"阜（阝）"的形体是不同的，本书赞同这一观点。

白川静认为"遣"的初文是"𠩺（𠩺）"，并且发现这一字形中的"𠂤"是手（又）中所持之物，再考虑到"𠩺"被用作祭祀名，因此他认为"𠂤"应指军队出征时携带的胙（祭肉）。

将白川静的观点与旧说对比分析，本书认为，在甲骨文中，是用"肉（⊃，见本章）"来表示祭肉之意，因此，"𠂤"可能是军队出行时军人所携带的器具或者干粮等物的象形。

师（師）

𠂤 𠂤

[教汉] 六画（十画） 丨部（巾部）
[日] 五年级汉字

[构成] 象形字→会意字。参照前文。在西周金文中，在原有基础上新添了"帀"的字形出现了。关于"帀"这一部分，许慎认为是表示环绕之意⑦，加藤常贤认为是形声字的声符，藤堂明保认为是旗帜的象形，白川静则认为指弯刀，孰是孰非暂且不明。

[释义] 1.军队。
2.职务名。担任军事职务的人。
3.军队的驻屯地。表示这一意思时也作"𨸏（𨸏）"。

[例文]

乙酉卜王貞師不余其見二月
（《甲骨文合集》20391）

乙酉日进行占卜，由王来贞：我不检阅军队吗？时在二月。

这是一条与阅兵相关的占卜。"余"是第一人称。及物动词"见"置于句末，是倒装形式。

追（追）

𠂤 𠂤

[教汉] 九画（十画） 辶部（辵部）
[日] 三年级汉字

[构成] 会意字（亦声）。由表示军队之义的"𠂤（𠂤）"与象征行进的足之形"止"所构成，表示追赶敌军。加藤常贤与藤堂明保认为"𠂤"是形声字的声符，而本书认为，因为在表示狩猎中追赶猎物的场合中，使用了从"豕（豕）"的"逐（逐）"字，"豕"是豚之义，因此"追（追）"中的"𠂤"应该也是一个兼表义的亦声部分。另外，如上文所述，白川静将"遣"解释为士兵接受祭肉而后追击敌人，但本书认为该观点过于执着于"𠂤"的原义因而有牵强附会之嫌。"追"的初文作"𠂤"之形，西周时人们在其基础上又添加了"彳"。"彳"与"止"合而为"辵"，与楷书中的"辶"相对应。

[释义] 1. 追赶。追击。

2. 人名。见于甲骨文第一期。

[例文]

貞犬追亘有及

(《甲骨文合集》6946)

贞卜：使犬人去追亘，能追上吗？

"犬"是职务名。"亘"是贞人，但一度与殷商为敌。"及"是追上之义。

馆（館，舘）〈官〉

[教汉] 十一画（十六画，十七画） 饣部（食部）
[日] 三年级汉字

[构成] 会意字→形声字（亦声）。由表示军队的"𠂤（𠂤）"与象房屋之形的"宀（∩）"所构成，表示军队停驻之处。初文是"官"，但是到了战国时代，"官"逐渐被用于表示官僚之义，于是在籀文中，人们在原有基础上添加了"食"这一部分表示供给军粮，遂有繁文"館"。

[释义] 1. 住宿的场所。驻屯地。

2. 祭祀名。

[解说] 与"馆"类似的汉字还有"𠂤（𠂤）"，在"𠂤"下加上一横，横线是表示地面的指事符号，整个字形则表示军队停驻于某地。在甲骨文中，这个字是表示驻屯之义的动词。有说法认为，该字为"次"之初文。

[例文]

辛未卜亘贞呼先館

(《甲骨文合集》4576)

辛未日进行占卜，由亘来贞：要令其先行进入驻地吗？

这段例文是在占卜是否让其先行前往驻扎地这件事。"呼"的对象在这里被省略了。

一部

"一（一）"是表示数字的指事符号。在殷代，人们用横线的条数来表示数字1到4。

早在仰韶文化的陶文中，我们就发现古人已经对竖线进行排列组合而将之刻画下来（参照第一章图1），这应该就是数字的原型。

一

[教汉] 一画　一部　[日] 一年级汉字

[构成] 指事字。用一条横线来表示数字"一"。

[释义] 1. 一个。

2. 第一。

3. "余一人（余一人）"，王专用的第一人称代词。

[解说] 限定于王使用的第一人称代词"余一人"被周人继承下来，在西周金文或文献史料中也可见到此语（或作"予一人""我一人"）。

[例文]

癸丑卜王曰貞翌甲寅迄酒彡自上甲衣至于后余一人亡禍

(《英国所藏甲骨集》1923)

癸丑日进行占卜，王曰："贞：到了下一个甲寅日，向上甲和位列其后的先王举行酒祭、彡祭和衣祭，我不会有灾祸吧？"

癸丑日过后即是甲寅日。"迬"表示某一日期来到。"酒""彡""衣"均是祭祀名。"上甲"是神话中的殷的始祖,"后"指上甲以后的先王。依照惯例,"贞"应该在前辞中,但事实上从"贞"字开始就是占卜之时所要宣读的内容。

二

〖教汉〗二画　一部（二部）[日]一年级汉字
〖构成〗指事字。用两条横线来表示数字"二"。
〖释义〗1.两个。
2.第二。
3."二告（=㞢）",一种兆辞。
4.重复记号。表示对标记有"="的文字进行重复。
〖例文〗

　　=㞢　不率黾　=㞢
　　二告　不率黾　二告

（《甲骨文合集》17778）

二告。不率黾。二告。

这段例文只记录有兆辞。所谓兆辞,即是对占卜时出现裂纹的状况的记录。这条卜辞的占卜内容部分缺损了。

三

〖教汉〗三画　一部[日]一年级汉字
〖构成〗指事字。用三条横线表示数字"三"。
〖释义〗1.三个。
2.第三。
3."三祖丁（≡啥）",第三位以"丁"命名的先王,即中丁的别称。

〖例文〗

丙午卜贞三祖丁罙后祖丁酒王其受有祐

（《甲骨文合集》27181）

丙午日进行占卜,贞问:向三祖丁与后祖丁举行酒祭,王会得到神佑吗?

"三祖丁"是先王中丁,"后祖丁"则是先王武丁。"酒"是祭祀名。""中的"="是重复记号,假借"右右"的字形而用作"有祐"之义。

四

〖教汉〗四画　囗部[日]一年级汉字
〖构成〗指事字→象形字（假借）。用四条横线表示数字"四"。初文作"亖"之形。为了防止将"三（≡）"与"四（亖）"混同,在籀文中造出了字形"囗"。有人认为这是假借的用法,"四"象张开口之形,是"呬"的初文。
〖释义〗1.四个。
2.第四。
3."四方（亖方）"。东南西北四方之神的总称。
4."四祖丁（亖啥）",第四位名为"丁"的先王即祖丁的别称。

例文

庚戌卜寧于四方其五犬

（《甲骨文合集》34144，见附图，右行）

庚戌日进行占卜：向四方神明举行宁祭，要用五条狗来作祭品吗？

"宁"是祭祀名。"四方"是祭祀对象。"犬"是祭祀时的牺牲。

上部

"上（⼆）"是由指事符号一条线和一点组合而成的文字；以线为基准，其上有一点，由此表示"上面"之意（与"下"相对）。

上

⼆ 二

教汉 三画　卜部（⼀部）［日］一年级汉字

构成 指事字。参照前文。在古文与籀文中，人们在原有基础上添加了一条将点与线连接起来的竖线。另外，白川静认为甲骨文形中的线指手掌，但本书认为其与手之形并不相同。

释义 1.上。上方。

2.上游。上流。与地名连用。

3."上帝（⼆朿）"，神名。单称"帝（朿）"的情况很多。

4."上甲（田）"，将"甲（十）"围起之形，与"上（⼆）"相重而构成"田"，指神话中的殷的始祖。也多使用其略体"田"。

5."上示（⼆丅）"，远祖的总称。也略称"上（⼆）"。

6."下上（⼀⼆）"，祖先神的总称。也称"上下（⼆⼀）"。

解说 关于"上帝"，其在甲骨文第一期中被人们奉作主神来崇拜，而在第一、第二期之间的甲骨文以后，祭祀祖先神占据了中心地位，上帝崇拜则衰退了。但是到了周代，对"帝"的信仰复兴；在春秋战国时期，人们逐渐地将"帝"与周之神"天"混同了，遂有"天帝"之称。

例文

求其上自祖乙

（《甲骨文合集》32616）

向远祖们祈求……的时候，要从祖乙开始吗？

"上"在这里是远祖的总称。"求"的宾语在这里被省略了。"祖乙"是一位在谱系里居中位的先王，可能是人们向"上"祈求时的媒介。

下

⼀ 丅

教汉 三画　一部［日］一年级汉字

构成 指事字。构形理据与"上（⼆）"相反，以一条线为基准，在其下加一点，由此表示"下面"之义。在古文与籀文中，人们在原有基础上添加了一条将点与线连接起来的竖线。

释义 1.下。下方。

2.下游。下流。与地名连用。

3."下乙（⼀乚）"，先王祖乙的别称。

4."下示（⼀丅）"，对年代较近的祖先的总称。也称"九下示（乚⼀丅）"。也略称作"下（⼀）"。

5. "下上（⌒⌒）"，祖先神的总称。也称"上下（⌒⌒）"。

例文

貞今者王勿乍従望乘伐下危下上弗諾不我其受祐

（《甲骨文合集》6506）

貞：现在，王不率领望乘讨伐下危吗？祖先众神会不赞同吗？我将得不到祖先的祐助吗？

"者"是表示时间的助词。"望乘"是人名。"伐"是攻击之义。"下危"是地名。"下上"是祖先神的总称。"諾"是同意、承诺之意。"祐"即神明的助佑。

小部

"小（⼩）"是由三个作为指事记号的小点排列而成的字形。

白川静认为其字形是对贝壳或者玉石的摹写，但是甲骨文中的小点多表示水滴或血液，此外，在"米（⽶，见第六章）"与"利（⽊，见第七章）"的字形中，小点指谷物之实，而在表示"一种将牺牲活埋的祭祀"之义的"埋（⽥）"的字形中，小点则指土石。因此，本书认为"小"并非某一特定物体的象形，而是一个表现较小之物的一般形象的指事字。

小〈少〉

⼩ ⼩ ⼩

教汉 三画　小部　[日]一年级汉字
构成 指事字。参照前文。也有异体字多出一画，作"⼩"，该字形后来演化作"少"；而在甲骨文中，"小"与"少"并无严密的区别，"⼩"也可以表示"不多，少"之义。

释义 1. 小。微小的。
2. 少。不多。
3. 祭祀名。
4. 地名。是殷商的敌对势力，称作"小方（⼩⽅）"。
5. "小臣（⼩⾂）"，殷王的臣下。
6. 与祖先神之名连用的文字，如"小辛（⼩⾟）""小乙（⼩⼄）"等。
7. "小示（⼩⽰）"，指属于近亲的祖先神。比"下示（⼀⽰）"血缘关系更近。
8. "小王（⼩⼤）"，祭祀对象。可能是地位仅次与王的人物。
9. "小子（⼩⼦）"，年轻的男子。
10. "小告（⼩⽚）"，一种兆辞。

例文

戊午卜勺侑小王

（《甲骨文合集》20022）

戊午日，由勺来进行占卜：要向小王举行侑祭吗？

"侑"是祭祀的泛称。"小王"是祭祀对象。

八部

"八（⼋）"是一个表示被分开的事物的指事记号。在甲骨文中，单一个"八"的形体多被假借去用作数字"八"。

八

八 八

教汉 二画　八部　[日]一年级汉字

构成 指事字（假借）。参照前文。

释义 1.八个。

2.第八。

3.地名。

4.人名。见于甲骨文第一期。也称作"妇八（ ）"。

例文

癸丑卜貞今歲受禾引吉在八月惟王八祀

（《甲骨文合集》37849）

癸丑日进行占卜，贞问：今年，能收获谷物吗？大吉。时在八月。王即位后第八年。

"禾"是谷物。"引吉（亦释作'弘吉'）"，与"大吉"意思相同，在这里采用合文的方式记录。"王八祀"是王即位后第八年之义。殷代末期，人们用"祀"来表记王的即位年数。

公

教汉 四画　八部　[日]二年级汉字

构成 会意字。" ， "与" "虽然都对应于"公"字，但其构形理据及用法有所不同。" ， "由物体被二分之形"八（八）"与器物之形" "所构成，被用来指祭祀对象。而" "是由表示建筑物的四边形" "与表示其前庭的"八（八）"所构成，该字形被用来指特定的设施。

释义 1.祭祀对象（此时字形为" "系）。即父辈（并不限于生父）的祖先，也称"公父（ ）"。

2."公宫（ ）"，设施名。建于殷都。

3.祭祀名（此时两系的字形中均有用例）。

解说 在西周金文中，虽然只继承下来了" "系的字形，但是两系的字义却都保留了下来，人们既可以用" "指祭祀对象"公父"，也可以指"官府，公家"（由"公宫"转用而来）。

例文

……天邑商公宮衣茲夕亡禍寧

（《甲骨文合集》36543）

……在都城天邑商的公宫中举行衣祭，这个夜晚会祥和安宁，无灾无祸吗？

"天邑商"是殷都。"公宫"是设施名。"衣"是祭祀名。"夕"是夜间之义。"宁"在这里是安宁之义。

谷

教汉 七画　谷部　[日]二年级汉字

构成 指事字、会意字。由两个指事符号"八（八）"重叠而成，指山向两侧分开的中间地带。在甲骨文中，其异体字已经有了在原有基础上加上口之形" "的会意字字形，即"谷"（关于"口"的意义，有人认为是声符，有人认为是洞口、洞穴之形，还有人认为是谷底的象形，等等，诸说皆有）。

释义 1.地名。

2.祭祀名。

例文

甲寅卜王曰貞翌乙卯其田亡災于谷

（《甲骨文合集》24471，见附图）

甲寅日进行占卜，王曰："贞，下一个乙卯日，在谷地狩猎，不会有灾祸吧？"

甲寅日过后即是乙卯日。"田"是狩猎之义。"谷"是狩猎地。"于谷"置于句末，是倒装的形式。图中下部的横线是区分段落的符号。

彡部

甲骨文中，"彡（彡）"是表示声音或光辉等无法触摸之物的指事记号。例如，"彡"在"彭（彭）"中表示大鼓（壴）之音，在下文所述的"易（昜）"中表示日光。

易

教汉 八画　日部　[日] 五年级汉字

构成 指事字。在"⊘"旁加上指事记号"彡（彡）"而构成的文字。加藤常贤与藤堂明保认为"易"指蜥蜴的光彩，而认作是"蜴"的初文，白川静则认为是玉石的光芒。在甲骨文中，"易"被用作天候用语，而认为其是太阳被遮住之义（据郭沫若）的说法较为接近于该字的用例，本书赞同该观点。鉴于"易"在甲骨文中的使用法，对"风（見第六章）"与"雨（見第五章）"很多，因此更严密地讲，"易"应该是"日隐云间（⊘），光线（彡）柔和的天候"之义。在字形上，后来"⊘"的下部与"彡"组合起来而演变成"勿"这一部分。

释义 1."易日（昜日）"，阴天。温和的天候。
2.给。赐予。此时其繁文为"赐"。

例文

甲申卜旅貞今日至于丁亥易日不雨在五月

（《甲骨文合集》22915）

甲申日进行占卜，由旅来贞：从今天开始，到丁亥日为止，阴天而不会下雨吗？时在五月。

甲申日过后的第三天即是丁亥日，这条卜辞是对这一期间的天气状况进行占卜。记时部分的"五月"以合文方式记录。

注释

① 许慎:"向,北出牖也。从宀从口。"(《说文解字》,第147页)
② 许慎:"定,安也。从宀从正。"(《说文解字》,第147页)
③ 在日语中,"丁"与"聽"音读相同,其汉音均为テイ(tei),吴音均为チョウ(cyou)。
④ 在日语中,"行"作部首字时称"行字旁(「行構え」)","彳"作部首字时称"行人旁(「行人偏」)"。
⑤ 许慎:"多,重也。从重夕。夕者,相绎也,故为多。重夕为多,重日为疊(叠)。凡多之属皆从多。"(《说文解字》,第138页)
⑥ 许慎:"自,小自也。象形。凡自之属皆从自。"(《说文解字》,第305页)
⑦ 许慎:"帀,周也。从反屮而帀也。凡帀之属皆从帀。周盛说。"(《说文解字》,第123页)

第十章

起源尚不明确的文字

本章所收录的是一些很难辨明其构形理据的文字。前半部分文字根据字义进行排列，按照数字、颜色、十天干的顺序。后半部分文字则根据楷书字体的笔画数机械地排列。不过对于那些被推定为属于同一部首的字则相连举出。而即便是象形、指事等构形理据而作出的分类，有一部分只是推定，难以证实。

五

ㄨ

[教汉] 四画　一部（二部）[日]一年级汉字
[构成] 象形字（假借）。加藤常贤认为是缠线用的器物的象形，将其解释为"大拇指和小拇指缠上丝线之貌，以此表示一只手的五根指头"。藤堂明保认为是表示交叉的记号，而解释为，用手指来数"十"之数的时候，数到数字"五"就要转换方向。白川静认为是器物的盖子的象形，表示数字是假借的用法。然而，在甲骨文中除了表示数字以外，并没有其他的用例。其构形理据暂时无法辨明。

[释义] 1.五个。

2.第五。

[例文]
翌乙酉侑伐于五示上甲成大丁大甲祖乙

（《甲骨文合集》248）

翌日即乙酉日，举行侑祭的时候，向上甲、成、大丁、大甲、祖乙这五位祖先神举行伐祭吗？

"侑"是祭祀的泛称。"伐"是祭祀名。"五示"是五位祖先神之义，在这里指从上甲到祖乙这五个人。"成"是被视为殷的建国者的大乙的名字。

七

十

[教汉] 二画　一部　[日]一年级汉字
[构成] 指事字。加藤常贤和藤堂明保均采用了"七"是以一横线将一竖线切断之形的指事字这一说法；白川静认为是切断的骨头的象形。然而，这个字在甲骨文中也仅仅见到作为数字的用法，因此其构形理据无法明了。此外，关于"切"字，之前都认为是表示切断之形的"七"再加

上一个表示切之义的"刀"而形成的繁文。然而"切"这个字是在篆书中出现的,由此说来,将"七"视为切断之形有可能是后起的解释。

[释义] 1.七个。
2.第七。

[例文]

婦井示七屯敲

(《甲骨文合集》13545)

妇井进贡了七对肩胛骨。敲。

这是一篇记载了甲骨纳入情况的记事刻辞。"妇井"是人名。"示"是进贡的意思。"屯"是左右一组牛的肩胛骨的意思,"七屯"是七对。末尾的"敲",是表明贞人敲收下了这批肩胛骨而署的名。

十

[教汉] 二画　十部　[日]一年级汉字
[构成] 指事字。加藤常贤认为这个字形是针的象形,而且就是"针"的初文。藤堂明保认为"十"是表示积累满"十"而计作一个单位的指事符号。白川静认为这是一种计算用的器具的象形。但是在甲骨文中只有作为数字的用例,因此难以确证。不过正如下文所述,由于将其字形("丨")自身组合在一起的话,能表示较大的数字,因此它可能不是单纯的指事符号。关于其字体,西周金文中在中央加上了一点,在籀文中则出现了将这一点变为一条横线的字体。

[释义] 1.十个。

2.第十。

[解说] 甲骨文中,从二十到四十的数字,是通过增加竖线的条数,如"二十(∪)""三十(Ш)""四十(Ш)"这样的方式来表记。五十以上的数字,则是像"五十(丮)"这样,将数字和"十(丨)"相组合,他如"六十(办)""七十(丯)""八十(从)""九十(九)"之类。

[例文]

己酉風十月

(《甲骨文合集》13335)

己酉日刮风吗?时在十月。

这也有可能是验辞,则为"己酉日刮了风"。

白

[教汉] 五画　白部　[日]一年级汉字
[构成] 象形字。有说法认为其原义是首长之义,其字形即是大拇指的象形,加藤常贤从之。藤堂明保则认为是粽子的象形,因其内的糯米是白色的,故而成为表示白色的文字。白川静则认为是白骨化了的头盖骨的象形。其中,关于"粽子"之说,因为存在从白从木的"柏(柏)"字,或者从白、丝束、木的"樂(樂)"(见第六章)"字这样组合而成的文字,故而也可以说是有一定的论据的,然而,这些字可能并不是在表示作为其原型的物体,而是表示"白色的树木""白色的丝",因此眼下还不能确定"白"的原义。此外,如后文所述,"百"(百)

是假借"白"而来的字,但是从"白"的字形有很多,因为原型相近,因此"白"可能是一个更为简略化的字形。

释义 1.白色。白色的。

2.地方的领主。不论敌我,均使用这一称号。在这种情况下,"伯"是它的繁文。

3.地名。

4.祭祀名。

例文

壬申卜貞王田㪇往來亡災獲白鹿一狐二

(《甲骨文合集》37449)

壬申日进行占卜,贞问:王在㪇这个地方狩猎的时候,往来路上没有灾祸吧?获得白鹿一只、狐狸两只。

"田"是狩猎的意思。"㪇"是地名。"往来"是往返之义。"白鹿"是白毛的鹿。

百

教汉 六画 一部(白部)[日]一年级汉字

构成 象形字(假借、合文)。在殷代,"百"同"白"发音相同,故而假借了"白"字,并且加上了数字"一(一)",而构成了合文,表示"一百"的意思(也有字体没加上"一")。在甲骨文中,二百以上也是通过增加数字的方法来表示的,如"䇂(二百)""䇃(五百)"。

释义 1.百,一百。十位之上的数位。

2."三百射",三百人的射击部队,也称"射三百"。

解说 在殷代,战车(关于"车",见第八

章)已经存在了。因为战车是供乘坐的人员在上面拉弓射击的兵器,因此也有说法将"三百射"解释为三百台战车之义。在中国,一直到春秋时代,战车都是主力兵器,在文献资料中,有"车三百乘"等之语,以战车的数目来记述军队的规模。

例文

貞勿令畢以三百射

(《甲骨文合集》5769)

贞卜:不要让毕这个人率领三百人的射击部队吗?

"毕"是人名。"以"是率领的意思。

黑(黒)

教汉 十二画(十一画) 黑部

[日]二年级汉字

构成 象形字→形声字(亦声)。许慎以其篆书的字体从火,从而将其解释为在火上熏烤之后所形成的颜色①。加藤常贤和藤堂明保的理解与许慎之说比较接近,认为是由火和烟囱里的煤所组成的文字,白川静也认为是将放入袋子中的东西在火上熏蒸之形。然而,在甲骨文的阶段,字形的下部没有火(见第五章),这是在古文和籀文中才添加上的义符(对应于"灬"的部分)。在甲骨文中,旱灾之义的"暵"字的初文"堇"就是一个在"黑"上添加口之形"口"而成的会意字,那么"黑"字有可能也和旱灾有什么关联吧。

释义 1.黑色。黑色的。

第十章 起源尚不明确的文字 215

2. 旱灾。在这种情况下就是"菓"的略体。

例文

求雨叀黑羊用有大雨

（《甲骨文合集》30022）

求雨之时，如果用黑羊的话，会有大雨吗？

"黑羊"是黑色毛的羊。这是倒装句，及物动词"用"字放在宾语"黑羊"之后。

黄（黃）

教汉 十一画（十二画） 黄部（黃部）
[日] 二年级汉字

构成 象形字。字形中含有一个像矢（↑）一样的形状。加藤常贤认为西周金文中的"黄"（黃）字，其上部有一个像火一样的形状，由此认为整个字形即是火矢（带火的箭），藤堂明保从之。然而在甲骨文中，这个部分并不存在，而且金文中的"廿"这个形状，与"火"并不相同（金文中的"火"之形为"山"或者"火"），所以以火矢为其字源并无根据。白川静在加藤常贤的说法之外，还提示了一种想法，即将其视为佩玉的象形。所谓佩玉，是在腰间佩戴的饰品，即将平面的玉饰品用绳线系在一起（插图就是战国时代的佩玉的复原图）。殷代的玉，大多数呈淡黄色，由此而有"黄色"的意思，也是讲得通的；然而因为尚未能够将殷代的佩玉的形状复原出来，故而目前不能证实其与"黄"的字形的关联。此外，也有异体字从像"大（大，见第三章）"一样的字形，所以"黄"的字形有可能不是佩玉本身的象形，而是从正面看去的一个腰间佩戴了玉的人的样子。

释义
1. 黄色。黄色的。
2. 地名。
3. 人名，见于甲骨文第一期。
4. 人名，甲骨文第五期的贞人。
5. "黄尹（黃尹）"，被奉为殷之神的伊尹（伊尹）的别称。

解说 关于神之名黄尹，作为"黄"的多种字形之一，"寅"也作为"寅（↑）"字的异体字来使用。正因为如此，可以推定黄尹原本的称呼是"寅尹"，后来发音变化作"伊尹"，字形则变化为"黄尹"。

例文

乙卯其黄牛征王受有祐

（《甲骨文合集》36350）

乙卯日，以黄牛来举行征祭的时候，王会受到保祐吗？

"黄牛"是黄毛的牛。"征"在这里是祭名。"⻌"中的"＝"是重复符号，这里假借了"右右"的字形来表示"有祐"的意思。

例文

丙戌卜贞武丁丁其牢

（《甲骨文合集》35832）

丙戌日进行占卜，问问：向武丁举行丁祭的时候，要用牢吗？

"武丁"是殷的先王。后一个"丁"是祭祀名。"牢"是在家中饲养的牛，或者是指牛、猪、羊构成的一组牺牲。

丁
□ ■

教汉 二画　一部　[日]三年级汉字

构成 象形字。有说法认为是"钉"的初文，字形是钉帽的象形，这一说法比较有力，加藤常贤、藤堂明保、白川静均从此说。然而，这一说法根据的是其篆书字形（↑）可以被视为钉子的侧面之形，但是在甲骨文中，"丁"并不用作钉子的意思（"钉"这个字也是在篆书阶段才出现的）。甲骨文中，"□"这个字形被使用的最多的是城墙的意思，例如："邑"（𨺬）就是由城墙"□"和在城墙处居住的人（⺈）组合而成；"正"（𢀖，见第四章）"就是脚（⺊）朝向城墙之形，以此表示征伐之义。由此看来，丁应该是城墙的象形。

释义 1.十天干中的第四位。

2.祭祀名。也有说法认为是"禘（帝）"的假借字。

3.指称先王武丁时的略称。

解说 在中国，从很早开始，城市就用方形的城墙围起来了。附图就是被推定为殷代前期都城的郑州遗址的发掘地图，粗线为城墙。有些走形的方形即是内城，在南部也发现了外城的一部分。

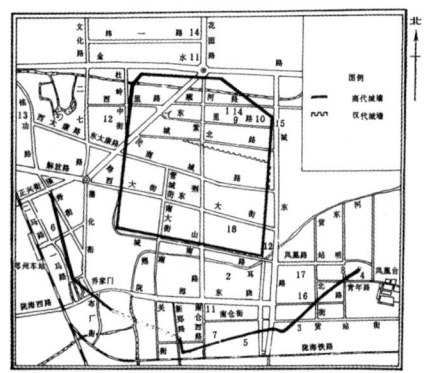

己
己

教汉 三画　己部　[日]六年级汉字

构成 象形字。加藤常贤采用的是"很长的丝的末端"之说。藤堂明保认为是表示曲折之形的指事符号。白川静认为是尺子的象形。甲骨文中只有作为十天干之一的用法，因此其构形理据难以明确。不过，如果观察与之类似的字形，则有"弗（弗）"字像是用"己（己）"将某物捆绑住之形；还有在"雉（𦫵）"的异体字"𩿇"中，"己"则是在捕鸟用的箭矢上缠绕的绳结。由此看来，"己"可以推测为绳子的象形。

第十章　起源尚不明确的文字　217

[释义] 十天干中的第六位。

[例文]

己丑卜行貞王賓雍己彡亡尤

《甲骨文合集》22816

己丑日进行占卜，由行来贞：王在参加为雍己举行的彡祭时，不会有什么灾厄吧？

"宾"是参加的意思。"雍己"是先王之名，这里以合文的方式表记。"彡"是祭祀名。"尤"是灾厄的意思。

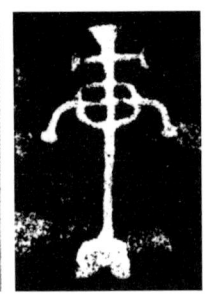

康

[教汉] 十一画 广部 [日]四年级汉字

[构成] 象形字。在"庚（吊，庿）"字上添加小点之形。关于"庚"，加藤常贤依据其篆书字形"庿"，认为是两手持杵，将谷物捣碎之形。藤堂明保与白川静也持相同的说法。然而在篆书以前，其并没有字形是从两手之形（𦥑）。顺便说一下，在甲骨文中确有两手持杵而将谷物捣碎的字形"𦥑"，释为"舂"，而非"康"字。此外，还有说法认为是有柄的乐器"钲"（郭沫若主此说）。在金文的图像记号（表明作器者的记号）中，确实有像是在"庚"上附上柄的形状，但是和钲的实物对照来看还是有差异的，很难说二者是一致的（附图就是青铜器钲和金文的图像记号）。由此看来，到目前为止，"庚"以及"康"的原义还未能明确。

[释义] "康丁（庿口）"，殷的先王。甲骨文中多称作"康祖丁（庿唱）"。文献资料中，"康"被误作"庚"字，而变成了"庚丁"。

[例文]

丁卯卜貞王賓康祖丁䉛亡尤

（《甲骨文合集》35955）

丁卯日进行占卜，贞问：王在参加为康祖丁举行的䉛祭时，不会有什么灾厄吧？

"宾"是参加的意思。"䉛"是祭祀名。"尤"是灾厄的意思。

方

[教汉] 四画 方部 [日]二年级汉字

[构成] 象形字。许慎以其篆书字体"𠂉"为基础，将其视为两舟相并之形②。然而在甲骨文中，其字形和"舟（舟，参照第八章）"还是有差异的。加藤常贤和藤堂明保所采用的说法是"带柄的耜的象形"。甲骨文中的"耤（㚔）"字是人在耕作的样子，左边的耜的形状确实与方（𠂉）比较相似。此外，白川静将其视为尸体被架在横木上之形。"𠂉"之形也作为"人"（亻，见第三章）字的异体来使用。此外，还有说法认为是将刀悬挂起

来之形，其与"刀"（𠂉，见第七章）的字形也确实相似。关于其构形，有如上各种说法，然而在甲骨文中，没有记述能表明到底哪种说法是正确的。

[释义] 1.领域。某一地方的管辖地，如"东方（東𠂉）""西方（卣𠂉）"等。
2.司掌方位的神，如"东方（東𠂉）""四方（三𠂉）"等。
3.地方。边境。
4.殷的敌对势力。也与地名连用，而称呼作"舌方（呂𠂉）""基方（凶𠂉）"等。"方伯（𠂉日）"是敌对势力的首长。
5.祭祀名。这种情况下也可以释为"祊"。

[例文]

丙戌卜今者方其大出五月
（《甲骨文合集》6692）

丙戌日进行占卜：现在，方会发动大规模的攻击吗？时在五月。

"者"是表示时制的助词。"方"是殷的敌对势力。"出"是出击的意思。

不〈否〉

[教汉] 四画　一部　[日]四年级汉字
[构成] 象形字（假借）。《诗经》一书中有"鄂不（这指的是花萼）"之语，故而将"不"字视为花萼的象形之说比较有力。然而，在甲骨文中，没有表示原义的用例。此外，还有说法认为是花枯萎而垂下来之形，也有草的根部的象形之说。

[释义] 1.不……。否定助词。这是假借的用法。
2.连接后文，表示对其的否定。在这种情况下，也可以解释为"否"。
3."不𦉼黾（𠀚㱿𪓷）"，兆辞的一种。

[解说] "否"是"不"加上义符"口"而形成的繁文，与"不"是同源字。"否"这个字在西周金文中才出现。

[例文]

癸未卜不雨允不
（《甲骨文合集》21099）

癸未日进行占卜：不下雨吧？果然不下雨。

"允不"是验辞，记下了没有下雨这件事。

用

[教汉] 五画　冂部（用部）　[日]二年级汉字
[构成] 象形字（假借）。加藤常贤和白川静所采纳的说法以其为牧场的栅栏之形。藤堂明保则认为是在木板上钻孔之形。此外，还有一个与"用"字同源的"甬"字，在中国有"銿"的初文之说或者"桶"的初文之说。在甲骨文中，都是被假借去用作"使用"之义，因此，想要明确其原义是比较困难的；不过，字形与之相近的"凡（𠙹）"字表现的是中空的容器的一般的形状（参照第八章），因此将其视为"銿"或者"桶"的初文是妥当的。

[释义] 1.使用。甲骨文中，主要是表示"将家畜或者奴隶等用作祭祀的牺牲"之义。

2."兹用（㠭用）",是一种验辞,表示命辞的内容被采用了。也只记录作一个"用（用）"字。反义词是"兹不用（㠭不用）"或者"不用（不用）"。

骨文中,二者对应的分别是"ㄋ"与"亻",与"司"的字形不同。白川静认为是祭祀时所使用的器物。还有一些说法认为是耜或者刀的象形,但在甲骨文中并没有什么记述能够让我们明晰这个字的构形理据。此外,在甲骨文中,已经出现了加上"口"之形而构成的会意字。

【释义】1.祭祀名。

2."司母（司母）",王的后妃。

3."龏司（龏司）",王的正夫人。殷代的金文中,称作"龏司母"。

(4."示［T］,见第八章"的假借字。)

(5."祀［TL］"的假借字。)

【例文】

贞惟龏司壱妇好

（《甲骨文合集》795）

贞卜：龏（龏）司会向妇好作祟吗？

占卜的内容是,已故的正夫人会不会向后妃妇好作祟。

【例文】

三牛　五牛兹用　三小宰

（《甲骨文合集》29643,见附图）

用三头牛吗？用五头牛吗？用。用三头小宰吗？

在牛骨上刻写卜辞的时候,最下面的段落应当视为第一段。这篇卜辞所占卜之事是选择祭祀所用的牺牲。"五牛"和"兹用"写在一处,表示其得到了采用。所谓"宰",是指家中饲养的羊,或者指羊和猪一组牺牲。祭祀之名和祭祀的对象都省略了。

司

【教汉】五画　丁部（口部）［日］四年级汉字

【构成】象形字、会意字。关于"ㄋ"的字形,加藤常贤认为是人屈身之形,藤堂明保认为就是人的形象,然而在甲

西

【教汉】六画　西部（西部）［日］二年级汉字

【构成】象形字（假借）。许慎以篆书的字体为基础,将其视为鸟在巢上之形③,然而在其甲骨文形中并未含有鸟之形。加藤常贤认为是盛酒之物,藤堂明保和白川静则认为是笼子的象形。从甲骨文形来看,其字形"⊗"与酒器"卣（卣）"相似,还有字形"囲"仿佛笼子一样,因此何者为是,尚不能分辨。与之类似的字形有"卤（卤）",是岩盐被装入袋中之形,或

许"西"是一种袋子的象形。另外，后世继承了"⊗"这个字形。

释义 1.西。指西这一方向。
2.西方的。西侧的。
3.殷的支配地中，都城以西之地的总称。也称"西土"(卌⊗)或者"西方"(卌丫)。
4.向西行进。
5.司掌西方之神。也称"西方(卌丫)"。
6.地名。

例文
己巳卜宾贞禘于西
《甲骨文合集》14328)

己巳日进行占卜，由宾来贞：向西方之神举行禘祭吗？

"禘"是祭祀之名。"西"是司掌西方之神。

由

教汉 五画　丨部（田部）［日］三年级汉字
构成 象形字、会意字。"由"与"西"的异体字（⊗系）同形。"由"还有异体字是将"⊗"的略体放在土台（凵）上之形（"㠯"），这个字形为后世所继承。

释义 1.祭祀之名。
2.改变方向继续前进。
3."由言(⊗呂)"，祭祀名。内容不明。也有可能是"西言"。

例文

……宾贞麋告曰方由今春凡受有祐

（《甲骨文合集》4596，见附图）

……由宾来贞：麋禀告说方人改变了方向前进，这样一来，今年春天，凡会受到庇佑吗？

这篇卜辞有一部分缺损。"麋"和"凡"是人名。"方"是殷的敌对势力。"由"是改变方向而前进。

曲

教汉 六画　丨部（曰部）［日］三年级汉字
构成 象形字。加藤常贤和白川静都认为这是将竹子之类的材料弯曲之后做成的器物。藤堂明保认为是某种弯曲的东西。然而，在甲骨文中，缺乏可供我们明了其原义和构型理据的相关记述。

释义 1.形容、描述之语。内容不明。
2.人名。

例文
允曲

第十章　起源尚不明确的文字　221

（《甲骨文合集》22097）

果然，曲。

这是验辞部分。"曲"所指的意思不明。

再

教汉 六画 一部（冂部）[日]五年级汉字

构成 指事字。在"冉（丹）"的上下各添加一条作为指事符号的横线，从而构成其字形。冉的部分，有说法认为是木构件之形（许慎④与藤堂明保），也有说是竹笼之形（加藤常贤），还有说是编绳之形（白川静），等等。表示众鸟聚集之意的"集"字（䳜，见第六章），是由鸟之形"隹（𢀭）"和"冉"字的异体"丹"所构成，而"冉"这个部分无论是表示木构架的笼子也好，是养鸟的笼子也好，还是系缚住鸟足的绳结也好，都解释得通。此外，在甲骨文中，这个字仅有一例，且是见于一篇缺损了的卜辞中。不管添加的上下两横的意义，还是其原义，现在都不明晰。

释义 不明。

例文
……丹彡……
……再允……
（《甲骨文合集》7660）
……再。确实……

"再"的意义不明确。

在（才）

教汉 六画 土部 [日]五年级汉字

构成 象形字→形声字(亦声)。初文是"才"之形。许慎认为是草木发出新芽之形⑤，然而在甲骨文中表示这个意思的是"生（屮，见第六章）"字，而非"才"字。加藤常贤和藤堂明保均认为这个字是拦截河川的堤堰之形，因为在"灾"（巛，见第五章）的字体中包含有这个字形；然而，"灾"有一个表现战祸的异体字"𢦏"，从戈从才，因此认为"才"纯粹是其声符。白川静将其视为一种标识，是十字交叉在一起的木头；此说虽然在逻辑上并无矛盾之处，但因为在甲骨文中并没有表示原义的用例，所以难以得到确证。关于其字形，在西周金文中添加了"士"而衍生出繁文（"士"的意义不明）；到了篆书，"士"变为了表示"所在地"之义的义符"土"。

释义 在。表示所在的场所或时间。

例文
甲寅卜行贞王其田亡灾在二月在师封
（《甲骨文合集》24248）

甲寅日进行占卜，由行来贞：王将去畋猎，没有灾祸吧？时在二月；在封地的驻屯地。

这篇卜辞的记时部分将月份和占卜地都记录了下来。"田"是狩猎的意思。"封"是地名，"师封"是位于该地的驻屯地。

危（危）

教汉 六画 㔾部（卩部）[日]六年级汉字

构成 象形字→形声字（亦声）。许慎认为其字从"厂"，是人站立于崖上之形⑥，加藤常贤、藤堂明保和白川静都从之。然而，在"危"的甲骨文形中，既不包含"厂（𠂆）"，也不含有"人（𠂉，见第三章）"，因此，"危险"的意思当是引申义，或是种假借的用法。由于甲骨文中只有作为地名的用例，故而难以明了其原义；尽管如此，在亡佚字当中，有一个字形是以"两手（𦥑）"持"危（𠂊）"的"𦥽"，由此而推测"𠂊"是人所使用的某种道具的象形。其初文是"𠂎"这一部分，在篆书中，加上了"卩（㔾）"，即一个人因为对危险的恐惧而跪坐下不动之形。

释义 1. 地名。殷的敌对势力，也称作"危方（𠂊𠂉）"。

2. "危伯美（𠂊𠯑曰𦥽）"，人名。甲骨文第三期到第五期出现。"危"地的领主，为殷所讨伐。

3. "下危（一𠂊）"，地名。殷的敌对势力。"下危"和"危"之间的位置关系不明。

例文

　　……𠀇𠯑一𠂊𠀗𠂉

　　……王征下危受有祐

　　　　　　（《甲骨文合集》6528）

　　……王征讨下危这个地方，会受到庇佑吧？

　　有一部分缺损了。"下危"是地名。"祐"是神的庇佑和帮助之义。

呼

丅 丅

教汉 八画　口部　[日]六年级汉字
构成 象形字→形声字（亦声）。此字的篆书字形"丅"从"兮"，许慎基于此而将其原义解释为呼气⑦，加藤常贤与藤堂明保也持相同的说法。然而，在甲骨文阶段，"呼"的字形与"兮（丅）"在形体上还是有少许差异的。白川静将其解释为呼唤神的鸣器，这是到目前为止，唯一依照甲骨文的字体而做出的解释。不过，"丅"与祭祀神灵用的几案的象形"示（丅，见第八章）"的字形相近，因此，其可能并非鸣器，而是表示在祭案上摆放供物而呼唤神灵的意思。这个字的初文只是"乎"这部分，后来"乎"逐渐作为表达疑问的文末助词来使用，所以为了表示"呼唤"这个意思，在篆书中，加上了作为义符的"口"，从而造出了其繁文。

释义 呼唤，呼叫。召集来，叫到跟前。召集过来使之做某事。

解说 在甲骨文中，很多占卜的内容都是殷王将臣下或者地方领主等人召唤过来，使其做一些事，故而在"呼"的对象和相应的动词都有记载的情况下，就可以理解为"要将某某召唤过来，（使之）做某事吗？"。

例文

　　𦥽丅𠂆𠮷𠮷𦥽

　　贞呼多臣伐舌方

　　　　　　（《甲骨文合集》615）

　　贞卜：要召集来群臣，命其讨伐舌方吗？

　　"多"是表示多数形的前缀。"臣"是王的臣下。"伐"是攻击的意思。"舌方"是殷的敌对势力。这条卜辞占卜的是召集臣下，让他们去讨伐舌方这件事。

注释

① 许慎:"黑,火所熏之色也。从炎,上出囧。囧,古窗字。凡黑之属皆从黑。"(《说文解字》,第210页)
② 许慎:"方,併船也。象两舟省总头形。凡方之属皆从方。"(《说文解字》,第174页)
③ 许慎:"鸟在巢上。象形。日在西方而鸟栖故,因以为东西之西。凡西之属皆从西。"(《说文解字》,第247页)
④ 许慎:"再,一举而二也。从冓省。""冓,交积材也。象对交之形。凡冓之属皆从冓。"(《说文解字》,第78页)
⑤ 许慎:"才,草木之初叶。从丨上贯一。将生枝叶。一,地也。凡才之属皆从才。"(《说文解字》,第122页)
⑥ 许慎:"危,在高而惧也。从厃,自卪止之。凡危之属皆从危。"又,关于"厃",许慎将其解释为"厃,仰也。从人在厂上。一曰屋梠也,秦谓之桷,齐谓之厃"。(《说文解字》,第192页)
⑦ 许慎:"呼,外息也。从口,乎声。"(《说文解字》,第25页)

附录一

术语说明

时代

磁山·裴李岗文化
磁山·裴李岗文化位于黄河中游，是目前确认的最早的新石器时代文化，其年代大约为公元前6000—前5000年。这一时期，聚落形成了，也使用了土器。也有学者依据出土文物，将磁山文化与裴李岗文化区分开，认为是两种不同的文化类型。

仰韶文化
仰韶文化是黄河中游地区的新石器文化，大约在公元前5000～前2500年。仰韶文化的聚落规模扩大，且修筑了防御用的环濠（空壕，即干沟）。使用彩陶等器物。

龙山文化
龙山文化是继仰韶文化之后的新石器文化，大约在公元前2500～前2000年。一般人们称黄河中游地区为中原龙山文化，称黄河下游地区为山东龙山文化。在该文化遗址中，可见到出现了四周围有用于防御的城墙的小都市，居民使用黑陶等。

二里头文化

二里头文化是中国最古的青铜器文化，在这里中国最初的王朝兴起了。其年代大约为公元前2000~前1600年。据推断，二里头遗址即当时的都城所在地。

商

商朝是中国历史上的第二个王朝，持续时间在公元前16~前11世纪。考古学上，将商朝前期称作二里岗文化，推定郑州（商城）遗址是其都城所在地。商朝后期则被称作殷墟文化，推定其都城位于安阳殷墟遗址。商朝后期制作了大量的甲骨文，近世从殷墟出土了可观的甲骨文材料。

西周

西周是继商朝之后的朝代，持续时间在公元前11~前8世纪。西周建都于镐京，首创了封建制度、一套前所未有的仪礼等。与商朝相比，西周的统治更为稳定。

春秋、战国

周平王迁都到东方（洛邑），以之为节点，此后就进入了春秋、战国时代。其持续时间在公元前8~前3世纪。周王室的政治权力日益衰微，诸侯国各自开展外交活动；而且各国所使用的文字形体都不同，本书统称之为古文以及籀文。

秦朝

秦始皇在完成了统一中国全境的大业之后，于公元前3世纪后半叶建立了秦朝。秦朝修筑了万里长城，统一了度量衡与文字等。但在秦始皇去世后不久，秦朝便灭亡了。

汉字的字体

陶文

陶文是先民在陶器上刻画的符号，最早见于仰韶文化。

甲骨文

古人在龟甲或者牛的肩胛骨上契刻的文字,以记录使用甲骨进行的占卜的内容。

金文

金文是铸刻在青铜器上的文字;始于殷代后期,盛于西周。

古文

本书中的古文,指春秋战国时代所作的诸种文字当中,东方诸国所使用的文字。无法将其与籀文作严密的区分。

籀文

本书中的籀文,指春秋战国时代所作的诸种文字当中,西方所使用的文字。无法将其与古文作严密的区分。

篆书

秦始皇建立王朝后,将当时的多种字体进行统一的产物。主要是以秦国的籀文为基础。

隶书

隶书是汉朝的官吏等人主要使用的字体,是由篆书简化而来。

楷书

楷书是现在仍在使用的汉字字体。形成于魏晋南北朝时期。

新字体

新字体(日本新字体)原来是指在现代日本的学校教育中所引入的汉字字体。(编按:本书中所说的"新字体",由于是面向中国的读者,今皆改成当今中国的学校教育中所通行的简体汉字)新字体是以俗字、省略形等为基础,而采用了容易记忆、书写的字形,因此很多新字体在构造上与传统的汉字相比都发生了较大的变化。

拓本

对于甲骨文或金文等,将纸张紧覆在甲骨或青铜器上,然后在纸上涂墨,而显出、印上其文字、图像。在黑底中，凹陷的文字部分就会呈白色而浮现出。

摹本

模写甲骨文或金文等。

汉字的构形理据

象形字

像物体之形的文字。象形字是从图画文字发展而来。

指事字

指事字是在象形字的基础上，加上指事符号以表示某一部分或者某种状态。也有仅由指事符号构成的指事字。

会意字

由象形字或者指事字组合而成，表示某一动作或者形态、情状。

从

对于作为一个文字的构成要素的那个部分，表记为"从……"。例如"休，从人与木"。

形声字

形声字是由表示意义的部分(义符)和表示发音的部分(声符)组合而成的文字。虽说甲骨文中形声字的数量并不多，但是后世所造的汉字大部分都是形声字。

义符

形声字中表示意义（按大致的分类）的部分，例如形声字"室（𠆢）"的义符即是"宀（冂）"这一部分。

声符

形声字中表示发音的部分,例如"室（𠆢）"的声符即是"至（⛿）"这一部分。

声符未必与文字的发音完全一致，也有将一个声符代用于类似发音的文字中的情形。此外，有些字在造字之初与其声符同音，但到了现代，文字的读音发生改变而与声符不一致的情形也时有发生。

亦声

形声字中的声符不只表示发音，也表示意义，在这种情形中，其声符部分称为亦声；或者是会意字的某一部分，既表示意义，也表示发音，该部分也称作亦声。

假借

假借是一种用字法，在本当使用某一汉字表示某一意义时，借用了与其发音相同的另一个汉字来表示该义。其所借用的汉字就是一种借用字。特别是当这种用法被固定下来，借用字只表示其假借义，即被称作假借字。

转注

许慎提出了"转注"这一汉字类别，但并没有进行详细的阐释，因此关于转注的内涵，诸说纷纭。

初文

若某个汉字的构造在后世发生了变化，则将其变化之前的字形称作初文。例如，"雲（𩃬）"的初文是"云"。

繁文

若某个汉字的构造在后世发生了变化，本书将其变化之后的字形称作繁文。

原义

在最初的造字阶段，文字所表达的意义。该意义是其字形所直接表现出来的。

引申义

派生出来的意义。引申义无法通过其字形直接地表现出来，需要通过联想及关联而逐渐地将某一文字用作其所表示的意义。

字释

以甲骨文所表达的意义为基础，将其转写为楷书字体。如果以甲骨文的字形为优先，而将其转写为楷书，这种情况下则称为隶定。

异体字

在甲骨文中，同一意义的文字却使用不同的字形，这种情形很多，这些不同字形的文字就被称为异体字。

分化

在甲骨文中，相同形体的文字或者其一部分，到了后世，变作了不同的形体。

同化

在甲骨文中不同形体的文字或者其一部分，到了后世，变作了相同的形体。

左右反转字

在甲骨文中，有些汉字形体的左右反转，但是表示的意思相同，彼此可以通用，本书中称“左右反转字”。只有一种情况例外，即依据方向是朝左或右来表示其意义的“左（）”与“右（）”，其字形虽然也是左右反转的，但是意义是相反的。

合文

合文是把两个或以上的文字组合成一个文字的书写方法，在甲骨文中很常见，例如“十二月（）”“祖乙（）”等。

亡佚字

亡失字是那些存在于甲骨文中，但后世不再使用的文字。虽然亡佚字已经不存于楷书中，但是作为其字的构成要素的各部分却可以在楷书中转写作对应的字形，因此我们可以将其各部分的楷书字形组合起来，而用楷书写出亡佚字的疑似字形。

甲骨文的内容

甲骨占卜

古人将骨片较薄的部分进行加热，根据骨片上出现的裂纹来占卜未来。到了殷朝后期，人们多用牛骨、龟甲来占卜，并将占卜的内容刻写在甲骨上。在殷代，甲骨占卜是受到操控的，为了更容易获得吉兆，还会对甲骨进行加工。

甲骨文的语法

甲骨文的语法与后代的汉文（即古代的文言文）的语法大致相同。而且甲骨文中较少有难解的助词，复杂的长句也不多见，可以说文法更为平易。

助辞

助辞是日语中所说的助词及助动词等的总称，也叫助字、助词。例如，发语词"惟（これ）"、表示起点的"自（～より）"、表示否定之意的"不（～［せ］ず）"等。

前辞

前辞是卜辞中对举行占卜之时的状况进行记录的部分，其典型范式是"干支卜某贞"。

干支

古人将十大天干与十二地支相组合来表示日期，以 10 与 12 的最小公倍数 60 日为一个循环。后世也将干支转用于表示年数等。

贞人

贞人是负责主持占卜仪礼的人。在前辞中有时会有贞人的署名。

命辞

占卜内容的一部分。命辞是对于未来的发问，因此我们采用疑问句的形式来加以训释。据推断，占卜之际所宣读的内容被如实地记录下来，即命辞部分，而且倒装、省略的情形很多见。

占辞

卜辞中判断吉凶的部分。在占卜中，要进行吉凶判断，此时仪礼的主持者并非贞人，而通常是王自己来主持，因此以"王占曰"开头的占辞是很多的。一些占辞为了装成判断是正确的，而进行了篡改。

验辞

验辞是对甲骨占卜之后，实际发生了什么进行记录的部分。一部分验辞为了装成占卜的吉凶判断是正确的，而作些牵强附会的解释。

记时

记时是卜辞中对举行占卜的月份以及地名等进行记录的部分。有时也会将战争或祭祀等大事记入这一部分。

纪卜之数

纪卜之数这一部分是记录本次占卜的次序，即第几次进行占卜；独立于占卜内容。

记事刻辞

记事刻辞是对甲骨的纳藏情况的记录。它是位于肩胛骨的关节部分（即骨臼）或者龟甲的端部（甲桥）上的刻辞，记录了甲骨的缴纳者与缴纳数目。

兆辞

兆辞是记录甲骨上裂纹出现时的状况的文字，独立于占卜内容。例如"二告（＝ㄓ）""不䐜黾（不ㄓ黾）"等。

习刻

习刻，是技术尚未娴熟的刻者练习时雕刻的甲骨文。其字形相对稚拙，且同一个字反复刻写，由此类特点可以判断为习刻。此外，也有游戏性质的雕刻。

伪刻

现今伪作的甲骨文。有些伪作所使用的甲骨本身就是现代的材料，还有的是伪造者利用殷代的没有刻字的甲骨，新刻上甲骨文辞而成的。

缺损

殷商时期的甲骨在土中业已掩埋了三千年以上，多因泥土压力而破损，或在土中被腐蚀，而使得一部分甲骨文缺损。

右行

甲骨文通常是按照从右向左的顺序书写的，但也有与之相反的情况，即从左向右书写，这种情况称为"右行"。另外值得注意的是，古人在牛骨上刻辞时，最下边的段落才是第一段，在上下的顺序上也与后代不同。

时代划分

对于殷商后期的甲骨文，根据殷王的统治时期，学者将其划分为对应的5个时期。对甲骨文分期的研究兴起于20世纪30年代，关于具体的分期方法众说纷纭。本书采用如下的分期标准：甲骨文第一期，武丁；甲骨文第一期与第二期之间，祖己；甲骨文第二期，祖庚、祖甲；甲骨文第三期，康丁、武乙；甲骨文第五期，文武丁、帝辛。

其他

许慎

许慎，东汉人，其著作《说文解字》（成书于公元100年）是现存的中国最古的字典。该书以篆书为中心，对汉字的构形等展开了分析，而且书中著录了数量庞大的文字，因此，直到甲骨文被发现之前，《说文解字》一直是文字学研究领域中的权威。然而随着甲骨文材料的出土，人们已经判明，《说文解字》一书中存在不少错误。

加藤常贤

加藤常贤，生于1894年，卒于1978年。加藤常贤侧重从发音的角度分析汉字的构形，但是对于一些形声字及亦声字之外的汉字，仍以发音来解释，故其说牵强附会之处很多。

藤堂明保

藤堂明保，生于1915年，卒于1985年。与加藤常贤一样，藤堂明保也侧重于从读音的角度来分析汉字的构形。由于藤堂明保是以上古音(东周～秦汉时期的发音)为中心进行分析，而未能上溯到殷代的读音，因此他对汉字的解释出现不少错误。

白川静

白川静，生于1910年，卒于2006年。与加藤常贤和藤堂明保不同，白川静将很多汉字都解释作会意字。在甲骨文中，会意字多，而形声字少，因此白川静成功纠正了此前学者的一部分错误见解。但是，由于白川静有时会过分强调汉字与巫术的关联，因此他的不少见解也是有牵强附会之嫌的。

部首

为了便于给汉字分类，人们设定了部首。特别要说明的是，对于由多个象形字组合成的会意字，按照逻辑来选定何者为其部首较为困难。另外，从甲骨文发展到楷书，这期间汉字的构造也发生了变化，导致其甲骨文的部首不一定与其楷书的部首一致。

汉音

汉音是指通过遣唐使等人而传入日本的汉字发音体系。虽然从时间上看，吴音比汉音更早地传入了日本，但是在汉音中却保留了更多的汉字传统发音，因此在解释古文字时，汉语比吴音更具说服力。

吴音

吴音是比汉音更早传入日本的一种汉字发音体系。不过吴音不像汉音那样是日本人直接从中国学习到的发音，因此其读音当中存在乖离原本的汉语发音的情况。此外，也有说法认为，吴音的一部分乃是朝鲜半岛的发音。

惯用音

惯用音是以吴音、汉音等从中国传入日本的读音为基础，在日本发生变化而产生的读音。

附录二

插图出典一览

第一章

图1 笔者据王志俊《关中地区仰韶文化刻划符号综述》作成

图2 叶骁军编《中国都城历史图录》

图3 李济著，国分直一译《安阳发掘》

图4 中国社会科学院考古研究所《安阳殷墟花园庄东地商代墓葬》

图5 右·许进雄《卜骨上的凿钻形态》；左·落合淳思《殷代占卜工程复元》

图6 据下列著述作成：1·董作宾《甲骨文断代研究例》；2·岛邦男《祭祀卜辞研究》；3·落合淳思《殷王世系研究》

图7 笔者作成

图8 据落合淳思《殷王世系研究》作成

图9 据落合淳思《殷王世系研究》作成

图10 据落合淳思《殷代政治势力分派》作成

图11 左·中国社会科学院考古研究所《小屯南地甲骨》606；中·《小屯南地甲骨》下1631页；右·中国社会科学院考古研究所《殷周金文集成》9105

图12 笔者作成

第三章

"夫"，中国社会科学院考古研究所《安阳郭家庄商代墓葬》

"好"，中国社会科学院考古研究所《殷周金文集成》1332

第五章

"石"，李济著，国分直一译《安阳发掘》

第六章

"象"，贝塚茂树编《古代殷帝国》

"角"，中国社会科学院考古研究所《安阳郭家庄商代墓葬》

"贝"，中国社会科学院考古研究所《安阳小屯》

第七章

"刀"，中国社会科学院考古研究所《殷墟的发现与研究》

"戈"，中国社会科学院考古研究所《安阳殷墟花园庄东地商代墓葬》

"王"，中国社会科学院考古研究所《安阳郭家庄商代墓葬》

"鼎"，中国社会科学院考古研究所《殷墟的发现与研究》

"豆"，中国社会科学院考古研究所《安阳郭家庄商代墓葬》

"酉"，中国社会科学院考古研究所《安阳郭家庄商代墓葬》

"壹"，樋口隆康编《泉屋博古》

第八章

"车"，中国社会科学院考古研究所《安阳郭家庄商代墓葬》

"舟"，王永波《胶东半岛上发现的古代独木舟》

"工"，中国社会科学院考古研究所《安阳殷墟花园庄东地商代墓葬》

"力"，中国社会科学院考古研究所安阳队《殷墟259·260号墓发掘报告》

第九章

"玉",中国社会科学院考古研究所《安阳殷墟花园庄东地商代墓葬》

同,玉琮,浙江省文物考古研究所等《良渚文化玉器》

第十章

"黄",水野清一《殷周青铜器与玉》

"丁",河南省文物研究所《郑州商城考古新发现与研究》

"康",右·中国社会科学院考古研究所《安阳郭家庄商代墓葬》;左·中国社会科学院考古研究所《殷周金文集成》1897

另,例文中的拓本的出处见于各字条中。

附录三

主要参考文献

字典·索引

〔东汉〕许慎《说文解字》,同治十二年刊本（附索引,中华书局,1963年）。

〔清〕段玉裁《说文解字注》,嘉庆十三年(附断句、音注等,汉京书店,1980年)。

小川玉环,西田太一郎,赤塚忠《新字源》,角川书店,1968年（1994年改订版）。

何琳仪《战国古文字典》,中华书局,1998年。

加藤常贤《汉字的起源》,角川书店,1970年（对1949–1968年《汉字的起源》［誊写版］进行增补）。

加藤常贤,山田胜美《角川 字源字典》,角川书店,1972年。

鎌田正,米山寅太郎《新汉语林》,大修馆书店,2004年。

岛邦男《增订 殷墟卜辞综类》,汲古书院,1971年。

徐中舒《甲骨文典》,四川辞书出版社,1989年。

徐无闻《甲金篆隶大字典》,四川辞书出版社,1991年。

白川静《字统》,平凡社,1984年。

白川静《字通》,平凡社,1996年。

戴家祥主编《金文大字典》,学林出版社,1995年。

张亚初《殷周金文集成引得》,中华书局,2001年。

赵诚《甲骨文简明词典》,中华书局,1988年。

藤堂明保《汉字语源辞典》,学灯社,1965年。

藤堂明保《学研 汉和大字典》,学习研究社,1978年。

方述鑫等《甲骨金文字典》,巴蜀书社,1993年。

松丸道雄,高嶋谦一《甲骨文字释综览》,东京大学出版会,1994年。

姚孝遂主编《殷墟甲骨刻辞类纂》,中华书局,1989年。

著书·论文

阿辻哲次《汉字的字源》,讲谈社,1994年。

王志俊《关中地区仰韶文化刻划符号综述》,《考古与文物》,1980年第3期。

落合淳思《殷王世系研究》,立命馆东洋史学会,2002年。

落合淳思《殷代的地方支配》,立命馆东洋史学会,《中国古代史论丛 续集》,2005年。

落合淳思《殷代占卜工程的复元》,《立命馆文学》,594号,2006年。

落合淳思《甲骨占卜的附会、篡改》,《立命馆文学》,608号,2008年。

落合淳思《殷代政治势力分派》,《立命馆文学》,619号,2010年。

贝塚茂树编《古代殷帝国》,みすず书房,1967年。

黄天树《殷墟王卜辞的分类与断代》,文津出版社,1991年(2007年新版,科学出版社)。

阪谷昭弘《试论卜辞中的"伊水"》,《立命馆白川静记念东洋文字文化研究所纪要》第1号,2007年。

岛邦男《祭祀卜辞研究》,弘前大学文理学部文学研究室,1953年。

岛邦男《殷墟卜辞研究》,弘前大学文理学部中国学研究会,1958年。

沈建华,曹锦炎《新编甲骨文形总表》,香港中文大学出版社,2001年

赵诚《甲骨文的二重性及其构形关系》,《古文字研究》第6号,1981年。

陈梦家《殷虚卜辞综述》,科学出版社,1956年。

董作宾《甲骨文断代研究例》,《庆祝蔡元培先生六十五岁论文集》(《中央

研究院历史语言研究所集刊外编》）一，1933年。

林巳奈夫《中国古代生活史》，吉川弘文馆，1992年（2009年新版）。

松丸道雄《殷墟卜辞中的田猎地》，《东洋文化研究所纪要》第31号，1963年。

姚孝遂主编《殷墟甲骨刻辞摹释总集》，中华书局，1988年。

林沄《小屯南地发掘与殷墟甲骨断代》，《古文字研究》第9号，1984年。

李学勤，彭裕商《殷墟甲骨分期研究》，上海古籍出版社，1996年。

图版·拓本

王永波《胶东半岛上发现的古代独木舟》，《考古与文物》，1978年第5期。

郭沫若主编《甲骨文合集》，中华书局，1982年。

河南省文物研究所《郑州商城考古新发现与研究》，中州古籍出版社，1993年。

许进雄《卜骨上的凿钻形态》，艺文印书馆，1973年。

叶骁军编《中国都城历史图录》，兰州大学出版社，1986-1987年。

浙江省文物考古研究所、上海市文物管理委员会、南京博物院《良渚文化玉器》，文物出版社、两木出版社，1990年。

中国社会科学院考古研究所《小屯南地甲骨》，中华书局，1980年。

中国社会科学院考古研究所《新中国的考古发现和研究》，文物出版社，1984年。

中国社会科学院考古研究所《殷周金文集成》，中华书局，1984-1990年。

中国社会科学院考古研究所《殷墟的发现与研究》，科学出版社，1994年。

中国社会科学院考古研究所《安阳郭家庄商代墓葬》，中国大百科全书出版社，1998年。

中国社会科学院考古研究所《安阳小屯》，世界图书出版公司，2004年。

中国社会科学院考古研究所《安阳殷墟花园庄东地商代墓葬》，科学出版社，2007年。

中国社会科学院考古研究所安阳队《殷墟259·260号墓发掘报告》，《考古学报》，1987年第1期。

杜金鹏《偃师商城初探》，中国社会科学出版社，2003年。

林巳奈夫《殷周时代青铜器之研究·殷周青铜器综览·一·图版》，吉川弘文馆，1984年。

樋口隆康编《泉屋博古》，泉屋博古馆，1980年。

彭邦炯《甲骨文合集补编》，语文出版社，1999年。

水野清一《殷周青铜器与玉》，日本经济新闻社，1959年。

李学勤，齐文心，艾兰《英国所藏甲骨集》，中华书局，1985年。

李济著，国分直一译《安阳发掘》，新日本教育图书，1982年。

刘雨，卢岩《近出殷周金文集录》，中华书局，2002年。

附录四

教育汉字日语读音

　　本文中,"汉音"表示读音中的汉音,"吴音"则表示读音中的吴音。表记时使用的是现代日语的假名。

　　关于汉音、吴音,有一些文字有多个发音(在这多个发音当中,有些在当今日本已经基本不怎么使用了,这种情况下就将之省略)。此外,还有一部分文字的吴音没有统一,关于其发音有好几种说法。

　　汉音和吴音均是以中国的发音为基础的。就其传入日本的时代而言,吴音比汉音早,然而,吴音在日本固定下来之前,较其原本的汉语发音业已发生了非常大的变化,而汉音当中则多保留有古代的发音。此外,也有人认为吴音的一部分是朝鲜半岛的发音。

　　"惯用音"则是由汉音、吴音而来,在日本又发生了变化后的发音。

　　另,本文中的简体汉字字条,括号中为其日文汉字。

人
汉:ジン(jin)
吴:ニン(nin)

儿(児)
汉:ジ(ji)
吴:ニ(ni)

老
汉：ロウ（ro-u）
吴：ロウ（ro-u）

长（長）
汉：チョウ（cyo-u）
吴：チョウ（cyo-u）

以
汉：イ（i）
吴：イ（i）

亡
汉：ボウ（bo-u）
吴：モウ（mo-u）

千
汉：セン（sen）
吴：セン（sen）

身
汉：シン（sin）
吴：シン（sin）

腹
汉：フク（fu-ku）
吴：フク（fu-ku）

元
汉：ゲン（gen）
吴：ガン（gan）

兄
汉：ケイ（ke-i）
吴：キョウ（kyo-u）

先
汉：セン（sen）
吴：セン（sen）

北
汉：ホク（ho-ku）
吴：ホク（ho-ku）

非
汉：ヒ（hi）
吴：ヒ（hi）

从（從）
汉：ショウ（syo-u）
吴：ジュウ（jyu-u）・ジュ（jyu）

化
汉：カ（ka）　吴：ケ（ke）

竞（競）
汉：ケイ（ke-i）
吴：ギョウ（gyo-u）
惯用音：キョウ（kyo-u）

死
汉：シ（si）
吴：シ（si）

休
汉：キュウ（kyu-u）
吴：ク（ku）

保
汉：ホウ（ho-u）
吴：ホ（ho）・ホウ（ho-u）

荷
汉：カ（ka）
吴：ガ（ga）

系（係）
汉：ケイ（ke-i）
吴：ゲ（ge）

传（伝）
汉：テン（ten）
吴：デン（den）

任
汉：ジン（zhin）
吴：ニン（nin）

大
汉：タイ（ta-i）・タ（ta）
吴：ダイ（da-i）・ダ（da）

交
汉：コウ（ko-u）
吴：キョウ（kyo-u）

夫
汉：フ（fu）
吴：フ（fu）・ブ（bu）
惯用音：フウ（fu-u）

文
汉：ブン（bun）
吴：モン（mon）

央
汉：ヨウ（yo-u）
吴：オウ（o-u）

异（異）
汉：イ（i）
吴：イ（i）

走
汉：ソウ（so-u）
吴：ス（su）

立
汉：リュウ（ryu-u）
吴：リュウ（ryu-u）
惯用音：リツ（ri-tsu）

并（並）
汉：ヘイ（he-i）
吴：ビョウ（byo-u）

太
汉：タイ（ta-i）
吴：タイ（ta-i）
惯用音：タ（Ta）・ダ（da）

天
汉音：テン（ten）
吴音：テン（ten）

因
汉音：イン（in）
吴音：イン（in）

去
汉音：キョ（kyo）
吴音：コ（ko）

逆
汉音：ゲキ（ge-ki）

呉音：ギャク（gya-ku）

欠
汉音：ケン（ke-n）＊ケツ（ke-tsu）
呉音：コン（ko-n）＊ケチ（ke-chi）

肥
汉音：ヒ（hi）　呉音：ビ（bi）

祝
汉音：シュク（syu-ku）・シュウ（syu-u）
呉音：シュク（syu-ku）・シュ（syu）

服
汉音：フク（fu-ku）
呉音：ブク（bu-ku）

印
汉音：イン（in）
呉音：イン（in）

承
汉音：ショウ（syo-u）
呉音：ジョウ（jyo-u）

芸
汉音：ゲイ（ge-i）
呉音：ゲイ（ge-i）

女
汉音：ジョ（jyo）
呉音：ニョ（nyo）
慣用音：ニョウ（nyo-u）

妻
汉音：セイ（se-i）

呉音：サイ（sa-i）

好
汉音：コウ（ko-u）
呉音：コウ（ko-u）

妹
汉音：バイ（ba-i）
呉音：マイ（ma-i）

子
汉音：シ（si）
呉音：シ（si）

孙（孫）
汉音：ソン（son）
呉音：ソン（son）

后
汉音：コウ（ko-u）
呉音：ゴ（go）

乳
汉音：ジュ（jyu）
呉音：ニュ（nyu）
慣用音：ニュウ（nyu-u）

教
汉音：コウ（ko-u）
呉音：キョウ（kyo-u）

目
汉音：ボク（bo-ku）
呉音：モク（mo-ku）

臣
汉音:シン（sin）
吴音:ジン（jin）

面
汉音:ベン（ben）
吴音:メン（men）

直
汉音:チョク（cyo-ku）
吴音:ジキ（zi-ki）

见（見）
汉音:ケン（ken）
吴音:ケン（ken）・ゲン（gen）

望
汉音:ボウ（bo-u）
吴音:モウ（mo-u）

相
汉音:ショウ（syo-u）
吴音:ソウ（so-u）

省
汉音:セイ（se-i）
吴音:ショウ（syo-u）

耳
汉音:ジ（zi）
吴音:ニ（ni）

取
汉音:シュ（syu）
吴音:シュ（syu）

闻（聞）
汉音:ブン（bun）
吴音:モン（mon）

自
汉音:シ（si）
吴音:ジ（zi）

鼻
汉音:ヒ（hi）
吴音:ビ（bi）

边（辺）
汉音:ヘン（hen）
吴音:ヘン（hen）

口
汉音:コウ（ko-u）
吴音:ク（ku）

舌
汉音:セツ（se-tsu）
吴音:ゼチ（ze-chi）
惯用音:ゼツ（ze-tsu）

齿（歯）
汉音:シ（si）
吴音:シ（si）

句
汉音:コウ（ko-u）・ク（ku）
吴音:ク（ku）

言（言）
汉音:ゲン（gen）
吴音:ゴン（gon）

问（問）
汉音：ブン（bun）
吴音：モン（mon）

可
汉音：カ（ka）
吴音：カ（ka）

右
汉音：ユウ（yu-u）
吴音：ウ（u）

左
汉音：サ（sa）
吴音：サ（sa）

九
汉音：キュウ（kyu-u）
吴音：ク（ku）

友
汉音：ユウ（yu-u）
吴音：ウ（u）

共
汉音：キョウ（kyo-u）
吴音：ク（ku）・グ（gu）

父
汉音：フ（fu）
吴音：ブ（bu）
惯用音：ホ（ho）

君
汉音：クン（kun）
吴音：クン（kun）

争
汉：ソウ（so-u）
吴：ショウ（syo-u）

使
汉音：シ（si）
吴音：シ（si）

对（對）
汉音：タイ（ta-i）
吴音：ツイ（tsu-i）

专（專）
汉音：セン（sen）
吴音：セン（sen）

止
汉音：シ（si）
吴音：シ（si）

足
汉音：ショク（syo-ku）
吴音：ソク（soku）

正
汉音：セイ（se-i）
吴音：ショウ（syo-u）

步（歩）
汉音：ホ（ho）
吴音：ブ（bu）
惯用音：フ（fu）

出
汉音：シュツ（syu-tsu）・スイ（su-i）
吴音：シュチ（syu-chi）・スイ（su-i）

各
汉音：カク（ka-ku）
吴音：カク（ka-ku）

後
汉音：コウ（ko-u）
吴音：グ（gu）
惯用音：ゴ（go）

徒
汉音：ト（to）
吴音：ズ（zu）

往
汉音：オウ（o-u）
吴音：オウ（o-u）

首
汉音：シュウ（syu-u）
吴音：シュ（syu）

心
汉音：シン（sin）
吴音：シン（sin）

日
汉音：ジツ（zi-tsu）
吴音：ニチ（ni-chi）

昼
汉音：チュウ（cyu-u）
吴音：チュウ（cyu-u）

良
汉音：リョウ（ryo-u）
吴音：ロウ（ro-u）

星
汉音：セイ（se-i）
吴音：ショウ（syo-u）

众（衆）
汉音：シュウ（syu-u）
吴音：シュ（syu）

暮
汉音：ボ（bo）
吴音：モ（mo）

昔
汉音：セキ（se-ki）
吴音：シャク（sya-ku）

月
汉音：ゲツ（ge-tsu）
吴音：ガチ（ga-chi）
惯用音：ガツ（ga-tsu）

名
汉音：ベイ（be-i）
吴音：ミョウ（myo-u）
惯用音：メイ（me-i）

明
汉音：ベイ（be-i）
吴音：ミョウ（myo-u）
惯用音：メイ（me-i）

朝
汉音：チョウ（cyo-u）
吴音：チョウ（cyo-u）

水
汉音：スイ（su-i）
吴音：スイ（su-i）

州
汉音：シュウ（syu-u）
吴音：シュ（syu）・ス（su）

河
汉音：カ（ka）
吴音：ガ（ga）

灾（災）
汉音：サイ（sa-i）
吴音：サイ（sa-i）

雨
汉音：ウ（u）
吴音：ウ（u）

云（雲）
汉音：ウン（un）
吴音：ウン（un）

申
汉音：シン（sin）
吴音：シン（sin）

电（電）
汉音：テン（ten）
吴音：デン（den）

火
汉音：カ（ka）
吴音：カ（ka）

光
汉音：コウ（ko-u）
吴音：コウ（ko-u）

赤
汉音：セキ（se-ki）
吴音：シャク（sya-ku）

山
汉音：サン（san）
吴音：セン（sen）

土
汉音：ト（to）
吴音：ツ（tsu）
惯用音：ド（do）

基
汉音：キ（ki）
吴音：キ（ki）

石
汉音：セキ（se-ki）
吴音：ジャク（jya-ku）
惯用音：シャク（sya-ku）・コク（ko-ku）

声
汉音：セイ（se-i）
吴音：ショウ（syo-u）

反
汉音：ハン（han）
吴音：ホン（hon）
惯用音：タン（tan）

厚
汉音：コウ（ko-u）
吴音：グ（gu）

马（馬）
汉音：バ（ba）
吴音：マ（ma）・メ（me）

牛
汉音：ギュウ（gyu-u）
吴音：グ（gu）
惯用音：ゴ（go）

牧
汉音：ボク（bo-ku）
吴音：モク（mo-ku）

羊
汉音：ヨウ（yo-u）
吴音：ヨウ（yo-u）

美
汉音：ビ（bi）
吴音：ミ（mi）

义（義）
汉音：ギ（gi）
吴音：ギ（gi）

洋
汉音：ヨウ（yo-u）
吴音：ヨウ（yo-u）

犬
汉音：ケン（ken）
吴音：ケン（ken）

象
汉音：ショウ（syo-u）
吴音：ゾウ（zo-u）

鸟（鳥）
汉音：チョウ（cyo-u）
吴音：チョウ（cyo-u）

鸣（鳴）
汉音：ベイ（be-i）
吴音：ミョウ（myo-u）
惯用音：メイ（me-i）

风（風）
汉音：フウ（fu-u）
吴音：フ（fu）

观（観）
汉音：カン（kan）
吴音：カン（kan）

集
汉音：シュウ（syu-u）
吴音：ジュウ（jyu-u）

秋
汉音：シュウ（syu-u）
吴音：シュ（syu）

虫
汉音：チュウ（cyu-u）
吴音：ジュウ（jyu-u）

改
汉音：カイ（ka-i）
吴音：カイ（ka-i）

鱼（魚）
汉音：ギョ（gyo）
吴音：ゴ（go）

渔（漁）
汉音：ギョ（gyo）
吴音：ゴ（go）
惯用音：リョウ（ryo-u）

万
汉音：バン（ban）
吴音：マン（man）

角（角）
汉音：カク（ka-ku）
吴音：カク（ka-ku）

解（解）
汉音：カイ（ka-i）
吴音：ゲ（ge）

羽
汉音：ウ（u）
吴音：ウ（u）

习
汉音：シュウ（syu-u）
吴音：ジュウ（jyu-u）

雪
汉音：セツ（se-tsu）
吴音：セチ（se-chi）

翌
汉音：ヨク（yo-ku）
吴音：イキ（i-ki）

贝（貝）
汉音：ハイ（ha-i）
吴音：ハイ（ha-i）
惯用音：バイ（ba-i）

得
汉音：トク（to-ku）
吴音：トク（to-ku）

败（敗）
汉音：ハイ（ha-i）
吴音：バイ（ba-i）

贮（貯）
汉音：チョ（cyo）
吴音：チョ（cyo）

买（買）
汉音：バイ（ba-i）
吴音：メ（me）

积（積）
汉音：セキ（se-ki）
吴音：シャク（sya-ku）

草
汉音：ソウ（so-u）
吴音：ソウ（so-u）

生
汉音：セイ（se-i）
吴音：ショウ（syo-u）

木
汉音：ボク（bo-ku）

吴音：モク（mo-ku）

未
汉音：ビ（bi）
吴音：ミ（mi）

果
汉音：カ（ka）
吴音：カ（ka）

株
汉音：シュ（syu）・チュ（cyu）
吴音：シュ（syu）・チュ（cyu）

主
汉音：シュ（syu）
吴音：ス（su）

林
汉音：リン（rin）
吴音：リン（rin）

森
汉音：シン（sin）
吴音：シン（sin）

乗（乗）
汉音：ショウ（syo-u）
吴音：ジョウ（jyo-u）

者
汉音：シャ（sya）
吴音：シャ（sya）

枚
汉音：ba-i（バイ）

吴音：マイ（ma-i）

散
汉音：サン（san）
吴音：サン（san）

乐（楽）
汉音：ガク（ga-ku）・ラク（ra-ku）
吴音：ガク（ga-ku）・ラク（ra-ku）

春
汉音：シュン（syun）
吴音：シュン（syun）

野
汉音：ヤ（ya）
吴音：ヤ（ya）

年
汉音：デン（den）
吴音：ネン（nen）

季
汉音：キ（ki）
吴音：キ（ki）

历（歷）
汉音：レキ（re-ki）
吴音：リャク（rya-ku）

来
汉音：ライ（ra-i）
吴音：ライ（ra-i）

麦
汉音：バク（ba-ku）

呉音：ミャク（mya-ku）

求
汉音：キュウ（kyu-u）
呉音：グ（gu）
奏汉音：ソウ（so-u）
呉音：ス（su）

米
汉音：ベイ（be-i）
呉音：マイ（ma-i）
慣用音：メ（me）

刀
汉音：トウ（to-u）
呉音：トウ（to-u）
慣用音：ト（to）

分
汉音：フン（fun）
呉音：ブン（bun）慣用音：ブ（bu）

初
汉音：ショ（syo）
呉音：ソ（so）

利
汉音：リ（ri）
呉音：リ（ri）

断
汉音：タン（tan）
呉音：ダン（dan）

武
汉音：ブ（bu）

呉音：ム（mu）

我
汉音：ガ（ga）
呉音：ガ（ga）

成
汉音：セイ（se-i）
呉音：ジョウ（jyo-u）

王
汉音：オウ（o-u）
呉音：オウ（o-u）

兵
汉音：ヘイ（he-i）
呉音：ヒョウ（hyo-u）

折
汉音：セツ（se-tsu）
呉音：セツ（se-tsu）

新
汉音：シン（sin）
呉音：シン（sin）

弓
汉音：キュウ（kyu-u）
呉音：クウ（ku-u）

引
汉音：イン（in）
呉音：イン（in）

射
汉音：シャ（sya）

吴音：ジャ（jya）

发（発）
汉音：ハツ（ha-tsu）
吴音：ホチ（ho-chi）
惯用音：ホツ（ho-tsu）

矢
汉音：シ（si）
吴音：シ（si）

至
汉音：シ（si）
吴音：シ（si）

效（効）
汉音：コウ（ko-u）
吴音：ギョウ（gyo-u）

旗
汉音：キ（ki）
吴音：ぎ（gi）

族
汉音：ソク（so-ku）
吴音：ゾク（zo-ku）

旅（旅）
汉音：リョ（ryo）
吴音：ロ（ro）

中
汉音：チュウ（cyu-u）
吴音：チュウ（cyu-u）

单（単）
汉音：タン（tan）・セン（sen）
吴音：タン（tan）・ゼン（zen）

干
汉音：カン（kan）
吴音：カン（kan）

合
汉音：コウ（ko-u）
吴音：ゴウ（go-u）
惯用音：カツ（ka-tsu）・ガツ（ga-tsu）

品
汉音：ヒン（hin）
吴音：ホン（hon）

区
汉音：ク（ku）・オウ（o-u）
吴音：ク（ku）・ウ（u）

古
汉音：コ（ko）
吴音：ク（ku）

告
汉音：コウ（ko-u）・コク（ko-ku）
吴音：コウ（ko-u）・コク（ko-ku）

皿
汉音：ベイ（be-i）
吴音：ミョウ（myo-u）

血
汉音：ケツ（ke-tsu）
吴音：ケチ（ke-chi）

盟
汉音：メイ（me-i）
吴音：ミョウ（myo-u）

益
汉音：エキ（e-ki）
吴音：ヤク（ya-ku）

温
汉音：オン（on）
吴音：オン（on）

圆（円）
汉音：エン（en）
吴音：エン（en）

具（具）
汉音：ク（ku）
吴音：グ（gu）

豆
汉音：トウ（to-u）
吴音：ズ（zu）

登
汉音：トウ（to-u）
吴音：トウ（to-u）
惯用音：ト（to）

蒸
汉音：ショウ（syo-u）
吴音：ショウ（syo-u）
惯用音：ジョウ（jyo-u）

祖
汉音：ソ（so）

吴音：ソ（so）

饮（飲）
汉音：イン（in）
吴音：オン（on）

酒
汉音：シュウ（syu-u）
吴音：シュ（syu）

配
汉音：ハイ（ha-i）
吴音：ハイ（ha-i）

福
汉音：フク（fu-ku）
吴音：フク（fu-ku）

复（復）
汉音：フク（fu-ku）
吴音：ブク（bu-ku）

尊
汉音：ソン（son）
吴音：ソン（son）

喜
汉音：キ（ki）
吴音：キ（ki）

丰（豊）
汉音：ホウ（ho-u）
吴音：フ（fu）
惯用音：ブ（bu）

车（車）
汉音：シャ（sya）
吴音：シャ（sya）

受
汉音：シュウ（syu-u）
吴音：ジュ（jyu）

降（降）
汉音：コウ（ko-u）
吴音：ゴウ（go-u）

阳（陽）
汉音：ヨウ（yo-u）
吴音：ヨウ（yo-u）

梦（夢）
汉音：ボウ（bo-u）
吴音：ム（mu）

将（将）
汉音：ショウ（syo-u）
吴音：ソウ（so-u）

示
汉音：シ（si）
吴音：ジ（zi）

午
汉音：ゴ（go）
吴音：ゴ（go）

束
汉音：ショク（syo-ku）
吴音：ソク（so-ku）

丝（糸）
汉音：シ（si）
吴音：シ（si）

率（率）
汉音：シュツ（syu-tsu）・リツ（ri-tsu）
吴音：シュチ（syu-chi）・リチ（ri-chi）
惯用音：ソツ（so-tsu）

绝（絶）
汉音：セツ（se-tsu）
吴音：ゼチ（ze-chi）
惯用音：ゼツ（ze-tsu）

系（系）
汉音：ケイ（ke-i）
吴音：ゲイ（ge-i）

编（編）
汉音：ヘン（hen）
吴音：ヘン（hen）

终（終）
汉音：シュウ（syu-u）
吴音：シュ（syu）

衣
汉音：イ（i）
吴音：エ（e）

卒
汉音：ソツ（so-tsu）・シュツ（syu-tsu）
吴音：ソチ（so-chi）・シュチ（syu-chi）

作
汉音：サク（sa-ku）・サ（sa）

吴音：サク（sa-ku）・サ（sa）

席
汉音：セキ（se-ki）
吴音：ジャク（jya-ku）

宿
汉音：シュク（syu-ku）
吴音：スク（su-ku）

东（東）
汉音：トウ（to-u）
吴音：ツ（tsu）

量
汉音：リョウ（ryo-u）
吴音：リョウ（ryo-u）

册（冊）
汉音：サク（sa-ku）
吴音：sya-ku（シャク）
惯用音：サツ（sa-tsu）

典
汉音：テン（ten）
吴音：テン（ten）

笔（筆）
汉音：ヒツ（hi-tsu）
吴音：ヒチ（hi-chi）

画（画）
汉音：カイ（ka-i）・カク（ka-ku）
吴音：エ（e）・ワク（waku）
惯用音：ガ（ga）

竹
汉音：chi-ku（チク）
吴音：chi-ku（チク）

妇（婦）
汉音：フ（fu）
吴音：ブ（bu）

归（帰）
汉音：キ（ki）
吴音：キ（ki）

工
汉音：コウ（ko-u）
吴音：ク（ku）

力
汉音：リョク（ryo-ku）
吴音：リキ（ri-ki）

幼
汉音：ユウ（yu-u）
吴音：ユウ（yu-u）
惯用音：ヨウ（yo-u）

农（農）
汉音：ドウ（do-u）
吴音：ノウ（no-u）

南
汉音：ダン（dan）
吴音：ナン（nan）

同
汉音：トウ（to-u）
吴音：ズ（zu）

惯用音：ドウ（do-u）

兴（興）
汉音：キョウ（kyo-u）
吴音：コウ（ko-u）

六
汉音：リク（ri-ku）
吴音：ロク（ro-ku）

宫（宮）
汉音：キュウ（kyu-u）
吴音：ク（ku）
惯用音：グウ（gu-u）

向
汉音：キョウ（kyo-u）
吴音：コウ（ko-u）

宗
汉音：ソウ（so-u）
吴音：ソウ（so-u）
惯用音：シュウ（syu-u）

安
汉音：アン（an）
吴音：アン（an）

守
汉音：シュウ（syu-u）
吴音：シュ（syu）
惯用音：su（ス）

宣
汉音：セン（sen）
吴音：セン（sen）

学
汉音：カク（ka-ku）
吴音：ガク（ga-ku）

宝
汉音：ホウ（ho-u）
吴音：ホウ（ho-u）

家
汉音：カ（ka）
吴音：ケ（ke）

宅
汉音：タク（ta-ku）
吴音：ジャク（jya-ku）

宇
汉音：ウ（u）
吴音：ウ（u）

定
汉音：テイ（te-i）
吴音：ジョウ（jyo-u）

室
汉音：シツ（si-tsu）
吴音：シチ（si-chi）

厅（庁）
汉音：テイ（te-i）
吴音：チョウ（cyo-u）

内
汉音：da-i（ダイ）
吴音：na-i（ナイ）

商
汉音：ショウ（syo-u）
吴音：ショウ（syo-u）

入
汉音：ジュウ（jyu-u）
吴音：nyu-u（ニュウ）
惯用音：ジュ（jyu）

今
汉音：キン（kin）
吴音：コン（kon）

京
汉音：ケイ（ke-i）
吴音：キョウ（kyo-u）

高
汉音：コウ（ko-u）
吴音：コウ（ko-u）

余
汉音：ヨ（yo）
吴音：ヨ（yo）

令（令）
汉音：レイ（re-i）
吴音：リョウ（ryo-u）

食
汉音：ショク（syo-ku）
吴音：ジキ（zi-ki）

会
汉音：カイ（ka-i）
吴音：エ（e）

仓（倉）
汉音：ソウ（so-u）
吴音：ソウ（so-u）

户（戸）
汉音：コ（ko）
吴音：ゴ（go）

门（門）
汉音：ボン（bon）
吴音：モン（mon）

泉
汉音：セン（sen）
吴音：ゼン（zen）

田
汉音：テン（ten）
吴音：デン（den）

周
汉音：シュウ（syu-u）
吴音：シュ（syu）

男
汉音：ダン（dan）
吴音：ナン（nan）

行
汉音：コウ（ko-u）
吴音：ギョウ（gyo-u）

延（延）
汉音：エン（en）
吴音：エン（en）

卫（衛）
汉音：エイ（e-i）
吴音：エ（e）

泳
汉音：エイ（e-i）
吴音：ヨウ（yo-u）

德（德）
汉音：トク（to-ku）
吴音：トク（to-ku）

（遠）
汉音：エン（en）
吴音：オン（on）

通
汉音：トウ（to-u）
吴音：ツ（tsu）
惯用音：ツウ（tsu-u）

律
汉音：リツ（ri-tsu）
吴音：リチ（ri-chi）

金
汉音：キン（kin）
吴音：コン（kon）玉
汉音：ギョウ（gyo-u）
吴音：ゴク（go-ku）

骨（骨）
汉音：コツ（ko-tsu）
吴音：コチ（ko-chi）

肉
汉音：ジク（ji-ku）
吴音：ニク（ni-ku）

多
汉音：タ（ta）
吴音：タ（ta）

祭
汉音：セイ（se-i）
吴音：サイ（sa-i）

师（師）
汉音：シ（si）
吴音：シ（si）

追
汉音：ツイ（tsu-i）
吴音：ツイ（tsu-i）

馆（館）
汉音：カン（kan）
吴音：カン（kan）

一
汉音：イツ（i-tsu）
吴音：イチ（i-chi）

二
汉音：ジ（ji）
吴音：ニ（ni）

三
汉音：サン（san）
吴音：サン（san）

四
汉音：シ（si）
吴音：シ（si）

上
汉音：ショウ（syo-u）
吴音：ジョウ（jyo-u）

下
汉音：カ（ka）
吴音：ゲ（ge）

小
汉音：ショウ（syo-u）
吴音：ショウ（syo-u）

八
汉音：ハツ（ha-tsu）
吴音：ハチ（ha-chi）

公
汉音：コウ（ko-u）
吴音：ク（ku）

谷
汉音：コク（ko-ku）
吴音：コク（ko-ku）

易
汉音：エキ（e-ki）・イ（i）
吴音：ヤク（ya-ku）・イ（i）

五
汉音：ゴ（go）
吴音：ゴ（go）

七
汉音：シつ（si-tsu）
吴音：シチ（si-chi）

十
汉音：シュウ（syu-u）
吴音：ジュウ（jyu-u）
惯用音：ジッ（jiq）

白
汉音：ハク（ha-ku）
吴音：ビャク（bya-ku）

百
汉音：ハク（ha-ku）
吴音：ヒャク（hya-ku）

黑（黒）
汉音：コク（ko-ku）
吴音：コク（ko-ku）

黄
汉音：コウ（ko-u）
吴音：オウ（o-u）

丁
汉音：テイ（te-i）
吴音：チョウ（cyo-u）

己
汉音：キ（ki）
吴音：コ（ko）

康
汉音：コウ（ko-u）
吴音：コウ（ko-u）

方
汉音：ホウ（ho-u）
吴音：ホウ（ho-u）

不
汉音：フツ（fu-tsu）・フウ（fu-u）
吴音：フツ（fu-tsu）・フ（fu）
惯用音：ブ（bu）

用
汉音：ヨウ（yo-u）
吴音：ユウ（yu-u）

司
汉音：シ（si）
吴音：シ（si）

西
汉音：セイ（se-i）
吴音：サイ（sa-i）

由
汉音：ユウ（yu-u）
吴音：ユ（yu）
惯用音：ユイ（yu-i）

曲
汉音：キョク（kyo-ku）
吴音：コク（ko-ku）

再
汉音：サイ（sa-i）
吴音：サイ（sa-i）

在
汉音：サイ（sa-i）
吴音：za-i（ザイ）

危
汉音：gi（ギ）
吴音：gi（ギ）
惯用音：キ（ki）

呼
汉音：コ（ko）
吴音：コ（ko）

附录五

汉字读音索引

（按照汉语拼音顺序）

—A—		—C—		单（單，单）	147
安	184	仓（倉）	193	刀	137
		草（艸）	124	得	122
—B—		册（冊）	172	德（德）	198
八	208	朝（朝）	96	登	153
白	214	车（車）	161	电（電）	100
百	215	臣（臣）	69	典	173
败（敗）	122	成（成）	140	丁	217
宝（寶）	186	承	61	定	187
保	52	乘（乘）	127	东（東）	171
北	48	齿（齒，歯）	75	豆	152
贝（貝）	122	赤	101	断（斷）	138
鼻（鼻）	74	虫（蟲）	117	对（對，对）	81
笔（筆）	173	出	84	多	202
边（邊,辺）	74	初	138		
编（编，編，编）	168	传（傳，伝）	53	—E—	
兵	141	春	129	儿（兒，児）	43
并（竝，並）	57	从（從，従）〈比〉	50	耳	72
不〈否〉	219			二	205
步（歩）	83	—D—			
		大	54		

—F—		—H—		京	191
发（發，発）	143	行	196	竞（競）	51
反	104	好	63	九	78
方	218	合	148	酒	155
非	49	河	97	句	76
肥	60	荷（荷）〈何〉	37	绝（絶，絶，絶）	167
分	137	黑（黒）	215	君	80
风（風）	114	后〈育〉	65		
豊（豊）〈礼（禮）〉	158	後	84	—K—	
夫	55	厚	104	康	218
服	61	呼	223	可	77
福（福）	156	户（戸，戶）	194	口	75
父	79	化（化）	50		
妇（婦，婦）	175	画（畫，画）	174	—L—	
复（復）	156	黄（黃）	216	来（來）	131
腹	46	会（會）	193	老〈考〉	44
		火	101	乐（樂，楽）	128
				力	177
—G—		—J—		历（歷，歴）	130
改（改）	117	基	102	立〈位〉	57
干	147	积（積）〈責〉	123	利	138
高	191	集	115	量	172
告（告）	149	己	217	良	92
各	84	季	130	林	126
工	176	祭	202	令（令）〈命〉	192
弓	142	家	186	六	183
公	208	蕢（延）	197	旅（旅）	146
宫（宮）	183	见（見）	70	律	199
共〈供〉	79	将（將，将）	164	率（率）	167
古	148	降（降，降）	163		
谷	208	交	54	—M—	
骨（骨）	201	角（角）	119	马（馬）	109
观（觀，観）	115	教（教）	66	买（買）	123
馆（館，舘）〈官〉	204	解（解）	119	麦（麥）	131
光	101	今（今）	190	枚	127
归（歸，帰）	175	金	200	美	111
果	125				

妹	64	秋	116	使〈史，事〉	81		
门（門）	194	求	132	示	165		
盟	150	区（區）	148	室	188		
梦（夢，夢）	164	曲	221	守	185		
米	133	取	72	首〈头（頭）〉	86		
面	70	去	58	受〈授〉	162		
皿	149	泉	194	束	166		
名	95	犬	112	水	97		
明（明）	96			司	220		
鸣（鳴）	113	—R—		丝（絲，絲，糸）	166		
木	125	人	43	死	51		
目	69	任	53	四	205		
牧	110	日（日）	91	孙（孫）	65		
暮（暮）	94	肉	201				
		乳（乳）	66	—T—			
—N—		入	190	太	57		
男	196			天	58		
南	178	—S—		田	195		
内（內）	189	三	205	厅（廳，庁）	188		
逆（逆）	59	散	128	通（通）	199		
年	129	森	126	同	179		
鸟（鳥）	113	山	102	徒	85		
牛	109	商〈赏（賞）〉	189	土	102		
农（農）	178	上	206				
女〈母〉	62	舌	75	—W—			
		射	143	萬（萬）	118		
—P—		申	100	亡（亡）	45		
配	155	身	46	王	141		
品	148	生	124	往（往）	85		
		声（聲）	103	望（望）	71		
—Q—		省	72	危（危）	222		
七	213	师（師）	203	卫（衛，衞）	197		
妻	63	十	214	未	125		
旗	145	石	103	温（溫）	151		
千	46	食（食）	192	文	55		
欠	60	矢	144	闻（聞）	73		

问(問)	76	央	55	芸(藝)	62		
我	139	羊	110				
五	213	阳(陽)	163	—Z—			
午	166	洋	111	灾(災)〈川〉	98		
武	139	具(具)	152	再	222		
		野	129	在(才)	222		
—X—		一	204	宅	187		
西	220	衣	169	长(長)	44		
昔	94	以	45	折	141		
习(習,翼)	120	义(義)	111	者(者)	127		
席	171	异(異,异)	56	争(爭)	80		
喜	157	易	209	蒸(蒸)	153		
系(系)	167	益(益)	150	正	83		
系(係)	53	翌(翊)	121	直	70		
下	206	因	58	止	82		
先	48	引	143	至	144		
相	71	饮(飲,飮)	155	中〈仲〉	146		
向	184	印(印)	61	终(終,终)〈冬(冬)〉	169		
象	113	泳〈永〉	198	众(衆)	93		
小〈少〉	207	用	219	州	97		
效(効)	144	由	221	周(周)	195		
心	86	友	79	昼(晝)	92		
新(新)	142	右〈有〉	77	株	125		
星	93	幼	177	竹	174		
兴(興)	179	余	191	主(主)	126		
兄	47	鱼(魚)	117	贮(貯)	123		
休	51	渔(漁)	118	祝(祝)	60		
宿	171	宇	187	专(專,耑)	82		
宣	185	羽(羽)	120	追(追)	203		
学(學)	185	雨	99	子	64		
雪(雪)	120	玉	200	自	73		
血	150	元	47	宗	184		
		圆(圓,円)〈員〉	151	走	56		
—Y—		远(遠,逺)	199	奏	132		
延(延)	197	月(月)〈夕〉	95	足	83		
言〈音〉	76	云(雲)	99	卒	170		

族	145	尊(尊)	156	作	170
祖(祖)	154	左	78		

出版后记

甲骨文对当代人来说，既熟悉又陌生。我们现在所使用的文字发源于古老的甲骨文，但很多单字已经不是当时的原有之义了。本书作者精选了三百余个基础汉字，著录它们的甲骨文原形，对其源头进行构造分析、释义、解说、例文分析。

除了字典的查阅功能，作者在前两章还介绍了许多研究成果，厘清甲骨文的分期，考订商王谱系，呈现从甲骨文、金文、籀文到篆书、隶书、楷书的字形变化过程，整体介绍甲骨文的构造特点。因此，这是一本兼及知识介绍与查阅功能的实用甲骨文字典。

感谢作者落合淳思老师对此次中文简体版的关注，在整个编辑过程中他多次校订全文，提出了细致专业的修改意见；感谢译者刘幸、张浩，在提交译稿后，积极协助编辑与落合老师沟通，完成最终定稿。

由于编者学识有限，不免漏误，敬请读者朋友不吝指教，以期下次印刷时修正。

服务热线：133-6631-2326　188-1142-1266

服务信箱：reader@hinabook.com

后浪出版公司

2018年7月

图书在版编目（CIP）数据

甲骨文小字典 /（日）落合淳思著；刘幸，张浩译. -- 北京：北京联合出版公司，2018.7（2019.5重印）
ISBN 978-7-5596-2082-8

Ⅰ. ①甲… Ⅱ. ①落… ②刘… ③张… Ⅲ. ①甲骨文—字典 Ⅳ. ①K877.1-61

中国版本图书馆CIP数据核字(2018)第095477号

KÔKOTSUMOJI SHÔJITEN
Copyright © 2011 by Atsushi OCHIAI
First published in Japan in 2011 by CHIKUMASHOBO LTD.
Simplified Chinese translation rights arranged with CHIKUMASHOBO LTD.
Through Japan Foreign-Rights Centre/ Bardon-Chinese Media Agency
本中文简体版权归属于银杏树下（北京）图书有限责任公司。

甲骨文小字典

著　　者：[日]落合淳思　　　　译　者：刘幸　张浩
选题策划：后浪出版公司　　　　出版统筹：吴兴元
特约编辑：王晓静　林立扬　　　责任编辑：宋延涛
营销推广：ONEBOOK　　　　　　装帧制造：墨白空间·肖雅

北京联合出版公司出版
（北京市西城区德外大街83号楼9层　100088）
中煤（北京）印务有限责任公司印刷　新华书店经销
字数275千字　690毫米×960毫米　1/16　17.5印张
2018年8月第1版　2019年5月第2次印刷
ISBN 978-7-5596-2082-8
定价：80.00元

后浪出版咨询（北京）有限责任公司　常年法律顾问：北京大成律师事务所　周天晖　copyright@hinabook.com
未经许可，不得以任何方式复制或抄袭本书部分或全部内容
版权所有，侵权必究
本书若有质量问题，请与本公司图书销售中心联系调换。电话：010-64010019